全球学评论

Global Studies Review

Vol. 1 第一卷

郭长刚 主编

商务印书馆
创于1897
The Commercial Press

图书在版编目(CIP)数据

全球学评论/郭长刚主编. —北京：商务印书馆，2012

ISBN 978-7-100-09447-4

Ⅰ.①全… Ⅱ.①郭… Ⅲ.①全球学—国际学术会议—文集 Ⅳ.①C913-53

中国版本图书馆 CIP 数据核字(2012)第 217393 号

全球学评论

郭长刚 主编

商 务 印 书 馆 出 版

（北京王府井大街36号 邮政编码100710）

商 务 印 书 馆 发 行

三河市尚艺印装有限公司印刷

ISBN 978-7-100-09447-4

2012 年 10 月第 1 版　　开本 640×960 1/16

2012 年 10 月北京第 1 次印刷　　印张 17

定价：32.00 元

目录

Contents

发刊词

郭长刚

20 世纪 90 年代以来，尤其是冷战结束，全球市场经济的发展不再受到意识形态的约束，全球化进程极大提速，引发了一系列全球性问题，如环境恶化、毒品泛滥、贫富差距、宗教冲突、恐怖主义、跨境移民、身份认同等。这些全球性问题不仅超越了传统的民族国家概念和边际，也对传统的学科内涵提出了挑战。如，第一个把全球化概念引入社会学的著名社会学家罗兰·罗伯逊(Roland Robertson)就认为，传统的社会学以民族国家为基本分析单位，关注的是单一的民族国家的事务和问题，而忽视了对全球层面的种种考虑，他因而主张应该把“全球”当做一个单一场域来思考，社会学必须实施以人类整体利益为旨归的转型，“全球公民社会”的概念于是逐渐萌生。

美国国际关系学者詹姆斯·罗西瑙(James N. Rosenau)则根据全球政治、经济乃至文化所经历的前所未有的一体化和碎片化，在 1992 年出版了《没有政府的治理：世界政治中的秩序与变革》一书，认为人类社会的全球化进程使得传统国际政治权威的位置发生了重大迁移，对人类社会生活的治理必须从以民族国家为主体的政府治理，转向多层次、多主体的治理，并由此提出了“全球治理”的理念。

其他诸如全球史、全球伦理、全球主义、全球共同体等“全球”理念的提出，则显示出了历史学、哲学、文学等学科对全球化及全球问题的介入。

不过，由于全球化所引发的全球性问题涉及人类社会的方方面面，诸如经济、政治、社会、文化、宗教、意识形态、环境、健康、生物或是新科技与通讯等，因此，尽管各传统学科都开始不同程度、不同向度地关注全球化的挑战，但这显然不是任何一个传统学科所能单独阐释和应对的，于是，国际学术界兴起了一门全新的强调跨学科研究的“全球学”(Global Studies)。

“全球学”这一概念实际上早在20世纪60年代就已出现了，它主要是指以罗马俱乐部为代表的有关能源短缺、环境污染、生态失衡等人类发展困境的研究，带有浓厚的“未来学”和“预测学”色彩。我们这里所说的全球学即20世纪90年代新兴起的全球学，则是以全球化的客观进程以及人们对全球化的主观认识为研究对象，既关注全球化的现实进程，也关注人们在此过程中形成的全球意识。就是说，当今全球学的研究范畴可以分为两大部分：一是对人类社会全球化客观过程的研究，包括这一过程的进展状况、所引发的全球性问题，以及对不同地区、文化、社会的影响等；一是人们对这一过程的主观认识，包括多元主义、后殖民主义、全球正义、全球伦理、全球公民社会等所谓“全球意识”。为了表示与20世纪六七十年代全球学的区别，俄罗斯学者甚至还专门创造了一个英文新词——Globalistics。

1995年，美国加州州立大学蒙特雷湾分校设立了首个全球学本科专业；1997年，日本东京的一桥大学设立了首个全球学硕士专业，随后日本的上智大学、同志社大学也设立了全球学硕士专业；2005年，著名的莫斯科国立大学设立了“全球学院”，学科专业覆盖了从本科到博士研究生的全部领域；2006年，美国罗格斯大学设立了美国首个全球学博士专业。到目前为止，全世界有100多所高校开设了全球学的本科专业，有40多所高校设立了全球学硕士专业，有近10所大学设有全球学博士专业，除俄罗斯的莫斯科国立大学、美国的罗格斯大学外，还包括日本的上智大学、澳大利亚墨尔本的皇家墨尔本工学院、德国的莱比锡大学以及美国加州大学圣巴巴拉分校等。另外，还有一些高校虽没有开设专门的硕士或博士专业，但却在一些传统学科，如国际政治学、社会学、历史学等之下，设立全球学的专业方向，如美国加州大学伯克利分校、伊利诺伊大学等。

随着全球学专业的开设，有关全球学的学术组织也迅速成立。

2000年7月6日，国际学术界第一个“全球学协会”(GSA，Global Studies Association)在英国曼彻斯特城市大学举行的“全球化、文化与日常生活”国际会议上宣告成立。2002年5月，该全球学协会的北美分会(GSA-North America)在芝加哥成立，成员包括来自加拿大、美国、墨西哥以及中美洲等国家与地区的学者。2005年，“亚洲全球学协会”(AAGS，Asia Association for Global Studies)在日本宣告成立。2008年，第一届国际全球学大会(The First International Global Studies Conference)在美国伊利诺伊大学举行，标志着全球学正式形成为“全球性”的学术研究领域。

不仅如此，许多设有全球学专业和学科的大学还彼此合作，结成“全球学合作团体”。如，作为欧盟“伊拉斯莫高等教育交流计划”的一部分，英国的伦敦政治经济学院、德国的莱比锡大学、奥地利的维也纳大学以及波兰的弗罗茨瓦夫大学，在2005年联合成立“欧洲伊拉斯莫全球学合作团体”，共同设立“全球学”硕士研究生综合课程。2007年，以美国加州大学圣巴巴拉分校的“阿法利全球与国际问题研究中心”(Orfalea Center for Global and International Studies)为核心结成的“全球学合作团体”(Global Studies Consortium)，其合作伙伴包括了来自北美、欧洲、亚洲、澳洲的近40所大学的全球学机构或项目。该合作团体每年举行一次年会，实行课程相通、师生互访、就业与实习信息共享等。这些“合作团体”的设立，使得全球学这一新兴学科与专业领域的学术研究一开始就在国际性学术舞台上展开，体现出国际性学术水准。

为推动全球学学术研究的开展，相关的学术刊物也纷纷创办刊行。比较著名的纸质刊物有：创办于2001年的《全球网络：跨国事务杂志》(*Global Networks: A Journal of Transnational Affairs*)(英国·牛津)、国际全球学大会会刊《全球学杂志》(*The Global Studies Journal*)、亚洲全球学协会会刊《亚洲全球学杂志》(*Asia Journal of Global Studies*)；电子类的杂志则有：耶鲁大学的《耶鲁全球在线》(*Yale Global Online*)(2002)、哈佛及麻省理工创办的《新兴全球学》(*New Global Studies*)(2006)、由美国其他一些高校联合

创办的 *Glboal-e* (2006)等。而专门介绍全球学学科发展情况的大型工具书也已出版了 3 种,分别是由俄罗斯学者马扎儿(I. I. Mazour)和丘马科夫(A. N. Chumakov)主编的《全球学百科全书》(*Encyclopedia of Globalistics*(2003)、《全球学: 国际跨学科辞典》(*Globalistics: International Cross-Disciplinary Dictionary*)(2006),以及海德堡大学的海姆特・安海尔(Helmut K. Anheier)与加州大学圣巴巴拉分校的马克・尤尔根斯迈耶(Mark Juergensmeyer)主编的《全球学百科全书》(*Encyclopedia of Global Studies*)(2012)。

在我们国内,虽然早在 20 世纪 80 年代即已出现"全球学"这一术语(如王兴成、秦麟征编写的《全球学: 研究与展望》,社会科学文献出版社 1988 年版等),第一本冠以"全球学"的专著也于 2008 年出版(即孙国强的《全球学》一书,贵州人民出版社 2008 年版),但根据目前国内的学科分类体系,"全球问题"研究被置于"政治学"学科中的二级学科"国际政治"之下,相当于国际政治的一个分支或研究方向。这与国际上的全球学的学科范畴相比显然是有很大差别的。

值得欣慰的是,目前国内已有不少的机构和学者开始致力于全球学的研究: 蔡拓教授所创建的南开大学全球问题研究所,以及他现在正领导的中国政法大学的全球化与全球问题研究所,其对全球学的研究已非常深入,并在 2011 年连续举办了两次全球学学科发展的学术研讨会;俞可平教授、王宁教授所开展的全球化问题研究,也同样属于典型的全球学范畴;上海大学则于 2010 年成立了"全球学中心",并于 2011 年 6 月份组织举办了第 4 届国际全球学合作团队年会暨首届中国全球学论坛;同在 2011 年,上海大学与中国政法大学还率先在国内自主增设了"全球学"交叉学科博士点。我们期待着通过《全球学评论》的编辑发行,能为我国的全球学学者提供一方园地,为全球学的学科发展和全球问题的研究贡献一份微薄之力。

什么是全球学

艾芙·达里安·史密斯

全球学研究在过去二十多年里获得了长足的发展，今天在许多大学都获得了一席之地。我的同仁罗兰·罗伯逊（Roland Roberson）、曼弗雷德·斯泰格（Manfred Steger）、马克·尤尔根斯迈耶（Mark Juergensmeyer）和让·内德韦恩·皮埃特斯（Jan Nederveen Pieterse）为将当今时代日益增强的全球力量纳入学术研究领域发挥了关键作用（Robertson，1992；Steger，2009；Juergensmeyer 2008；Pieterse，2004）。更为务实的是，这些专家在为推动大学、研究机构和基金会向全球学这一21世纪学术研究中的重要且必要的方向给予资助和关注方面发挥了至关重要的作用。

重要的是，我们要对“全球学”在官方和学术上的目的达成一些普遍的共识，如此我们和相关学者们才能建立一个正式的学术团体。为了举办会议，给予拨款，出版个人著作并在课堂上进行阅读、引用和讲解，全球学必须对它包括的内涵有一个大体的认识。此外，如果“何为全球学”能够在今天讲清楚的话，它就能够作为一个科学探究的领域而勾勒出未来可能发展的方向。

同时，我希望我们之间和朋友之间在不久的将来还能就何为全球学继续讨论和辩论。换句话说，我希望仍然有很多机会能对这一话题进行争论并且能容忍不同观点。对我而言，对何为全球学进行争辩的价值就在于其过程，而并非只是为了得到一个完全确切的答案。正如大家都在以各种方式来研究这个多层次、多地点、多文化、多中心的全球复杂体一样，我们对于它的描述和分析也应该是多样的、跨学科的、动态的、充满激情而且是不断反思的。因此，如果你设想自己在读完这篇短文后就能知道何为全球学的话，你会感到有点失望的。我更希望你——作为读者——能够提出更多批判性或挑战性的问题，而不是觉得自己最初的问题已经得到了解答。

我首先想提一个与“什么是全球学”有些不同的问题，我想问的是：“谁来定义全球学，而在努力对它进行解释时又遇到了什么瓶颈？”提出这个问题是源于我作为商业律师和人类学家所接受的训练以及我从中得到的个人经验，一方面我曾担任过一家实力雄厚的矿业公司的法定代表，另一方面我还是一个研究边缘化的贫困土著族群的人种史学者。基于以上两种不同的立场，我所思考的问题是谁拥有什么样的权力以及他为谁代言（为谁行动），作为一名企业律师，我很自然地假定土著民族只拥有很少的权力，而大部分土著民族也很自然地假定他们处在资本主义制度的控制之下。权力的差距深深地嵌入到了土著和欧洲人之间的所有历史交往之中（达里安·史密斯，2010；达里安·史密斯和菲茨帕里克，1999）。

在何为全球化的讨论中，权力的问题和谁为他人代言的问题应该被提出来（参见 Winant，2004；Pieterse，2004）。我们要求在为全球学下定义时应突出全球视角，这暗示着多种声音和视角也应呈现出来。我认为，我所思考的全球学与印度尼西亚、尼日利亚或者突尼斯学者想象的全球学是不同的。全球学作为一个学术研究领域本质上需要多元化和多样化，需要面对一系列不同的等级、地点、声音、视角、经历和想象（Steger，2009；Pieterse，2003）。无论我们认为全球学究竟由何构成，我想我们每个人都会同意，所谓“跨学科”，其最突出的特征就是多元化，由此，我们才能宣称自己正在这个已创立的学术圈内做着一些独特的事情。

尽管我们的本意很好，但是对全球学进行定义的大多数学者仍然是那些来自北半球的、精英的、白人的、男性的特权学者，坦承这一点对我来说非常重要。针对有人评价我们主要建立起了一个精英学术团体，这并不是有意的冒犯、苛责或是指责。它的本意是提醒我们，由于许多现实原因的存在，我们为听取南半球的学术声音所付出的努力还远远不够。因此，我们在任何全球学的讨论中都要持谨慎的态度，不能暗示自己是特权之人，能够代表一切，反而应当成为整个广泛对话中的一部分。我希望大家作为全球学学者能够对一些与权力有关的想当然的假设和为他人代言的相关能力有着清楚的认识。

作为一名受过训练的人类学家，我注意到人类学学科的历史与为定义全球学而召开的对话之间存在着诸多相似之处。在过去的20年里，人类学内部为在学术事业中与非西方学者进行合作和合著付出了真诚的努力。这是在该学科于20世纪90年代爆发的一次几乎使它毁灭的危机之后形成的（Marcus and Fischer，1990；Clifford and Marcus，2010）。这次危机部分是由于人类学与欧洲殖民主义建立起的历史联系而引起的。历史学家经常将人类学称为“殖民主义的侍女”，而后者也被迫承认它的方法、概念框架以及人类学家同其研究对象的关系在某种程度上根源于殖民和后殖民的权力（参阅Gough，1968；Asad，1993）。

如今，人类学再度成为一门学科，而且人类学家现在正积极寻求与“他者”进行合作并向他们学习（Faubion and Marcus，2009）。人类学家在这方面取得的成功是有些争议的。不过，作为学者，他们现在意识到了这门学科的帝国化演化倾向。因此，今天在非西方工作的人类学家如果没有当地同行的资助或协助的话，他所做的人种学研究就几乎不可能获得任何拨款。换句话说，该学科本身的一个显著目的就是要将人类学的知识去殖民化。

同样，我们也希望将全球学去殖民化，并且使全球学研究能够容纳更多的视角和学科定位。这首先需要我们承认目前全球学领域内部出现了一些权力偏见，然后要积极寻求来自北半球、南半球和东半球的同仁们开展对话和合作。这还需要我们摒除隐藏在自身背后的宏观结构框架和分析，多从事一些本土的、特别的和个人的案例。这需要我们大胆吸取一些新的或者是反本能的观念和叙事。它能迫使我们对一些在历史上形成的根深蒂固的西方种族中心主义假设进行质疑。我的意思是说这种现象不可能在一夜间消失，或者在不久的某一时刻就会消失。但我认为对它进行讨论是非常重要的。否则，全球学可能会以一个白人男性俱乐部而告终。更为严重的是，未来的历史学家可能会将全球学领域称为“新自由主义的侍女”。

我将以此来结束我的评论：作为一个研究领域，全球学显然在相对较短的时间内度过了漫长的旅程。新的全球学课程和院系在世界遍地开花，这似乎证明了它的有效性。这是个好消息，但是这并不意味着我们就能躺在桂冠上休息了。作为北半球的特权学者，对于全球化的一些想当然的假设以及全球化对于我们和世界其他各地持有不同观点的他者究竟意味着什么，我们必须要辩论、争吵和质疑。

作为个体学者，我们在研究中只运用多元视角是远远不够的。换句话说，我所说的并非是任何个人的研究计划，而是通过我们集体的责任、义务和教育来将全球学作为一个研究领域来看待。我所说的是要为建立学术机构及资源进行共同努力（一种责任感），这样我们才能倾听到来自南半球下层的声音，并且赋予这些声音以存在的合法性和重要性。

全球学是一个新兴的富有活力的研究领域，我十分高兴能参与到这项事业中。我们分析历史就如同它展现在我们面前一样。我对于全球学的希望是，尽管今天我们拥有定义“全球学”的权力，那些还未成为该对话一部分的数以百万计的人们将来会有权力向我们展示这个定义真正的缺陷在哪。

参考文献：

1. Asad, Talal (1993), "Afterword: From the History of Colonial Anthropology to the Anthropology of Western Hegemony", in George Stocking (ed), *Colonial Situations: Essays on the Contextualization of Ethnographic Knowledge*. Madison: University of Wisconsin Press.
2. Clifford, James, George E. Marcus (eds) (2010 2nd ed), *Writing Culture: The Poetics and Politics of Ethnography*. Berkeley: University of California Press.
3. Darian-Smith, Eve (2010), *Religion, Race, Rights: Landmarks in the History of Modern Anglo-American Law*. Oxford: Hart.

4. Darian-Smith, Eve and Peter Fitzpatrick (eds) (1999), *Laws of the Postcolonial*. Ann Arbor: University of Michigan Press.
5. Faubion, James D. and George E. Marcus (eds) (2009), *Fieldwork Is Not What It Used to Be: Learning Anthropology's Method in a Time of Transition*. Ithaca: Cornell University Press.
6. Gough, Kathleen (1968), "New Proposals for Anthropologists", *Current Anthropology* 9 (5): 403 - 435.
7. Juergensmeyer, Mark (2008), *Global Rebellion: Religious Challenges to the Secular State, From Christian Militias to Al Qaeda*. Berkeley: University of California Press.
8. Marcus, George E. and Michael M. J. Fischer (1999), *Anthropology as Cultural Critique: An Experimental Moment in the Human Sciences*. Chicago: University of Chicago Press.
9. Pieterse, Jan Nederveen (2003), *Global Mélange: Globalization and Culture* (Rowman & Littlefield, 2003).
10. Pieterse, Jan Nederveen (2004), *Globalization or Empire?* Routledge.
11. Robertson, Roland (1992), *Globalization: Social Theory and Global Culture* (Published in association with Theory, Culture & Society). Sage Publications.
12. Steger, Manfred (2009), *The Rise of the Global Imaginary: Political Ideologies from the French Revolution to the Global War on Terror*. Oxford: Oxford University Press.
13. Winant, Howard (2004), *The New Politics of Race: Globalism, Difference, Justice*. Minneapolis, MN: University of Minnesota Press.

艾芙·达里安·史密斯(Eve Darian Smith),加州大学圣巴巴拉分校奥法利全球与国际问题研究中心教授,墨尔本大学法学院高级研究员。主要研究领域包括:全球化理论、殖民主义与后殖民化、种族与人权等等。(曾桂娥译)

全球学的综合视角

菲利普·麦卡蒂

什么是全球学？不同的人有不同的理解，因为这一领域很难界定。人们通常认为它是研究跨国或全球范围内政治、经济、社会和文化关系的跨学科的学术领域。在过去的十年里，研究全球化的理论家们将注意力集中在加快沟通，加速物品、人员和知识流动的技术与机制上（Held et al. 1999：15）。这一定义非常重视新科技如何通过增加沟通的速度、频率与范围来压缩互动的时间和空间。我反对这一定义的理由是，它更容易导致对速度与频率的点对点关系进行量化。我更倾向于全球学不过是将人类社会看作一个整体的一种（或一系列）视角。从这一角度来看，人类社会可以被看作一个在范围和复杂性上都经历了从初始到后来的巨大发展相互联系的浩大过程。尽管当前我们似乎面临着前所未有的复杂性，但全球视角认为，过去与现在之间存在着重要的延续性。我们必须把正在全球化进程中的当下理解为对复杂的全球化的过去的延续。

全球视角

全球学源于一个设想，这一设想认为研究社会的各个组成要素可能会淡化社会一个最本质的特征，即所有组成要素有着错综复杂的关联性。在当今世界，社会活动中的经济、政治和文化领域显然已经相互联系在一起。对于一个研究全球化的学者来说，没有穷人就没有富人，没有西方就没有东方，没有政治就没有经济，没有过去就没有现在。而且，历史与考古记录表明，人类文明往往相互联系在一起，将人类历史划分为不同的地理区域或特定时代几乎没有意义。我们有一种根深蒂固的习惯，容易将对社会不同方面的研究划分为不同的单位，这是学者们发现难以洞察特定社会的错综复杂的关系的主要原因之一。

全球学的优势之一在于它展示了一种综合视角。作为一个研究领域，我们可以说它是在 20 世纪 70 年代至 80 年代影响美国学术界的跨学科尝试的延伸。那时，显然没有任何一个学科足以描述当时世界上发生的经济、社会及政治变革。为了解决这一问题，一系列跨学科研究项目，诸如环境学与种族学应运而生。到了 20 世纪 90 年代，对全球化进程感兴趣的学者们发现自己掉进了跨学科的兔子洞里。[①] 他们在一个奇怪的、“后学科”的地方着陆，发现了一个比之前想象的复杂得多的全球化世界。世界不仅相互联系，而且还在急剧变化，并且变化的速度与日俱增。我们旧的思维方式鲜有几个能够描述出正在复杂世界体系中发生的巨大变革。从这一意义上说，全球学是跨学科轨迹的延伸，是研究全球化的学者们继续探索描述这一急剧全球化的世界的新思路。

读者也许会问：“那么，一切都是相互联系的这一理论又有什么价值呢？我们可以得到什么结论？”有人可能会说：“一切都联系在一起，这是不言自明的。”尽管在概念上十分容易把握，事实上全球化视角非常强大。转换到更加全球化的视角可以引发新的理解、新的问题，以及一些十分重要、通常与直觉截然相反的洞见。例如，詹姆斯·弗格森(James Ferguson)用全球视角将非洲合法政府的功能与非法政府(或者他称之为“影子国家”)的失调以及当地盛行的用私人军队保护政治和经济利益的做法联系起来(Ferguson, 2006)。再举个例子，秦安娜(Anna Tsing)认为，无论在什么地方，只要有合法市场的存在，比如印度尼西亚森林中的名贵硬木被砍伐，非法市场就会如影随形(Anna Tsing, 2006)。弗格森和秦安娜等人的著作指出，

---

① “兔子洞”语出刘易斯·卡罗尔的《爱丽丝漫游记》，原意是说主人公爱丽丝跟随一只神秘的小白兔进入兔子洞，然后看到了一个充满神奇、荒诞的梦幻世界。引申义是形容某人进入一个完全不同的奇怪世界。——译者注

我们习惯于称之为“失调”的问题（诸如犯罪、沟通不良、金融危机及失败国家等）实际上并不失调，它们可以被看成是一个更大体系的正常组成部分。

有鉴于此，我们可以问自己，这些“失调”的影子政府和影子市场强化了全球市场对地方市场和资源的渗透吗？它们实际上是推动经济全球化的原因之一吗？全球市场更倾向于同不作为、失调的政府一起运作吗？全球化可能以怎样的方式使发展中国家的政府丧失功能呢？如果全球化市场正在使发展中国家的政府失去功能，那么，我们也许想看一看它们如何使我们自己的政府也失去功能。

全球视角并非是纯理论的，它拥有一些重要的实践应用。全球视角对国际开发项目和其他公共政策有重要的现实意义。例如，我们可以说，决策者越是低估相关全球议题的相互关联性，其政策和项目就越不可能达到预期结果。尽管如此，值得注意的是，随着世界变得越来越复杂，相互联系越来越紧密，预测国际发展政策和项目的后果就越来越难。在这样一个复杂的全球环境下，忽略全球背景的国家和国际政策获得的可预测性结果会更少，取而代之的是更多意外后果。

全球视角能够向我们展示通常看不到或想不到的联系。它认为事件与过程之间存在重要的联系，甚至那些看上去被时间、空间或者我们自己的思想范畴分割或孤立开来的事件也是如此。当我们审视时，就会发现地方与全球、过去与现在、北方与南方、理智与不理智、合法与非法、功能正常与功能失调、预期与意外等通通是联系在一起的。通过改变看待联系的方式，通过将显而易见的结果与其原因联系起来（参看下文“去中心化叙述”中的移民例子），我们会发现全球视角能够动摇我们对社会因果关系的现代的、直线性的理解。

全球学呼吁以新方式看待影响我们的世界的当代问题。下面简单列出一些全球学议题，旨在让读者初步了解看待世界的新方法。

跨越界限

为了形成全球视角，我们必须跨越界限。创立全球学领域的第一步就是在看待国际和跨国问题时跨越民族国家界限。但是，全球学的学者们所跨越的不仅是明显的地缘政治界限。他们通常研究打破国家经济、语言、文化和地区界限的问题(Brettell，2008：10)。他们抨击政治学、经济学、社会学和宗教学等学科间的界限(Klein，1996：19)。他们打破历史时期之间的时间界限。他们还挑战自然科学、社会科学和人文科学之间的基本区分。这一越界还包括许多其他种类的范畴，比如全球与本土、我们与他们、自我和社会之间的界限等(Molony，2010)。

作为一个研究全球化的学者，我认为跨界越多越好。必须被跨界的清单还很长，将被现代思维习惯所割裂的联系再次连接起来是一个艰巨的任务(Weingart，2010：8)。它让我思考："最初人为的界限彻底割裂了对世界的看法，这样的看法是怎么形成的?"或者说，"我们再次将那些割裂的部分联系起来时，会发现什么?"

去中心化叙事

除了将事物联系起来或者重新建立跨越边界的联系外，全球视角还有一个重要的去中心化的冲动(Nayak & Selbin，2010)。经济全球化具备一种强有力消解一切中心的趋势，从金融市场到信息网络，从政治权力到劳动力等都是其消解的对象(Desai，2009)。部分出于对去中心化趋势的回应，全球学领域正在学习将其分析框架和知识范畴去中心化。去中心化的思维和认知方式有时可能会与几个世纪以来形成的依赖于明确的界限、区别和两分法的现代方法发生严重冲突。我们发现许多社会现象不仅仅拥有一个或甚至多个中心。我们考察的一些过程也许根本没有中心。

以颇具争议的移民问题为例。粗略研究一下就能发现：移民不再是从一点到另一点，从第三世界到第一世界，或者以相反的方式发生。移民、反式迁移和回迁已经变得如此普遍和复杂，移民已不再有一个明确的流动方向。因为逃避战乱和贫穷，大规模移民造成的骚乱感已不再局限于一两个国家。所有国家的边界都受到这一问题的困扰,全世界同时感觉到了这一危机。第三世界不再是“在那边”,不再有曾经呈现出的遥远的安全感。不管它在哪里,全球化都将它带入世界各地的所有城市。它已经近在咫尺,而且在很多方面第一世界开始和第三世界变得类似。

从全球视角来看,人口的流动看起来已经不再像个问题,而更像是全球经济与政治体制范围内更深刻变革的症状(Kaye, 2010)。全球化不仅是资本、制造业和工作的流动。外资伴随着外国移民而来。难民和无证劳工的涌入是同一经济过程中不可避免的一部分,是同一枚硬币的另一面(Sassen, 2011)。这就是为什么在国境线上建造更大的拘留中心和更高的围墙也挡不住移民的原因之一。去中心化的分析将我们的注意力转移到造成被一些人称为“非法移民”的现象的更大进程上。以全球视角看待移民问题要求使用与当今在诸如美国、欧洲和澳大利亚等国受到重视的方法截然不同的新途径和解决方案。

去中心化这一概念还有助于我们领会“全球视角”的多元性。跨学科和去中心化的全球学研究范式的关键是具备从一个和多个视角看待问题的能力。历史只有一个,历史可以有多个,这取决于谁在书写历史。全球学者们更倾向于采用国际视角而不是基要主义视角,他们认为在每个社区都存在多种历史、文化、法律和伦理体系。我们承认,如果从其自身视角来理解,每一种世界观都有意义,而且在那个视角下可能是真理。全球学学者们承认这些视角存在着明显的区别,但更重要的是,他们越过这些区别,努力从人类经验中找到共同性。

以上讨论清楚地表明,打破我们思想的中心的需求远远超越了地理问题。我们都生活在一个超级移民、文化多元、宗教多元的时代里,如果我们打破自己的思维中心,努力从多重角度看待问题,我们就能生活得更好。我们必须承认:许多视角与我们自己的视角截然不同,对此并不一定要分出对错——它们只是不同,即使我们不理解也应该尊重它们。

重读历史

上述跨越界限、去中心化的视角呼吁对历史进行彻底的重新思考,或者至少彻底地重读已经讲过的历史故事。在从现代和西方视角讲述历史故事的过程中,时间和空间被人为分割成更细小的时期和地区,结果我们时常误导自己(Hobson, 2009)。看一看最早人类文明的兴起就能清楚地发现,人类社会不是孤立地发展起来的,而是从商业路线的交叉路口上发展起来的,那里是不同帝国和文化交汇交融的地方。全球视角打破了我们的历史叙事的整齐范畴,突出不同历史、地域、时代、文化和活动范围的相互联系。

让我们以西方文明,包括发明、进步、发展、民主化和全球化在内的宏大叙事为例。西方世界一直重视和重复着这些叙事。很显然,实际上我们如此重视的科学革命既不属于西方也不完全属于欧洲(Hobson, 2004: 22)。我们只要稍加注意,就会发现许多被认为是"西方知识"的东西,实际上是从中国、印度、中东和世界上许多其他地方的文化中借鉴而来的。欧洲科学革命不仅仅是欧洲的,它不是从任何一个地方或任何一个时间开始的。现代科学发展的悠久思想可以追溯到苏美尔河历史记录的开端。撇开从殖民地掠夺来的财富不谈,欧洲与其他文化越来越多的交往,对西方的思想和文化产生了戏剧性的影响。但是,在我们西方人给自己讲的故事中,这些方面明显不足。我们不断寻找明确的起点、确定的中心以及单一历史叙事的美好结局,这一叙事将西方世界放置在最优越的位置上,却忽略了其他地方。

变化和连续性

在许多方面,我们"新型、改良的"高科技消费社会似乎对变化情有独钟。这一点并不让人感到吃惊,因为现代性常常认为自身是对过去的决裂。用一句老话来说,"万事万物皆有变,但变化自身恒久不变”。这是希腊哲学家赫拉克利特的格言之一。这也是一个非常明显的讹传，他其实并没有那样说过。那些寻求线性逻辑的人可能希望赫拉克利特说过那样的话，但实际上他所说的是一句更为高深的话：“流水常变，河道永恒。”换句话说，从一个视角看一切似乎都在变化，但从另一个视角我们发现有些事物并没有改变。

事实证明，要和过去决裂并不容易。我们过于关注变化，常常忽略了那些不变的事物。有好几次，尤其是长时间讨论现代世界的科技变革后，我让学生们列举一些在我们的社会中没有变化的事物。随之而来的是一阵长长的沉默。有时候我会听见“死亡和税收”这样的字眼。有时一些热切而愿意配合的学生则会回答：“变化自身！”然后我就会露出诡异的笑容反问：“那么贫穷、不平等、种族主义、性别主义、大屠杀和战争呢？”回到赫拉克利特的观点，特定历史时期里的穷人终究会发生改变，但贫穷这一事实是保持不变的。同样地，受到歧视的对象可能发生改变，而歧视本身则不变。我们需要问自己，为什么在我们的社会里，人们不会认为贫穷、歧视等事实是不变的。

通过审视历史并将历史上的碎片重新连接起来，我们就能够领悟到重要的连续性在历史变化的长河中起里程碑作用。学会同时关注变化和连续性是使用全球视角理解世界的重要内容之一，这也是理解“社会结构”和“转变”这两个概念的必备先决条件。

结构和转变

经典理论学家卡尔·马克思、埃米尔·涂尔干和马克斯·韦伯向现代学者们介绍了社会结构的各种思想。这些理论家描述的社会结构是已成定势的社会关系(例如社会阶级、经济不平等、制度习俗、信仰、价值观以及规范)，这些社会关系影响着业已被社会化的个体的行为。在这个意义上，社会结构是塑造我们生活的早已存在的条件和制度。(Bourdieu，1977)我们都出生在一个特定的国家、文化、语言、宗教和法律制度之中，我们无法选择自己出生时的社会经济地位、性别或种族，这些地位和制度对我们有深远影响，并以许多种方式影响我们的生活。

值得注意的是，由于同样的社会结构被社会大多数个体的行为不断复制，这些社会结构得以延续。虽然经典社会理论家们倾向于关注一个特定社会的社会结构，全球学学者们将这一思想运用于解释更加广泛的全球体系中的持续结构。

发现各种不同的社会结构的能力很重要，其原因如下：首先，由于这些社会结构在很长一段时间里相对保持不变，对于试图分析复杂、混乱的变化的学者们来说，它们是重要里程碑或试金石。其次，类似种族和阶级这样的结构性关系发生冲突时可能会导致重大矛盾。历史记录表明，征服、革命和战争既可能是结构性变化的起因，也可能是其结果，或者可能两者都是。再次，制度内的其他重要变化通常伴随着社会结构的变化。当多重结构同时变化时，我们称之为结构转变时期，这些时期通常是历史上的重要时刻。

以工业革命为标志的从封建主义到资本主义的转变就是这样一种社会转变。它深刻改变了人类的生活方式，能够与其媲美的唯有大约一万年前农业的发明。伴随着经济体制内的变化而来的是信仰、法律和社会规范的全面变化，这些重要转变仍然能够解释我们今天在世界上看到的一些现象。然而，尽管工业革命为社会带来了全面变化，在社会转变期间和过后，我们仍然可以分辨出之前社会体制中的重要连续性。例如，爱德华·赛义德等后殖民主义理论家在著作中指出，在从封建主义转变到现代资本主义之前和之后，文化差异和肤色仍然是文化统治的重要因素，性别不平等的父权制度也持续了好几个世纪。同样地，资本主义体制将财富从更为贫穷（肤色更黑）的国家转到更为富裕（肤色更白）的国家这一趋势，从早期殖民主义开始，经过工业革命，超越现代帝国主义，甚至在去殖民化过程和承认前殖民地为独立国家的过程中保存了下来。

为什么我们应该关注过去的结构转变？因为现在我们处在类似的转变中。种种迹象表明，我们所处的经济全球化时代是另一场巨大转变的一部分，它已经影响了我们周围的社会结构（Held et al, 1999）。我们看到公民身份、民族身份、人权和国际法正在发生改变，我们有理由相信,目前变化并不明显的其他社会结构也将会发生大变化。我们刚开始理解当代结构转变的广度和深度,这个事实足够使我们有理由来关注过去吗?我当然希望如此。

权力与不平等

一些学者或许认为深层结构的转变期是人类进步的标志,这可能没错。科学和医学的进步、新闻自由和民主革命等都以这样或那样的方式参与从封建主义到资本主义的转变。然而,更具批判性的具有全球视角的学者指出,经历过巨大社会变革后幸存的社会通常具有不同等级的社会关系,在意识形态上通常支持不平等。社会和经济阶层与种族和性别的不平等似乎能够忍受现代化的剧变。这些不对称的权力关系穿上新衣服,贴上新标签,采用新的支配技术,利用新的意识形态证明新型剥削方式的合理性,但是在本质上这依旧是贫穷与富有、白人与黑人、男性与女性之间的古老的不平等关系。剥削的形式在历史上一次又一次地改头换面,这无非是避免被人们发现的高明的把戏。

戴维·布里昂·戴维斯(David Brion Davis)和埃里克·霍布斯鲍姆(Eric Hobsbawm)等历史学家的著作有助于我们重新连接历史长河的各个孤立事件,关注大规模的变革。在他们的指引下,我们追溯亚历山大大帝的帝国统治、十字军东征、哥伦布以及殖民主义、维多利亚时期和现代的帝国主义,穿越两次世界大战。人们会发现帝国统治是历史中反复出现的主题,从第三世界摆脱殖民,到让·内德韦恩·皮埃特斯(Jan Nederven Pieterse)所指的"全球种植园"经济,这一主题都有体现。看到历史的连续性让我们得以讨论正在进行的结构转变,这些结构转变在保留统治和剥削的本质形式的同时一直在塑造或重塑社会。此时,读者应该问自己:"在我们更新更好的21世纪全球化过程中,这些持久的剥削形式还将存在吗?"

当下,全球学视角也能提供看待老问题的新方法。比如,我们可以将杜波伊斯(W. E. B. Du Bois)的"肤色界限"和帕特里夏·希尔·柯林斯(Patricia Hill Collins)的"交点理论"结合起来,更好地理解当代全球不平等问题。(Du Bois, 2005; Collins, 2001)杜波伊斯认为黑人白人之间的种族界限割裂我们的思想,让我们的社区和世界各民族产生分歧。(Lake and Reynolds, 2008) 基于杜波伊斯的理论,柯林斯结合种族、阶级和性别分析,表明黑人、女性和穷人的劣势在很多方面是累积的。她提出这些重合的统治形式综合作用,一起决定了个体在社会上的关系状况。柯林斯的交点理论成为我们理解穷人为何一直贫穷的原因的强大工具。和许多类似的分析概念一样,交点理论应用到全球化背景中时呈现出全新的意义。如果我们将杜波伊斯的肤色界限理论运用到发展中国家,我们就能为柯林斯交点理论中那些弱势群体列举出更多的劣势之处。身为黑人、女性、无家可归、无国可依、赤贫的你靠一己之力努力让你的孩子在乍得的难民营里存活下来又意味着什么?在这种情况下,即使拥有与公民权相关的基本权利也没有任何意义,因为法律、公民身份、政治的表达,甚至有些情况下对传统价值体系的保护都是缺失的。

柯林斯最初将交点理论应用到个人的社会地位上。她的理论也可以应用到全球学领域,以便更好地理解统治和剥削的交叉形式如何强化了民族内部和民族间的不平等。以这种方式来运用柯林斯的理论,能够让我们追踪种族、阶级、文化和宗教的交叉部分,我认为这些因素仍将在我们的发展范式和全球化范式上深有影响。

多层次身份

最近几十年,个人身份问题已经被高度政治化。前现代时期,我们可以根据职业判断身份,如面包师、纺织工、铁匠或者搬运工。到了现代社会,个人身份与国籍、出生国紧密联系。今天,人们确定自己和他人身份的方式已经变得复杂,充满争论。

关于身份最有争议的是国籍。现代时期,整个世界被分成民族国家,因而每个人都有唯一的民族身份。第二次世界大战后,文化身份、宗教身份和政治身份开始出现,对民族身份的单一性提出挑战。

种族开始限定民族身份，比如说在美国，我们开始使用印第安美国人、意大利裔美国人、亚裔美国人或墨西哥裔美国人等说法。此外，巴斯克、车臣等亚民族身份开始挑战西班牙和俄罗斯的单一身份。同时，非洲裔加勒比人和西班牙裔用来描述不属于任何一个国家的跨国、跨地区的文化群体。

双重公民身份的兴起标志着形势进入了新状态。18 世纪，伴随民主革命和现代国家的形成，现代意义的公民身份概念得到广泛使用。两百年来，人们关注民族忠诚、服兵役和纳税等事务，意味着公民身份被当作唯一身份。一般而言，双重公民身份并不合法，甚至产生这种念头都被视作一种背叛。一些国家的法律仍然禁止双重公民身份。然而，20 世纪 60 年代后期，美国和其他国家通过法律允许公民获得双重公民身份，唯一公民身份的观念开始改变。[①] 自那时起，越来越多的国家允许双重公民身份和多重公民身份，拥有多个公民身份不再像过去那样被认为难以置信（Ong，1999：32）。最近，随着 20 世纪 90 年代全球化的超速发展，新的跨国组织和超国家实体如联合国、欧盟、非洲联盟等开始签发护照。这些超国家实体进一步威胁和动摇了单一民族身份（民族身份已经自下而上被大幅削弱）。

我们可以从更大的历史进程理解民族身份的不稳定性。纵观历史，身份的新形式和规模已经替代旧的身份形式。两千年前，雅典人面临希腊人身份的威胁，然而如今希腊人可能面临着更大的欧盟身份的威胁。但是历史显示，身份的新层次不一定替代旧的身份形式，我可以属于我的社区、我的乡镇、某个州或某个国家和地区，我们为什么觉得一定要放弃自己的民族身份才能成为世界公民呢？（Dower and Williams，2002）难道我们不能认为世界公民的身份是我们集体身份的另一个层面的身份吗？

对于民族身份和公民身份的看法的改变，标志着一个巨大转变，这种转变影响着全球化时代的现代单一民族国家。同时也是一个自

---

① 参见 AFROYIM v. RUSK，387 U. S. 253 (1967) and VANCE v. TERRAZAS，444 U. S. 252 (1980)。

我和他者的表现形式受到挑战和妥协的舞台。长久以来，各种身份的改变证明身份不是固定或天生的，而是在社会中形成并发生冲突的(Spencer，2006：5)。如果移民被认为是“非法移民”，他们的政治地位就会发生重大改变。类似“恐怖分子”和“敌军士兵”的身份带有可怕的政治和法律含义。全球化进程，尤其是移民过程继续让身份的政治学复杂化，身份仍然可能是一个极具争议的问题(Alcoff and Mendieta，2007：7)。采用全球学视角，我们得以在发生更大转变的全球系统中思考这些身份问题。

参考文献：

1. Alcoff，Linda and Eduardo Mendieta，eds.（2007），*Identities: Race*，*Class*，*Gender*，*and Nationality*. Wiley-Blackwell.
2. Bourdieu，Pierre（1977），*Outline of a Theory of Practice*. Cambridge University Press.
3. Brettell，Caroline，ed.（2008），*Constructing Borders/Crossing Boundaries: Race*，*Ethnicity*，*and Immigration*. Lexington Books.
4. Desai，Mihir（2009），“The Decentering of the Global Firm”，in *The World Economy* 32(9)：1271 - 1290.
5. Dower，Nigel and John Williams，eds.（2002），*Global Citizenship: A Critical Introduction*. Routledge.
6. Du Bois，W. E. B.（2005），“Of Our Spiritual Strivings”，in *The Souls of Black Folk*. Bantam Classics.
7. Harvey，David（2005），*A Brief History of Neoliberalism*. Oxford University Press.
8. Held，David，Anthony McGrew，David Goldblatt and Jonathan Perraton（1999），*Global Transformations: Politics*，*Economics and Culture*. Stanford University Press.
9. Hobson，John（2004），*The Eastern Origins of Western Civilization*. Cambridge University Press.
10. Hobson，John（2009），“Provincializing Westphalia：The Eastern Origins of Sovereignty，” *International Politics*，46（6），November，pp. 671 - 690（20）.

11. Kaye, Jeffrey (2010), *Moving Millions: How Coyote Capitalism Fuels Global Immigration*. Wiley-Blackwell.
12. Klein, Julie Thompson (1996), *Crossing Boundaries: Knowledge, Disciplinarities, and Interdisciplinarities*. University of Virginia Press.
13. Lake, Marilyn and Henry Reynolds (2008), *Drawing the Global Color Line: White Men's Countries and the International challenge of Racial Equality*. Cambridge University Press.
14. Molony, Barbara (2010), "Crossing Boundaries Transnational Feminisms in Twentieth-Century Japan," pp. 90 - 109 in *Women's movements in Asia: Feminisms and Transnational Activism* edited by M. Roces and L. Edwards. Taylor & Francis.
15. Nayak, Meghana and Eric Selbin (2010), *Decentering International Relations*. Zed Books.
16. Ong, Aihwa (1999), *Flexible Citizenship: The Cultural Logics of Transnationality*. Duke University Press.
17. Sassen, Saskia (2011), *Cities in a World Economy*. Pine Forge Press.
18. Spencer, Stephen (2006), *Race and Ethnicity: Culture, Identity and Representation*. Routledge.
19. Weingart. Peter (2010), "A Short History of Knowledge Formations," in *The Oxford Handbook of Interdisciplinarity* edited by R. Frodeman, J. T. Klein and C. Mitcham. Oxford University Press.

菲利普·麦卡蒂(Philip C. McCarty),加州大学圣巴巴拉分校奥法利全球与国际问题研究中心研究员。主要教授全球史、全球文化与理论、全球经济与发展等。(杨晨译)

描述性与规范性：研究"全球化"的两种路径及其表现

申小翠

引　言

冷战结束至今的20多年来，不同地域、不同国家之间在经济、政治、文化等诸方面的联系和相互依赖性空前加强。"全球化"成为今天使用频率最高的词汇之一，并已演变成为一种语境，当下的许多言论都必须置于其下方能理解。

但是，何谓"全球化"？依然是一个难题。人们对"全球化"的后果、方式以及真正的推动者及其目的都持有不同意见，比如，塔布劳(M. Dlbrow)认为，"全球化"主要是指世界各个民族融合成一个单一的称号或全球社会的过程；保罗·肯明蒂(Paul Kemedy)则指出，"全球化"应被理解成为或多或少同时发生的一系列相互强化的社会转型，其中没有哪一方比另一方更具意义；戴维·赫尔德(David Held)宣称，"全球化"表示一种跨越疆界而延伸的社会、政治与经济活动，这些活动促使世界某个区域所发生的事件、决策与活动，可能对全球遥远区域以外的个人或集体产生重大影响；还有人认为，全球化有两种趋向，一种是随着知识经济与通讯技术的发展而出现的资本主义体系向外扩张的过程，一种则是在前一过程中所出现的全球本土化运动，是向资本主义霸权体系的挑战，甚至有许多国家和团体以及个人还公开祭起"反全球化"的旗帜。尤其是9·11事件以来，反全球化趋势加剧，全球化消亡的观点日益增多，许多学者宣告全球化已经终结、自由世界秩序亦已崩溃，人类进入了去全球化的新时代。①

"全球化"之所以会成为一个非常杂乱的术语，很难进行统一界定的原因主要有：首先，作为社会现象的"全球化"本身呈现的多维度性、多面相性，任何理论努力都很难甚至不可能全面把握它的真实的和整体的面貌。

其次，人们对于"全球化"的研究很难摆脱价值判断的束缚，难以区分研究"全球化"的两种路径：一是试图揭示"全球化"的真实的和客观的面貌，即描述性研究；一是利用吉登斯所谓的理论研究与研究对象之间存在的"双重诠释学"关系，②试图以研究为手段实现对"全球化"立法的目标，控制"全球化"的走向，即规范性研究。从本来意义上说，任何一种界定和研究都不可避免地具有规范性意味，加上"全球化"实质上是一个在全球范围内进行利益生产和分配的过程，所以，主观上把"规范性"研究宣称为"描述性"研究的可能性就大大增加了，并因此而使"全球化"研究更加复杂。笔者以为，要克服上述两方面的困难，较为准确地把握"全球化"的内涵，关键是对"全球化"做一中性且简约的界定，并在此基础上把描述性定义同规范性定义区分开来，然后剖析规范性定义所蕴涵的特定利益和价值观念的指向。在本文中，我们首先完成第一项工作，即以最简约的语言来厘清"全球化"的真实面貌，然后进一步对"全球化"的各种规范性定义进行分析，剖析这些定义的意识形态特征。

一、"全球化"的描述性定义

中性地看，"全球化"是指在现代科学技术的推动下，不同地区之间的联系日益紧密，相关性不断增强，人类社会在广度和深度上不断发展，世界俨然成为一个网络整体的过程。

---

① 转引自［英］戴维·赫尔德、［英］安东尼·麦克格鲁主编《全球化理论——研究路径与理论论争》，社会科学文献出版社 2009 年，第 1—4 页。

② Giddens, A. 1993, *New Rules of Sociological Method*, Cambridge: Polity Press.

在这个定义中，我们尽量避免使用“民族—国家”，原因在于：在各种全球化理论中，民族—国家已经成为一个颇有争议的概念。在全球化语境中，“民族—国家”能否继续享有其主权和主体地位，已经成为一个悬而未决的理论问题，无论怎样评价“民族—国家”的历史命运，都是一个价值判断而非事实陈述；相反，作为纯地理学意义上的“地区”则不管全球化如何紧张都始终存在，它既不是主体也没有意识，而是作为社会人所必须的生存依据，是完全中性的。

在给全球化进行描述性定义时，我们还避免使用阿克斯佛德喜欢使用的“全球系统”（global system）概念，而取罗伯森的“整体”（whole）①概念，原因在于：在英语中，“系统”与秩序、和谐、条理性以及互补性等概念具有相近性，如果把全球化视为一个“全球系统”的形成，就无法解释当前全球各种冲突的此起彼伏，也无法说明贝克所谓的“风险社会”；相反，“整体”较为中性，既是一个数量概念，表明其包容度的完备，又表明这些组成部分之间并非散沙一盘，而是相互关联的，这种关联既可以指相互冲突，亦可以指和谐相处。由此可见，虽然上述“全球化”定义相当乏味，却尽到了纯粹描述的功能，而若在这个基础上再前进哪怕一小步，都可能进入规范性定义的地盘。只有在这个基础上，我们才能进一步对相关的规范性定义进行分析。

“全球化”的描述性定义感性地描述了当下世界相互联系的社会情境：其一是广度上，地球上各个角落的人们都被卷入到这个过程之中，都参与或者受到其他地区人们的生产、生活的影响；其二是深度上，即这种影响不仅仅限于政治生活、经济生活、社会生活以及文化生活的某一个方面，而是囊括了所有内容。无论是从广度还是深度上看，当下世界的关联度都远远超过了历史上曾经掀起过的一波波相互关联的浪潮。这股全球化的潮流主要依赖于高新技术的迅猛发展所提供的技术支持。

互联网是当前通讯技术的主要载体。1969 年，为了能在爆发核

---

① 罗兰·罗伯森：《全球化：社会理论和全球文化》，梁光严译，上海人民出版社 2000 年，第 1 页。

战争时保障通信联络，美国国防部高级研究计划署资助建立了世界上第一个分组交换试验网，连接美国四个大学。它的建成和不断发展标志着计算机网络发展的新纪元。经过不间断的技术革新，互联网从军用向民用转变，并在全世界得到迅速普及。据世界银行颁布的1991—2010年20年全球互联网发展情况数据表明：全球上网人数以每月15%的速度增长，截至2011年3月，全球互联网用户突破20亿，互联网已经把世界近三分之一的人联系起来，[①]并且全天候以光速运转。通过它，人们可以在网上快速地收发电子邮件、传递信息。总之，互联网及卫星电视等现代传媒技术的广泛运用推动了"全球地方化"和"地方全球化"的进程，即使那些偏居一隅、身体不能自由流动的"在地人"(local)，[②]也能快捷地洞悉最遥远世界所发生的一切，获得"全球人"(global)的感觉。一个超越各种地理的、政治的边界的全球虚拟世界俨然已经形成。

在传统社会，由于人类的活动完全受制于地理条件和空间距离，资本流动的时间太长，成本亦太高，所以资本无法在全球范围内实现真正的自由流通，自由贸易当然只是一种设想。但从20世纪90年代开始，互联网被普遍地运用于商业活动，加上货币资本的虚拟化和符号化等因素的作用，它彻底解决了时空局限和物质运输的困难，打破了资本直接投资的壁垒，为全球商业运作提供了必要的通道和廉价的成本。经济一体化至少在技术层面上已经成为了现实，为世界统一大市场的形成提供了不可或缺的技术支撑，以致欧姆(Ohmae)所提出的"无界世界"(a borderless world)的意象[③]以及弗里德曼所说的"世界是平的"的理念普遍被用作描述全球经济的一体化进程。

现代交通和通讯技术在很大程度上改变了时空关系。古人依靠快马传书一天最多可以跑800里，而汽轮船、高速列车、磁悬浮列车、喷气式飞机等新式交通工具的出现改变了这一切。交通技术不仅使

---

① 《世界及中国互联网发展历史和现状》，http://www.edu.cn/20041225/3125246.shtml。

② 苏国勋：《全球化背景下的文化冲突与共生》，《国外社会科学》2003年第3、4期。

③ Axford, B, *The Global System: Economics, Politics and Culture*, New York: St. Martin's Press, 1995. p. 95.

人类有条件超越自然地理条件的限制，超越时间的控制，而且降低了旅行成本，使人员的自由流动成为显而易见的现实，出现了活跃在世界各地的名副其实的"全球人"。鲍曼曾形象地描述了这种情形："在精英分子的生活经历中很少有'这儿'和'那儿'、'里面'和'外面'、'附近'和'远处'的区别。"①再加上高度发达的现代通讯技术使人们摆脱了沟通的局限，使吉登斯所谓的"时空脱域"②完全成为可能，我们越来越有信心地说目前正处于"地理终结"期。③ "地理的终结"则使麦克卢汉在20世纪60年代所预言的"地球村"转化为容易感知的事实。

时空的分离和压缩，全球交往的方便和快捷以及跨国公司的全球扩张正迅速地改变着人们的生活环境和生活方式：一方面是地方性现象的日趋全球化；另一方面则是地方性因素的不断萎缩，整个地球的同质化步伐日益加快。

这种变化最为明显的表现首先是物质文化的齐一性。今天，在世界上几乎每一个开放性的大中小城市，我们都能目睹到摩天大厦、超级公路、纵横交错的立交桥、自动取款机、信用卡、方便售货亭，肯德基、麦当劳、沃尔玛、西门子、冰激凌、可口可乐、口香糖、运动饮料，蓝布牛仔裤随处可见，好莱坞大片、迪士尼卡通、电脑游戏、音乐电视也已经填满了全球的每一个角落。总之，现在呈现在人类面前的仅仅是一个掺杂着被刻意保护起来的少许地方特色的一连串熟悉景象。

全球性现象凸显的另一个重要标志是，事关全人类共同利益的全球性问题的不断产生，并推动着国际社会为解决这些问题而日益走到一起。根据罗马俱乐部的见解，全球性问题"就是困扰当代人类的'总问题'、'世界性问题'、'全球危机'"。④ 顾名思义，全球性问题

---

① [英]齐格蒙·鲍曼：《全球化——人类的后果》，郭国良译，商务印书馆2001年，第12页。

② [英]安东尼·吉登斯：《现代化的后果》，田禾等译，译林出版社1990年。

③ 转引自[英]齐格蒙·鲍曼：《全球化——人类的后果》，郭国良译，商务印书馆2001年，第12页。

④ 转引自蔡拓：《全球问题与当代国际关系》，天津人民出版社2002年，第1页。

的显著特征就是它的存在空间超越了地区和国家的边界和领域，它的影响后果波及全球范围，危及整个人类的生存和发展。在“地球村”趋势越来越明显的今天，全球性问题越来越繁多，人们对全球性问题的感知也越来越明显。贝克把全球化时代的世界称为“世界风险社会”(world risk society)，现代化的过程就是风险的生产和再生产的过程，整个地球都被卷入到这个风险生产机器中，没有人、国家和地区能够幸免，也没有人、国家和地区能单凭自身力量而完全对抗之。① 有人甚至把这些问题的产生称作“蝴蝶效应”：亚洲蝴蝶拍拍翅膀，将使美国几个月后出现比狂风还厉害的龙卷风。

在今天，超越了国界和文化差异的全球性问题主要有：(1) 环境问题，如酸雨、臭氧层的破坏所导致的“温室效应”使全球气候变暖、沙尘暴的肆虐；(2) 全球军事安全问题，如恐怖主义活动的全球化，美国单边主义对世界力量平衡格局的破坏，大规模杀伤性武器的扩散和核扩散；(3) 传染性疾病问题，如 SARS、H1N1 的肆虐全球，艾滋病的扩散对整个人类生命的威胁，贩毒和吸毒问题；(4) 全球经济安全问题，如跨国公司这个“世界玩家”对全球民主的破坏以及金融资本短期投资行为所造成的 2008 年国际金融危机；(5) 全球经济发展平衡问题，如经济全球化过程造成的南北差距进一步扩大，发展中国家长久呼吁建立一种与经济全球化相适应的合理、公正的国际经济新机制和新秩序始终未能引起发达国家的共鸣。

上述全球性问题的解决已经超越了任何单一国家甚至几个国家的能力。我们知道，现代民族国家都具有明确的领土疆域界线，其权力只能在本国领土内行使。但是，上述全球性问题虽然可能最初发生在某一个国家内部，可其剧烈化的过程却是在全球范围内扩散的，其后果也是全球性的，处理它们必须建立超越主权国家的或主体国家之间的、对各个主权国家都具有约束能力的新的全球性公共事业机构。因此，贝克指出，在世界风险社会背景下，超越民族国家体系的全球性组织的崛起是现代性晚期阶段“亚政治”的重要内容。② 吉

①② Beck, U, *World Risk Society*, Cambridge: Polity Press, 1999.

登斯认为，发展全球性社会运动如妇女运动、生态运动已经成为对抗各种全球性风险的共同选择。[①] 不管是各种“亚政治”组织还是各种全球性社会运动，不管是国家间的世界性组织还是超越国家的非官方的全球组织，不管是赢利性的全球性组织还是公益性的全球机构，它们的一个共同特征就是“以一种全球性的市场或需要为关注的焦点，并力图发挥全球性的作用”。[②] 通过这类组织的协调活动，经济交往和处理纠纷的“对话成本”代替了冷战时期以军事政治安全为标志的“对抗成本”，使人类为发展付出的代价大大减少。

从上述不同层面的描述中我们不难看出，“全球化”指的就是世界上不同地区之间的联系日益紧密，相互依赖性不断增强的过程。

二、“全球化”规范性定义的散漫性

“全球化”是指全球不同地区之间相互依赖性和关联性日益增强的过程这个界定仅仅呈现了“全球化”的表面特征，而没有涉及“全球化”的实质内容。

事实上，全球化是一个非常复杂的历史进程。俞可平指出，“全球化既不是单纯的同质化，也不是简单的碎裂化，它是一个合理的悖论：它既是国际化，又是本土化；既是普遍化，又是特殊化；既是民族化，又是世界化；既是分散，又是整合。全球化是一种真正的‘对立统一’，两种完全相反的趋势却奇妙地结合在一起，相辅相成，你中有我，我中有你。”[③]德国社会学家贝克亦类似地认为，全球化“不是一个线性的过程，而是一个反身性的和辩证的过程，其中，全球性因素与地方性因素（或者说普遍性因素与特殊性因素）并非如文化的两极那样存在，而是遵循相互连接和相互嵌入的原则。这些过程既具有历史的多变性又是多维度的。它们不仅涉及跨越边界的相互联系以及

① ［英］安东尼·吉登斯：《现代化的后果》，田禾等译，译林出版社 2000 年，第 2 页。

② ［英］马丁·阿尔布劳：《全球时代——超越现代性之外的国家和社会》，高湘泽等译，商务印书馆 2001 年，第 193 页。

③ 俞可平：《全球化译丛》总序第 4 页，［英］戴维·赫尔德、［英］安东尼·麦克格鲁主编：《全球化理论——研究路径与理论论争》，社会科学文献出版社 2009 年。

对其他边界的消融，而且改变了民族国家社会内部的社会性质和政治性质。它们还显著地改变了意识与认同”；[①]特别是由于它对不同的利益主体所造成的利益差别，更使其成为一个人言人殊的概念和社会现象。我们可以从下述引文中洞悉到这一点：

> 新马克思学派或称新左派的代表人物 S. 阿明(S. Amin)、A. 柯林卡斯(A. Callincos)和 S. 吉尔(S. Gill)认为全球化就是夺取市场，是一种帝国主义行径，代表了反动的全球帝国主义和资本主义的胜利，其结果必然是不公正、不公平的两极分化，而国家和政府已经沦为国际垄断资本的“代理人”。……是“新中世纪主义”的复兴。……世纪末的全球化正在催生另一种形态的帝国体制，但不是以军事强制为先导，而是以市场和资本为杠杆，没有鲜血和暴力，通过资本、信息和市场来冲击国家主权，促使国家和领土的界限再度淡化……
>
> 新自由派主要代表人物 K. 奥马赫(K. Ohmaehe)和 W. 格里德(W. Grieder)则认为全球化主要是指全球经济和市场的一体化，其结果不一定是你死我活的“零和游戏”，而是世界资源的优化组合，绝大多数国家在全球化过程中都将得到比较长远的利益。尤其是，他们认为全球化是人类进步的先驱，因为它正在促使全球市场和全球竞争一体化的出现。……
>
> 怀疑派代表人物 P. 赫斯特(P. Hirst)和 G. 汤普森(G. Thompson)认为甚嚣尘上的所谓全球化，根本就是一个“神话”……如今所谓的“全球化”，充其量只是一种发达国家经济之间的“国际化”与“互动”而已……经济区域化正在朝向逆全球化的方向发展，日益走向排他、封闭和保护。[②]

在“全球化”的具体界定上，其所以出现上述争讼纷纭、歧义迭出

---

① Beck, U. 2001, “The Cosmopolitan Society and its Enemies.” In *New Horizons in Sociological Theory and Reasch*, (ed.) by Tomasi, L., Aldershot: Ashgate.

② 赵辉：《全球化研究动态述评》，《天涯》2000 年第 3 期。

的现象，原因有如下几方面：

第一，“全球化”不是一个不依人的意志为转移的、完全外在和客观的过程，而恰恰是人的意志和能动性的结果，是一个由人类行为创造的、正在进行的过程，任何对它的界定都在一定程度上会进入这个过程，影响它的走向和具体运作。换言之，对全球化的把握和改变是同一个过程。马克思和恩格斯在《共产党宣言》中指出，世界市场的形成是资产阶级试图按照自己的设想在地球上建立一个新的世界。这个论断就从本质上揭示了人的能动性在全球化过程中的重要作用。当然，强调这一点并不就是幼稚地认为，“全球化”实际的进程、方向和后果是完全由人事先设计好的，“全球化”会乖乖地往这些预设的模子里钻。但是，人的能动性能在一定程度上对全球化进行控制却是不容置疑的事实。

正因为“全球化”与人的能动性之间存在着这种错综复杂的关系，所以，控制“全球化”并建构符合自身利益的全球化模式，就成为当今世界上许多国家和地区以及其他各种利益集团梦寐以求的事业。

第二，也正因为全球化是一个现在进行时态，它的各个方面的关键特征可能还在生成，它的具体形态还未定型，因而任何对它的界定都带有某些想象的成分。

第三，正如贝克所说，全球化过程是一个“反身性”（reflexivity）的过程，其中充满悖论、循环性，[①]任何按照启蒙主义的线性逻辑对它的把握都是不可能的，任何对它的简单化处理都难以穷尽它诡秘的面孔。

第四，如前所述，虽然每一位学者在界定全球化时都声称自己是在客观地描述它，但知识社会学的研究却表明，这种“客观性”背后往往渗透着作者自身的文化的、社会的、情感的、利益的等各方面的因素，因此，与其说他们是对“全球化”的客观描述，毋宁说是对“全球

---

① Beck, U. 2001, "The Cosmopolitan Society and its Enemies." In *New Horizons in Sociological Theory and Research*, (ed.) by Tomasi, L., Aldershot: Ashgate.

化”的主观期待和建构即规范。

正是因为上述原因的存在，才使“全球化”的规范性定义呈现复杂性。下文我们将对建构全球化的几种主要方式即规范性定义进行介绍和辨析。

三、建构“全球化”的几种方式

在当今世界理论界，关于全球化的观点五花八门、不一而足，其目的都在于按照自身利益诉求和文化期待来引领全球化的发展。但是，其中影响最为深远、最具代表性的全球化意识形态只有三种，即国际主义、世界主义和全球主义，它们基本上表征了当下参与全球利益格局形塑的主要力量。

（一）国际主义

国际主义(internationalism)是一个内涵复杂的概念，当下学术界已经出现了新国际主义、自由主义国际主义、实践国际主义等多种流派，但影响最为深远的还是马克思主义的国际主义观。

马克思和恩格斯在《共产党宣言》中指出，资产阶级统治的全球化使得每一个民族、每一个国家都变成了资产阶级的民族和国家，任何法律、道德和宗教都成为资产阶级争夺利益和遮蔽其争夺利益的实质的意识形态。从这个意义上说，无产阶级同样失去了民族性，他们自诞生之日起，就是世界性的，不同民族国家的无产阶级的利益在根本上是一致的。①

但是，马克思和恩格斯不只是抽象地讨论无产阶级的超国家性，他们认为，在现有历史条件下，无产阶级对资产阶级的斗争既必须是全世界的联合斗争，又需要以民族国家为基础，首先同本国的资产阶级进行斗争，而其他国家和地区的无产阶级可以发扬国际主义精神，对这些国家的无产阶级斗争给予支援。这就为列宁的无产阶级革命

---

① 《马克思恩格斯选集》第1卷，人民出版社1995年，第276—277页。

在一个国家首先取得胜利的提出做了理论铺垫。

第二次世界大战以后，一些西方学者对马克思主义的国际主义做了发展，国际主义的内涵因此也更加清晰，更具时代性：(1)国际主义对应于国家主义。佩里·安德森指出，国际主义的意思在逻辑上必须根据国家主义的概念进行界定。历史地看，尽管民族国家仍是现实中最基本的单位，但是国际主义表示出一种超越民族国家建立更广泛的共同体的展望和实践。当然，国际主义者在强调国际主义与国家主义的重要区别时并不否定民族国家追求国家利益的正当性。[①] (2)"国际主义"指处理独立国家之间关系的一种外交政策和理念。古尔德曼认为，国际主义指"只要不同国家之间存在更多的法律、组织、交换和交往，就能够增强和平与安全"这样一种信念。[②] 由于独立国家体系是一个缺乏维护国与国之间的秩序和保护各国公民不受伤害的政府，所以，在这个体系中，紧张、备战和战争都是不可避免的，即所谓的国际政治的无政府模式。国际主义承诺有效地处理好民族独立与国际安全之间的矛盾性关系，既能保持国际体系的良性运行，又能维护独立的国家体系。[③] 诺撒尔(Nossal)进一步具体化了作为外交政策的国际主义的要素：积极参与国际事务、承担一些责任、处理一些国际争端；参与建立多边合作的国际秩序、承认国际制度；为把国际系统改良为一个整体提供资源。[④] 概括地说，积极参与、多边主义和承认与追求共同利益和整体利益是国际主义的关键因素。(3)"国际主义"是一种重在培养个人认识到服务共同体的重要性的道德信仰或是科学方法。不同国家的人民都是平等的，必须培养公民具有为这样一个共同体服务的道德价值和责任意识，[⑤]反对

---

① Anderson, P., "Internationalism: a Breviary", *New Left Review*, Vol. 14 (2002).

② Goldmann, K., *The Logic of Internationalism: Coercion and Accommodation*, London: Routledge, 1994, p. 2.

③ Goldmann, K., *The Logic of Internationalism: Coercion and Accommodation*, London: Routledge, 1994, p. 1.

④ Munton, D. and T. Keating., Internationalism and the Canadian Public, *Canadian Journal of Political Science*, Vol. 34(2001).

⑤ James, Internationalism and Globalisation as Contexts for International Education, http://www.jim.cambridge@ibo.org.

种族主义和国家沙文主义。

从以上论述中，我们可以概括出“国际主义”关于全球化的几个基本主张：以平等和彼此相互尊重为核心价值观；[1]以建立更民主和平等的世界秩序为根本目的；以基于共同利益的国家合作为基本方式；以无私的、不谋求国家私利为对外援助的共同宗旨。[2]

（二）世界主义

在全球化研究话语体系中，坚持“世界主义”（cosmopolitanism）立场的主要有两位学者：一位是英国的赫尔德（D. Held），另一位是德国的贝克（U. Beck）。

赫尔德在康德的“永久和平”理想的基础上，提出建立以世界主义民主为中心的国际新秩序的乌托邦。他指出，在全球化进程中，以联合国为代表的国际共同体已经受到严重挑战，“和平联盟”的目标正在遭受许多追逐自身利益的强权国家的破坏，为此，需要重建世界主义民主以维护国际秩序。赫尔德提出世界主义民主的几个基本原则：承认而非否定地方性特殊权利诉求的存在，谋求使这些权利承担建设世界和平的责任；承认并且尊重不同类型的信念、价值和准则，强调对于不同意见的公共解决方式；消除强制性和霸权主义政治，培育和保护文化多元主义和认同多样化，使不同文化互相宽容、共同发展、彼此负责。[3] 总之，在赫尔德那里，“世界主义”表示的是一种强调民主、平等和差异的国际新秩序。

贝克认为，全球化这一进程对社会和政治自身的内在性质和结构带来了深刻变化。20 世纪末期以来，人类社会正从简单现代化（simple modernization）阶段进入反身性现代化（reflexive modernization）

---

① Sovel, B., “Internationalism: Using Technology to Connect Students and Nations”, *Computer-Using Educators*. Inc. Vol. 24 (March 2002) p. 3.

② Munton, D. and T. Keating, “Internationalism and the Canadian Public”, *Canadian Journal of Political Science*, Vol. 34 (2001)；周弘：《从国际主义到区域主义——瑞典对外援助的欧盟化》，载《国际贸易》2001 年第 7 期。

③ 赫尔德：《民主与全球秩序：从现代国家到世界主义治理》，上海人民出版社 2003 年，第 293—297 页。

阶段，世界风险社会正在形成。与简单现代化以及前现代化阶段相比，人类在反身性现代化阶段的自身活动所制造的风险如生态灾难、金融危机以及恐怖活动已经普遍化，并且取代了外在自然危险而成为人类生活和生存的主要威胁；风险的分布超出了民族国家的地域界限而走向全球化，全球的人们遭遇到同样的生活情境，面临同样的危险。“风险面前人人平等”既表明不同个体和群体之间的某种平等性正在风险社会中得到形塑，另一方面又说明应付风险社会需要全人类的共同努力。①

贝克指出，虽然“民族国家”不一定会因世界风险社会的形成而消解，但“民族国家”范式及以之为主体的国际性行动的传统风险应对机制显然不符合世界风险社会的要求，无法解决全球风险问题，只有建立去民族化和超民族化的世界国家范式，即从民族主义或者国际主义范式转换为世界主义范式，才有助于解决 21 世纪的全球问题和冲突。② 因此，超越民族国家的各种民间组织如绿色和平组织等应成为抗拒人造风险的主体。③

贝克进一步指出，全球化“不是一个同质性的符号、意义和表述空间，而是要处处遭遇各种基础性的差异，并必然要以某种难以琢磨的方式与这些相互矛盾的确定性事物——而且通常是暴力形式——纠缠在一起。”④因此，所谓“世界主义”，就是要持文化多元主义的立场，倡导一种参与式的协商民主制度，即生态民主，通过不同利益主体和文化主体的平等参与和协商，来制约科技理性的肆无忌惮的发展，以拯救人类于世界风险社会。⑤

虽然贝克受赫尔德的影响较大，但从以上论述我们可以发现，两

---

① Beck, U. *Risk Society: Towards a New Modernity*, London: Sage, 1992.

② Beck, U., "The Terrorist Threat: World Risk Society Revisited." In *Theory, Culture & Society*, Vol. 19(4), 2002.

③ Beck, U., "The Cosmopolitan Society and its Enemies." In *New Horizons in Sociological Theory and Research*, (ed.) by Tomasi, L., Aldershot: Ashgate, 2001.

④ Beck, U., "The Cosmopolitan Society and its Enemies." In *New Horizons in Sociological Theory and Research*, (ed.) by Tomasi, L., Aldershot: Ashgate, 2001.

⑤ 肖瑛：《风险社会及其超越：“反身性”与贝克的风险社会理论之建构》，《社会理论》2007 年第 3 期。

人在“世界主义”的观点上有颇多差异。赫尔德的观点更接近“国际主义”;贝克则关注全球风险社会形成对民族国家边界的超越,认为全球化进程实际上是一个对民族国家内部以及不同民族国家之间的内在关系进行重塑的过程。

(三) 全球主义

同全球化一样,“全球主义”同样是人言人殊,它的基本主张如下:

1. 全球主义是自由市场的意识形态。史特格在《全球主义:新的市场意识形态》中认为,全球主义是全球化时代的主流意识形态,其实质上是盎格鲁血统的美国人的自由市场的教条,它只是把新自由主义的标准、价值和意义赋予全球化相对较新的含义。[①] 贝克在《自由和资本主义》中也指责全球主义就是反对国家干预经济、建立统一的世界市场的新自由主义专制。[②]

2. 全球主义是一种超越国家主义的思维方式、价值观念、行为规范和模式。[③] 持这种观点者以不同地区、不同民族之间相互联系日益紧密的全球化时代为背景,认为全球经济正走向一体化,全球性问题成为人类共同关注的问题,应弱化传统的民族国家的主权,摆脱国家中心主义的束缚,代之以人类中心论和世界整体论。[④]

3. 全球主义是超越地域意识的新型普遍主义。后殖民主义理论的批评者德里克认为,全球化过程是一个本土化与全球化相互交织的过程,而全球主义却把全球化假设为一种没有空间与时间的运作,从而使其成为其他一切空间化的起源,任何不那么“全球性”的东西都被视为与其对立。因此,德里克批判全球主义是极具讽刺意味

---

① Sterger, M. B., *Globalism: the New Market Ideology*, Row Rowman & Littlefied Publisher, Inc, 2002, pp. 43 - 80.

② 乌尔里希·贝克、约翰内斯·威尔姆斯:《自由与资本主义》,浙江人民出版社 2001 年,第 201 页。

③ 鲍宏礼:《经济全球化与全球主义战略:马克思主义与全球主义哲学思潮比较研究》,载《理论与改革》2002 年第 5 期。

④ 施沃伦:《自觉全球主义:矛盾冲突与对策》,社会科学文献出版社 2005 年,第 189—196 页。

地把它的主张拔高为一种新型的普遍主义，是一种本土必须服从全球的权力结构的全球中心论。①

4. 全球主义是摒弃个人意识的全球意识。在施沃伦看来，全球化的过程就是促进全球共同体的过程，在这个过程中，由于不同的利益群体过分追求个人利益和集团利益，使得全球化的过程充满了矛盾和冲突，只有摒弃地域意识和个人意识，自觉地树立全球意识，才能摆脱全球化过程中因利益之争而产生的危及人类生存的全球性问题。②

总体上看，全球主义比较接近在当今美国社会占据主流地位的经济新自由主义和政治、文化的新保守主义两种思潮，在经济上主张建立全球统一的自由市场，在政治上主张建立以美国为首的世界政府，在文化上要求实现美国基督教新教文化的世界化。

（四）分析和比较

虽然无论是从知识谱系学还是社会发生学的角度看，上述三种意识形态都同根同源，但是，共同面对全球化这一历史现象时，它们之间的分歧和差异日益显现和强化，形成了三种截然不同的全球化建构方式。

第一，关于民族国家在全球化进程中以及世界关系重建中的地位。国际主义认为，世界关系的处理只能在现有的民族国家体系内进行，需要由民族国家作为主体进行平等的相互协商，建立为全球公认和执行的世界法律，以此才能维持世界的有序和安全。

世界主义认为，虽然不能简单地否定民族国家在全球化不断深化过程中的地位，但在很多方面，民族国家的合法性的过时却是必然的，处理全球问题需要超越民族国家体系的新的全球性政治组织。贝克甚至指出，民族国家体系已经过时，需要用世界性国家取而代之，唯有如此才能保证人类社会在全球化风险中继续生存。

---

① 德里克：《全球主义与地域政治》，《天涯》2000 年第 3 期。

② 施沃伦：《自觉全球主义：矛盾冲突与对策》，社会科学文献出版社 2005 年，第 235—256 页。

全球主义则主张，世界上不同民族和国家的素质是参差不齐的，应该选择一个高于其他国家的领导型国家，而这个国家的价值体系、军事能力和铁肩担道义的勇气都优于其他的民族和国家，只有由它来扮演世界警察的角色才能维护世界的和平与安全。在当今世界，唯有美国才具有这种素质和能力。

第二，关于不同文化和价值体系同利益诉求的关系。国际主义赞成文化多样性，积极促进国际合作和培育国际视野，[①]立志促进国家间的和平与理解。

虽然世界主义认为民族国家体系的地位和作用在全球化进程中必然逐渐式微，但他们并不因此而认为人类社会将进入一个大同状态。相反，利益和文化的差异将以有别于民族国家体系的另外一些形式出现在政治舞台。就文化和价值体系以及利益的差异而言，只有建立让这些不同因素相互平等对话的制度性平台才能使拥有不同宗教信仰和政治观点的人和谐共处，才能有效应对全球共同面临的问题。因此，世界主义提倡尊重世界文化的多样性，宣称人类应“和而不同地共同生活”。

全球主义者则引导全球文化朝着有利于“跨国资本家”价值观的方向发展，[②]在鼓吹“全球市场经济”和“全球资本主义”中推行西方理性主义的霸权思想。贝克指出，全球主义在高扬平等、自由、民主旗帜的背后却是“通过将社会不平等激进化并危害社会公正与安全的基本原则来削弱民主自由文化”。[③] 更明确地说，全球主义主张世界上只有一种合理的文化价值体系，那就是西方的基督教文明所代表的理性主义文化以及自由主义的政治经济制度。

在当前的世界和国内学术话语中，国际主义、世界主义和全球主义经常被不加区分地使用，特别是全球主义，其最早产生就源于欧美

---

① James, Internationalism and globalisation as contexts for international education, http://www.jim.cambridge@ibo.org.

② James. Internationalism and globalisation as contexts for international education, http://www.jim.cambridge@ibo.org.

③ Beck, U. 2001, "The Cosmopolitan Society and its Enemies." In *New Horizons in Sociological Theory and Research*, (ed.) by Tomasi, L., Aldershot: Ashgate.

国家的左派给资本主义的殖民主义政策贴上的一个否定性标签，所以很少有真正的全球主义者自称“全球主义”。我们主要根据这三者在全球化问题上各自的实质性态度来厘清它们之间的关系。

四、结　　论

面对全球化的生活情境，人们的心态总是表现得特别复杂。正如罗德里克在《全球化的悖论》中的感慨：全球化究竟是带来了丰厚的利益，还是又打开了一个潘多拉的盒子？[①] 一方面，人们在享受全球化时代的相互联系、相互依存便利时，没有谁真正愿意回到老死不相往来的小国寡民时代；另一方面，人们又对全球化背景下个人的发展、国家的发展、人类命运的不明朗性持一种焦虑态度。这种全球化的悖论将伴随全球化的始终。正因为这样，人们会不断地创造出各种新的界定来引导全球化的规范和理想，甚至，“反全球化”也是一种生产和界定全球化的路径。全球化的进程既会在人们的知识和理念生产中不断地自我再造，没有终点，只有此一时彼一时的失利者和弄潮儿。

申小翠，法学博士，上海大学全球学研究中心研究员。主要研究研究方向为全球化与意识形态理论。

---

① 丹尼・罗德里克(Dani Rodrik)：《全球化的悖论》，中国人民大学出版社 2011 年。

宗教与民族团结

韦德·卡拉克·鲁夫

宗教与民族团结问题在宗教社会学的发展过程中非常重要，可以说仅次于西方的世俗化学说。当然，在杜尔凯姆传统中，团结作为宗教的功能之一也是非常重要的。正如杜尔凯姆所说，宗教“完全是社会性的”，他在《宗教生活的基本形式》一书的结尾更是把宗教描述成“一种永恒的东西……注定会超越宗教思想所采用的特有形式”。

但是，这种思路却激起一连串的问题：宗教与团结之间到底有着怎样的关系？它是宗教的实质性定义还是功能性定义？在现代性背景下宗教发生了怎样的变化？今天我们该如何看待社会团结？在一个现代、多样、高度分化的世界里民族团结的基础又是什么？

我对这些问题的思考主要集中在美国，因为这是我最熟悉的国家。首先，我将回顾第二次世界大战后美国宗教的发展历程。当然，我并不是采用历史学家的视角来详细描述这个期间发生了哪些变化，而是以社会学家的视角来寻找阐释框架，以便理解宗教与团结之间的变迁。其次，将引用加拿大哲学家查尔斯·泰勒(Charles Taylor)和法国社会学家丹尼尔·埃尔维厄·莱热(Danièle Hervieu-Léger)的近作对这些现象进行理论分析。最后，根据宗教与团结关系的变化，将就宗教形式的标准化以及全球化背景下面临的挑战做一些思考。

一、美国的宗教变迁

现在我们来看看美国宗教史上的一个难题。半个世纪以前，社会学家威尔·赫伯格(Will Herberg)和神学家莱因霍尔德·尼布尔(Reinhold Niebuhr)说过,美国既是一个最具宗教性的国家,又是一个最世俗的国家。这种说法听上去似乎是一种悖论:它是指第二次世界大战后出现的经济扩张、婴儿潮、大众营销、郊区化以及社会文化的急剧变革,但同时这又是个强调传统家庭、生活方式规范、亲美国主义以及信仰上帝的时代。教堂出勤率在现代时期保持最高纪录,宗教书籍出版兴盛,在华盛顿还兴起国家祈祷早餐会,国会修改了效忠誓词,加上"上帝保佑"的字样。换言之,世俗与宗教倾向看上去似乎同时并存。当然,世俗和宗教两个词都不容易界定,在这个急剧变革的时代,对这两个词的讨论有太多的随意性。然而在当时,将上帝与美国结合在一起很普遍,那时的三大主流宗教——新教、天主教和犹太教都认可这一点,认为宗教信徒就是好公民。许多人相信,美国人拥有上帝,而上帝和美国人一起并肩对抗共产主义。虔诚和世俗就这样很自然地结合在一起,宗教成为麦迪逊大街销售和招聘技巧的重要内容。没有任何社会学家质疑美国的这种偶像崇拜与骄傲。"美国例外主义"在许多社会学家中再次形成共识。有人认为高度的宗教信仰(即使掺有水分),以及教堂高出勤率使得美国与众不同,或者说更确认了它作为上帝选民的特殊地位。

但是,仅仅十年之后的青年反文化时期,这种上帝与美国、虔诚与"美国生活方式"间的轻松结合就开始遭到普遍质疑。许多20世纪六七十年代中产阶级的年轻人,尤其是那些抗议越战的大学生,在家里尝试新宗教,渴望摆脱一种拘谨的道德文化,此时的美国几乎看不到什么神圣的气息。这种氛围与20世纪50年代对比是如此明显,以至于著名历史学家悉尼·阿尔斯特罗姆(Sydney E. Ahlstrom)把这段时期描述为"民族自信心、爱国理想主义、道德传统,乃至犹太—基督教的有神论传统都一去不复返"。社会学家罗伯特·贝拉把此时的美国看作在经受审判,他使用宗教语言"破碎的契约"来形容这一情景。现在看来,20世纪60年代和70年代初是深刻的文化分野的开端,今天我们把这种文化分野称之为"文化战争"。对政府及其他社会机构的不信任,宗教机构失去权威,宗教和社会生活越来越多元化，道德相对主义，在堕胎和同性恋问题上的严重分歧，以及宗教、政治和意识形态的新配置，所有这一切从那时起都开始逐渐升级。

二、宗教与神圣

从社会理论角度来看，我们怎样解释这种模式上的巨大变化？对于这种既虔诚又世俗、表面看来自相矛盾的现象，除了求助于“美国例外主义”这一老套又处处适用的主题，美国社会学界并未产生出有说服力或被广泛接受的解释。战争、恐惧、不安、全球防务都被看作影响20世纪50年代宗教倾向的因素；而对拘谨文化的反应、青年文化的流行、对妇女的压迫、公民权利、对东方事务的兴趣和那场不受欢迎的战争则被认为是塑造六七十年代的因素。但是所有这些都不足以作为解释宗教与民族团结问题的原则。

为获得一个更好的视角，我们先要区分一下“宗教”和“神圣”这两个概念。从杜尔凯姆的角度来看，这两者并不一定完全重合，尤其是在社会和文化发生重大变革的时刻。在他看来，神圣是指基本价值、意义与认同，是社会生活的表达及其凝聚力的体现，社会因为神圣而得以存在；宗教形式则是这种统一性在某一特定时刻表达出来时的象征符号。随着时间和环境的变化，象征形式和制度形式也会发生变化。从过去继承而来的宗教形式有可能抵制变革，在担心它们创立和维护社会团结的能力下降之时还会鼓舞宗教形式的复兴。如杜尔凯姆所说，旧的神变老、死去，新的神还会出现，都是为了形成一种复杂的具有象征性、表现力的秩序。因此，神灵信仰与由信仰产生的团结之间的关系非常复杂，尤其是在现代背景之下。

查尔斯·泰勒的近作《世俗时代》对理解这一问题非常有启发。针对20世纪50年代到70年代冷战时期的美国民族团结问题，他写道：“很明显，对那时的所有人来说，家庭、宗教和国家之间的紧密联系将在不知不觉中遭到打击。实际上，这被冷漠的历史学家称为‘现代核心家庭的最后一丝气息’。美国生活方式的纯洁善良在对黑人种族的歧视、在越战的痛苦中遭到质疑；核心家庭的积极形象遭到女权主义以及60年代兴起的性解放文化的质疑；美国宗教大一统的平淡乏味在那动荡的十年遭到强烈拒绝。”

泰勒的贡献在于指出了宗教与团结的转向。他将20世纪50年代的宗教、家庭和国家模式称为“新杜尔凯姆主义”，以与他所谓的“传统杜尔凯姆主义”区分开。不要过分执著于标签，“新杜尔凯姆主义”是指第二次世界大战期间美国作为新世界秩序的捍卫者时产生的一种强化型的团结形式。这与早期的相对松散的团结模式形成对比。自相矛盾的是，强化的可能性来自两种社会文化现实的结合：一是历史上形成的政教分离制度，一是与千禧年主义、不断向前推进的犹太—基督教上帝定有契约的清教文化传统。正如悉尼·米德所说，我们是个“有着教会灵魂的国家”，在危机时刻或被认为遭遇危险的时刻，美国很容易产生一种强烈的宗教使命感。

但是还有一种泰勒所称的“后杜尔凯姆”团结，虽然按照严格的杜尔凯姆术语来说有些费解，但是在他头脑中的确存在另一种努力恢复混乱秩序之后产生的团结方式。“后杜尔凯姆”指的是从不加怀疑信仰上帝转向认为这种信仰只是众多方式中的一种，且通常不容易做出选择。也就是说，他指的是一种以各种各样的道德、精神、宗教、非宗教体验为特征的社会背景，以及那种理所当然、广泛接受的宗教权威的衰落。他很谨慎地指出，这种变化并不一定会导致宗教信仰的衰落，也不会导致宗教信仰从生活其他方面中剥离出来，而是强调信仰的社会环境发生了深刻变化。现在有了更多的选择，更多的建构适当的意义系统（包括非宗教）的方式。在他看来，世俗性与自我体验、理解真善美所采取的视角有关。他设想一种对“圆满”生活体验的追求，并认为现代世界为追求这种圆满提供了越来越多的方式。正如沃纳等学者在他们对《世俗时代》的评语中所说，“圆满是一种比信仰更大、更深刻的意义感。这并不意味着一定要排除传统信仰，但所不同的是，决定什么构成超验意义的权力转向了个人体验和主观性。”

在《宗教是一条记忆之链》一书中，丹尼尔·埃尔维厄·莱热对西方的宗教形势采取了不同的分析进路，但却得出类似的结论。如她所说："在传统社会，神圣性和宗教性只能在宗教中找到，因为宗教是意义的唯一来源，而在现代社会，各种各样的方式都能产生意义。"和泰勒一样，她把宗教看作与社会环境密切相关，传统的权威性是在信仰的实践过程中产生的。作为一种记忆之链，不管是完整的还是想象的，宗教信仰都使人感到一种明确的意义与认同；但是这种信仰越来越以一种个性化、主观化、弥散的形式表达出来，并演化成各种各样的意义组合与意义序列，这和那种体制化信仰，尤其是宗教机构截然不同。强烈的记忆被剥夺之后，在个人体验与社会现实之间出现了断裂；同时，对于各种象征的建构和对传统进行的有选择的解释也大大增加。她承认美国的情形和欧洲有些许不同：欧洲启蒙运动鼓励摆脱宗教信仰与实践而获得自由，而美国却强调宗教自由。但是从长远来看，这两条路径却殊途同归：都导致了宗教、精神、人文主义、心理学、解放论、科学、民间实践以及其他个人化元素的大杂烩，这种现象既出现在体制化宗教之中，也出现在体制化宗教之外。更多的研究表明，将个人化意义系统中那些逻辑上毫不相关的因素联系起来不仅是可能的，而且非常普遍，这就产生出一种能够满足个体需要的整体性宗教现实概念。

美国和欧洲的情况都反映出这种转变。有许多迹象表明一种"新灵性"(new spirituality)的兴起。在凯瑟琳·阿尔巴纳斯(Catherine Albanese)对新形而上学形态的分析以及我本人的《灵性市场》(*Spiritual Marketplace*)一书中都有所论述。所有这些研究都显示出各大传统间个人广泛的自主性，将各种信仰、实践以及来自各种渠道的形而上观点相混合的开放态度，还有许多人声称自己追求的是"灵性而非宗教"。最近的皮尤研究中心调查显示20%—35%的美国人在多种场合寻找灵性的含义，如参加不同的教会，或是把他们熟悉的西方信仰中的元素与一种或多种非西方或印第安人的信仰或实践结合起来，如转世、瑜伽、炼金术、与死者交流等。

由于宗教元素的混合总是根据个人的嗜好，因而会导致无穷无尽的个人化意义系统的产生。或许我们可以说所有这些都指向一种宗教民主化过程的形成，一种宗教是否和另一种宗教一样被认为是好的或可信任的宗教，取决于个人的爱好。换言之，各大主流宗教传统之间的界限正变得越来越模糊，各种宗教不再自我封闭，而是不分彼此，尤其是在其边缘处。

跨宗教研究表明这种宗教趋势第二次世界大战之后在十几个国家开始出现，多数是欧洲国家。这种趋势以各种方式表达出来：越来越多的个人选择，宗教符号的混用，强调个人体验与成长，以及反制度主义。在被研究的所有这些国家，我们都发现传统宗教权威明显衰落，与此同时，人们自主选择相信什么、如何实践的现象却不断增加。

三、宗教与宗教管理

这样就产生出一个问题：在当代美国以及其他现代社会，宗教基础还能作为社会团结的基础吗？泰勒的“后杜尔凯姆”模式提示我们在理解这一问题时要谨慎。

很明显，在美国以及欧洲大部分地区，社会团结并不仅仅依赖于共有的宗教价值。尽管犹太—基督教文化传统从未间断，但是宗教的不断多元化削弱了这种团结的力量。更为重要的是，在后杜尔凯姆语境下，我们必须把作为一种具体、实质性的信仰、实践、制度体系的宗教与在特定背景之下监管这些信仰、实践和制度体系发挥作用的宗教管理体制区分开来。从殖民地时代开始，一种管理模式就已经出现，到 19 世纪 30 年代发育成熟。历史学家阿尔斯特罗姆、阿尔巴纳斯、巴巴拉·麦格罗（Barbara McGraw）分别将之称为“伟大的传统”、“新教守则”、“圣地”，这些都指向一些根深蒂固的价值，如宗教自由、政教分离、个人良心至上以及自愿支持宗教团体与道德宗教事业等。整体来看，这套价值原则构成了个体有权选择是否信仰宗教的基础，并且可以任意方式进行选择，且这些权利不受任何宗教或宗教权威的约束。这些是启蒙时期形成的价值观，被宪法固定下来，并在文化实践中得以延续。因此，用阿尔巴纳斯的话说，在美国，宗教的"一"（指在宗教事务上尊重个人选择之统一）与宗教的"多"并存（指许多独立、独特的宗教信仰在这种环境下蓬勃发展）。实际上，美国的宗教体制是根植于其文化之中的，其本身就是美国"合众为一"信念的表达。

我想要指出的是，尽管保守派信仰在寻求政治复兴，但是作为美国社会团结的基础，宗教赖以存在的规范框架要比宗教本身所具有的实质性、具体性形式更为重要。美国的宗教监管框架根植于宪法、独立宣言等神圣文本之中，并在政治和司法实践对其进行阐释的过程中被仪式化，而得以维护良心自由，这不仅鼓励了新兴宗教形式的产生，也促使那些反宗教的异端的产生。甚至可以说，尽管在道德、宗教观上存在一些固有的甚至常常激烈的矛盾，如堕胎问题、同性恋问题，但是原则上，美国的宗教管理体制确保了这种争论的双方都能享有国家的理想——自由与良心。个人良心的神圣性一直被看作宗教与道德信念的根本，尤其是在战争时，现在似乎已经被上升到更为普遍的原则，成为各种宗教与道德信念的基础。

说了这么多，我也不能把画面描绘得过于美好。最近的两位美国总统以及公民宗教的象征都显示出相互冲突的倾向——既体现出"新杜尔凯姆"倾向，也体现出"后杜尔凯姆"倾向。在乔治·布什的总统就职典礼上要恢复一种旧秩序的努力非常明显。2000 年，他的就职典礼显示出一种胜利教派的味道：仪式以来自得克萨斯的总统的新卫理公会牧师的祷告结束，祷告中称是"以万民之上——耶稣基督的名义进行的，让所有同意的人一起说：阿门"。在随后几年中，布什的演讲和新闻发布会上不断提到美国作为神圣的被选之国的古老神话，提到它的纯真与善良，尤其是它要将民主传往全世界，使世界摆脱专制与压迫的千禧年使命。在 2004 年再次当选时，为自由而战更是与宗教含义相结合，被描述成"希望"、"正义事业"、"进步"、"征服我们的敌人"等字眼，都给人一种美国使命即上帝使命之感。与过去清教观念中上帝因自己的目的选中美国的观念不同，现在的逻辑变成：美国人如此明显地体现了神的意志，上帝会选择他们向世界来履行自己的使命。在第二次就职典礼上，布什使用

“freedom”、“liberty”、“free”等字眼多达49次，巩固了政治福音派基督徒把美国看作一个受到恐怖分子和其他敌人威胁的被选之国的形象。

奥巴马的当选和就职不仅显示出修辞上的转变，更为根本的是眼光和视角上的转变。他明确表示对多信仰和非信仰表示尊重：“我们知道，我们的多元遗产是一种优势，而非劣势。”在就职典礼上他说：“我们是一个由基督徒、穆斯林、犹太教徒、印度教徒和非信者组成的国家。”把基督徒与穆斯林、犹太教徒和印度教徒并列，他将那种标准的基督徒国家的定义进行了淡化。在就职典礼上如此明确地将非信徒包括在内对美国总统来说还是第一次。他是针对美国非宗教和非传统宗教人口的不断增长而言的，现在这些人已经占到总人数的16%。他们包括无神论者、不可知论者、追求形而上者以及各种非正统信仰者。不仅如此，根据2010年贝勒研究对上帝形象的调查结果显示，30%的美国人声称是无神论者(或不可知论者)，或是坚持一种“遥远的上帝”的观点，这和传统犹太—基督教观念中那种积极神性的观念截然不同。通过用语言来回应美国的多元化背景，奥巴马使“我们，美国人民”这一说法更加民主化，他力图超越人种、种族、性别、生活方式等老问题(虽然不一定非要解决)，来面对新兴的、不能低估的挑战——信徒与非信徒的融合问题。不过，相信上帝全能专制的信徒(在贝勒调查中占31.4%)通常会反对这种融合，而相信上帝仁慈温和的信徒(23%)由于强调相互鼓励和共同忠诚，则会和认为上帝很遥远的信徒以及无神论者一起支持这种统一。实际上，奥巴马是在寻求调动这些进步信仰者和无神论者以塑造民族团结。但是无论选民数量如何减少，这仍然是个在宗教上具有严重分歧的问题，目前的政治形势也看不出这种分歧何时能够修复。

四、几点启示

最后谈谈这对全球宗教的几点启发。

一是关于宗教形式。随着全球化影响的扩大，宗教形式在各个国家变得越来越分化，也越来越标准化，主要有四种类型：1. 组织化宗教。这是最传统的宗教形式，具有明确的结构，很容易辨别人们是否有宗教信仰；2. 政治化宗教。宗教象征和价值成为政权的表达形式，或者，与此类似但是今天已经不太常见的另一种情况是政府成为宗教的代言人；3. 社会运动宗教。或是以明确的新兴宗教运动的形式出现，或是作为有特殊目的团体的形式出现，这类团体很少被界定为宗教组织，但却利用宗教象征和道德价值来支持一或多项社会事业，通常跨国活动，比如所谓的非政府组织。4. 团体或个人宗教，可以说，这种形式介于可见的组织化宗教与小型秘密的聚会之间，个体具有较大的自主性，宗教性相对不太明显，但常常深陷于追求一种个人灵性。当然也要看到，各种弥散、流行的信仰、象征、教义、心理暗示越来越重叠交错，使得要分清属哪一种类型越来越不可能。

但是，必须要强调的一点是这些越来越标准化的宗教形式对于宗教管理意味着什么。标准化宗教形式的概念意味着上述各种宗教类型的高度理性化，尤其是对“组织化宗教”来说。全球化压力无疑强化这一趋势，强调宗教监管规则的极端重要性，不只是在单个民族国家，而且是跨越国界。实际上，如果一个“全球公民社会”正在形成，那么，更多的注意力就可能集中在不同宗教的共同价值以及在一个高度理性化的世界里宗教如何发挥作用（不管他们有着怎样实质性的差异）。理性，作为现代性的主导特征，不可避免地会对宗教产生影响，尽管比起经济、政治、文化来要更加微妙，迫使民族国家产生出某个学者所说的“宗教性的普遍背景”，作为协调与合作的基础。

第二点启示，与第一点相近，与宗教多元主义相关。宗教多元主义最低限度是指文化宽容，其较强形式是指对“其他宗教”的接受和尊重，因此，宗教多元主义要与宗教多样性区别开来。多样性仅仅是存在，而多元主义则必须被创造、维护、存续。只有在社会团结不是按照纯粹的实质性宗教概念来定义的情况下宗教多元主义作为一种文化才能维持下来。相应的，管理体制（不管是根据法律、司法程序还是政府行为来实施，还是由有广泛基础的文化价值来维持）必须采取措施调解宗教团体间的矛盾，这些措施至少在精神上和应用中都普遍适用。当然，在一个宗教多元化的世界里，实施管理和调解矛盾对于那些缺乏民主、中立和公正程序的社会来说会成为巨大的挑战。但是，考虑到全球化的力量，我们希望那些缺乏这些程序的国家能够尽快发展这些程序。短期看来，将会遭到抵制，但是随着时间的流逝，规范的、全球一致认可的方式将不可避免。

五、结　　论

本文引用查尔斯·泰勒的"新杜尔凯姆"和"后杜尔凯姆"团结概念强调了宗教与社会间的联结关系。文章更多关注宗教管理原则问题，宗教形式不只是对宗教的表达，从更广泛的意义来说，更是对"神圣"的表达。尽管历史教科书中关于宗教与社会的互动一节也常常讨论"神圣"，但几乎从未将其作为管理机制来探讨，因此，这一点值得关注。在后传统背景下，宗教管理体制要比实质性的传统本身更为稳定，也比宗教政治运动稳定得多。宗教政治运动只是激励各大信仰传统的信徒围绕平民性问题，寻求恢复或重建某一种意识形态的信仰与实践。因此，在一个宗教多元化的世界里，虽然宗教形式发生了改变，但是那些根植于法律和某些基本原则基础上的团结统一变得愈发重要。宗教学者应该更多关注现代化背景下宗教与社会的这一特征，关注各国宗教与社会互动的形式，以及在全球化进程中产生的冲突与矛盾。

参考文献：

1. Ahlstrom, Sydney E. *A Religious History of the American People*. New Haven: Yale University Press, 2004.
2. Albanese, Catherine L. *A Republic of Mind and Spirit: A Cultural History of American Metaphysical Religions*. New Haven: Yale University Press, 2007.

   ________ *America: Religions and Religion*. Fourth Edition. Belmont, Ca: Wadsworth, 2007.
3. Agnelli, Fondazione Giovanni, "La Religione Degli Europei", Paper

presented at the conference of the International Society for the Sociology of Religion, Turin, 1992.

4. Bellah, Robert N. , *The Broken Covenant: American Civil Religion in Time of Trial*. New York: Seabury Press, 1975.
5. Beyer, Peter, "Social Forms of Religion and Religions in Contemporary Global Society", in M. Dillon (ed.), *Handbook of the Sociology of Religion*. Cambridge: Cambridge University Press, 2003: 45 - 60.
6. Gunn, Giles and Carl Gutierrez-Jones, eds. , *America and the Misshaping of a NewWorld Order*. Berkeley: University of California Press, 2010.
7. Herberg, Will, *Protestant-Catholic-Jew: An Essay in American Religious Sociology* New York: Doubleday, 1955.
8. Jergensmeyer, Mark, eds. , *Religion in Global Civil Society*. New York, Oxford University Press, 2005.
9. McGraw, Barbara A. , *Rediscovering America's Sacred Ground*. Albany: State University of New York Press, 2003.
10. Mead, Sidney E. , *The Nation with the Soul of a Church*. New York: Harper and Row, 1975.
11. Pew Forum on Religion in Public Life, "Many Americans Mix Multiple Faiths," December, 2009. http: //www. Pewforum. org/other-Beliefs-and-Practices/Many-Americans-Mix-Multiple-Faiths. aspx
12. Roof, Wade Clark, *Spiritual Marketplace: Baby Boomers and the Remaking of American Religion*. Princeton: Princeton University Press, 1999.
13. Roof, Wade Clark, Jackson W. Carroll, and David A. Roozen, eds. , *The Post-War Generation and Established Religion*. Boulder: Westview Press, 1995.
14. Rudolph, Susanne Hoeber. "Religious Transnationalism," pp. 189 - 200 in Juergensmeyer (ed. ,) *Religion in Global Civil Society*. New York: Oxford University Press, 2005.
15. Taylor, Charles. *A Secular Age*. Cambridge: Harvard University Press, 2007.
16. Warner, Michael, Jonathan Vanantwerpen, and Craig Calhoun, eds. , *Varieties of Secularism in a Secular Age*. Cambridge: Harvard University

Press, 2010.

韦德·克拉克·鲁夫(Wade Clark Roof),加州大学圣巴巴分校宗教学系教授,沃尔特·凯普斯伦理学、宗教与公共生活研究中心主任。曾任美国宗教学会主席(1990—1992)、宗教科学研究学会主席(1995—1997)。研究领域包括:美国社会中的宗教与精神倾向、美国宗教多元主义、婴儿潮一代,X一代,Y一代等。(张凤梅译)

全球伦理在中国的走向与前景

王晓朝

20 世纪 90 年代末，中国的伦理学者和宗教学者曾亲密合作，携手共进，在中国推动“全球伦理运动”的开展，传扬“普世伦理”的基本理念。时至今日，十几年过去了，我们有必要对这场运动作一些回顾，并展望一下它的走向与前景。

一、“全球伦理运动”

十多年前的“全球伦理运动”是由孔汉思等基督教思想家发起的。1993 年 9 月 4 日，第二届世界宗教议会通过了《走向全球伦理宣言》，后在芝加哥格兰特公园举行的闭幕式上公开宣读。宣言说：“我们所说的全球伦理，并不是指一种全球的意识形态，也不是指超越一切现存宗教的一种单一的统一宗教，更不是指用一种宗教来支配所有别的宗教。我们所说的全球伦理，指的是对一些有约束性的价值观，一些不可取消的标准和人格态度的一种基本共识。”①

得益于中国的改革开放的深入，“全球伦理运动”来到了中国。1997 年和 1998 年，中国学者两次聚会北京，对全球伦理的倡议做出积极响应。2000 年 9 月，孔汉思先生再访北京，重申他对全球伦理的

---

① 孔汉思、库舍尔编：《全球伦理——世界宗教议会宣言》，何光沪译，四川人民出版社 1997 年，第 12 页。

坚定主张："没有一个全球伦理，一个虽然存在着教义差异的全球伦理，就不会有一个新的世界秩序！"①"它（全球伦理）不是要反对任何人，而是要邀请所有的人，信教者和不信教者，一齐来把这种伦理化为自己的道德，并且按照这种伦理去行动。"②

全球伦理运动是一场思想运动。在这场运动中，中国学者面对中国社会现状，着重思考全球化大趋势下全球伦理或普世伦理在中国如何能够成为现实的问题，探讨中国文化自身转型与更新的具体进路。

万俊人教授在参与这场运动的过程中提出了"普世伦理"的定义。他说："普世伦理同样没有任何全球性意识形态的诉求，也不是一种凌驾于各特殊道德文化传统之上、并具有强制支配各特殊道德文化传统之理论野心的宰制性道德理论，而毋宁说，它只是一种基于人类公共理性和共享性价值观念之基础，并以人类最基本的道德生活为主题的道德共识和相融互通的伦理理念。"③

万俊人教授还在《寻求普世伦理》这部重要著作中问过一些很有意思的问题。他说："当代宗教界为什么要提出全球伦理问题？为什么提出全球伦理问题的是宗教界而不是伦理学界？进而，当代宗教界所提出的全球伦理问题究竟是宗教神学的某种世俗关切和现实介入的需要，还是我们这个世界的道德现实反映？"④还有，"由多种宗教融合共建的'新的全球伦理'是否可以成为现代人类世界之道德秩序的基础？"⑤对这些设问，万俊人教授也做出了系统的回答。他说："宗教界提出建立新的全球伦理的理由，在于其当代人类正处于苦难和道德危机的现实判断，以及新的全球伦理之于新的全球秩序之绝对必要性。"⑥

---

① 孔汉思：《世界伦理与中国传统伦理》，载中国人民大学基督教文化研究所《基督教文化学刊》第 4 辑，2000 年，第 287 页。

② 孔汉思、库舍尔编：《全球伦理——世界宗教议会宣言》，何光沪译，四川人民出版社 1997 年，第 2 页。

③ 万俊人：《寻求普世伦理》，北京大学出版社 2009 年，第 14 页。

④ 万俊人：《寻求普世伦理》，北京大学出版社 2009 年，第 2 页。

⑤ 万俊人：《寻求普世伦理》，北京大学出版社 2009 年，第 306 页。

⑥ 万俊人：《寻求普世伦理》，北京大学出版社 2009 年，第 3 页。

"全球伦理运动"在中国展开以后，中国学者对其支持者居多，反对者亦有之。在催生新思想的意义上，这些反对意见可能比赞同的意见更值得重视。对此，唐文明教授作过概括。他说："几乎所有批评都着重针对普世伦理中的普遍性诉求。这些批评可以概括性地表达为如下具有非此即彼性质的观点：寻求普世伦理要么无法摆脱文化霸权的伦理指责，是以理论的方式和普遍性的名义为某种强势文化强力推行自身的生活方式而张目；要么就是在建构一个在理论上或许可以满足普遍性诉求但在现实中只能流于空想的乌托邦。"①

中国学术界对"普世伦理"的批评意见有主导意识形态的因素在起作用，也有中华文化复兴的诉求在起作用。但若真的从"全球化"和"普世主义"的角度看问题，"普世伦理"或"普世价值"在理论上是站得住脚的，只是为了避免误读，我们着重从"共同性"角度去理解"普世伦理"或"普世价值"更为准确。也就是说，我认为在当前的中国国情下，"普世伦理"或"普世价值"指的是全球各民族各文化共同认可和持有的伦理和价值。

二、"伦理共同体"

我们今天若用"共同体"的眼光回顾全球伦理运动，可以认为这一运动的目标就是在全球和中国建构"伦理共同体"。它虽然没有将建构"共同体"作为运动的直接目标，但其基本思路和进程充满着"共同体精神"。"一个共同体是远大的人类事业。它要求其成员相互宽容、慷慨大方。但同时它也尊重每一个人的自由，依赖于更多的共享价值和已为人们所接受的社会风俗习惯，而不只是法律和制度。共同体的成员不应相互争斗，而一个共同体与另一个共同体之间的战争更是难以想象的。共同体这个词具有一种令人欣慰的品质。它呼

① 唐文明：《再版序：普世伦理的中国语境》，载万俊人：《寻求普世伦理》，北京大学出版社2009年，第1页。

唤共识，呼唤不再有利益的冲突。”[①]

关于伦理共同体，学界近年来又有十多篇论文发表，论述“伦理共同体”的性质与构成。比如，陆树程提出：伦理共同体是指“人们为了实现共同的利益和价值目标，通过成员的共同参与、真诚合作所形成的成员之间及成员与共同体之间的在伦理和精神上整体的相互依存关系，它的关键在于从道德上表达成员之间相互依存的关系和组织上高度整合的状态。”[②]鲁英认为：“创建伦理共同体的关键是在共同利益的基础上达成道德共识，人们在交往过程中出现的各种差异和不平等可以通过谋求某些共同的利益而弱化，这既保证了个人一定利益的实现，又在成员之间形成了共同的道德。不仅能使友爱中的平等得以建立，还能保持友爱的稳定性。随着交往共同体的扩大，共同体的道德情操不断升华。人们谋求的利益也逐渐指向集体、社会，个体间的情感将会升华为全社会的普遍道德义务，成为社会公民交往的一般法则，实现友爱从私德向公德的转换。”[③]这些论文本身虽非“全球伦理运动”的直接思想成果，但却清晰可见“全球伦理”理念的深远影响。“面对社会转型时期的友爱危机，要在现阶段实现友爱从私德向公德的转换，在各个阶层以及同一阶层内部成员之间建立相对平等、稳定的友爱关系，关键是要使处于友爱关系中的人们实现利益上的差异共识即创建伦理共同体。”[④]“当我们通过一定的伦理道德规范把个体对自身利益的不合理的过度追求约束到最大限度实现社会共同利益的轨道中来，协调个体、群体和社会内部以及相互之间的利益关系以缓解矛盾冲突，实现和谐社会时，社会伦理共同体也就形成了。”[⑤]

最近我读了中国人民大学一篇与“全球伦理”相关的博士论文。这位博士生写道：“全球伦理运动开展至今，以寻找各大文化圈的共

① ［美］雅克・布道编著：《建构世界共同体——全球化与共同善》，万俊人、姜玲译，江苏教育出版社 2006 年，第 45 页。

② 陆树程：《社会主义和谐社会与当代伦理共同体》，《上海党史与党建》2005 年第 3 期，第 29 页。

③④⑤ 鲁英：《中国社会转型时期的友爱危机及其化解路径》，《江苏大学学报》2008 年第 4 期，第 9 页。

同点为方向已经探索了十多个年头，比起当初轰轰烈烈振奋人心的景象来说，现在静悄悄地几乎快被世人遗忘，然而当初面临的严峻问题今日依然存在。”我想，中国学者们目前之所以仍旧在关注“伦理共同体”，究其认识根源，还是学者们心中的“危机意识”在起作用。

进入21世纪以来，随着全球化的必然大趋势，各个国家，各个民族都在为许多全球性的问题苦恼。现代科技文明的高速发展并没有自然而然地给人类带来精神上的自由、安宁和幸福，这个现实世界仍然是一个问题重重、危机四伏的世界。常言道，“世道系于人心”，这个世界确实需要有一种普世的精神来治疗人心的痼疾，提升人们的道德境界。我们中国在这个全球化过程中虽然经常呈现出“风景这边独好”的景象，但世纪之初中国学术界、思想界所担忧的“道德滑坡”和“信仰空白”等问题仍未得到根本的改观。因是之故，中国的伦理学者和宗教学者有责任倡导伦理共同体和宗教共同体的基本精神，努力建构中国的“伦理共同体”，促进社会的和谐。

三、走向宗教共同体

进入21世纪以来，中国宗教学界和伦理学界一样，在理论和实践两个层面都取得了重大进步。中国宗教学界的理论研究已经深入到宗教的各个部分和各个层面，但学者们对“宗教共同体”谈论不多，即使偶有涉及，亦常以怀疑或犹豫的态度对待之。2009年9月，安伦先生发表了他的专著《理性信仰之道——人类宗教共同体》，[①]2010年7月卓新平教授和安伦先生展开“关于全球化宗教发展愿景的对话”，[②]探讨世界宗教能否走向“共同体”的问题，在宗教学界开了大规模讨论“宗教共同体”问题的先河。此后，中国社会科学院世界宗教研究所等一些国内重要研究机构举办研讨会，数十位学者撰文评论，阐发自己对“宗教共同体”的见解。浙江大学于2011年5月30日成

---

① 安伦：《理性信仰之道——人类宗教共同体》，学林出版社2009年。

② 参阅卓新平、安伦：《世界宗教能否走向“共同体”——关于全球化宗教发展愿景的对话》，《学术月刊》2010年第7期，第5—13页。

立了“全球化文明研究中心”，并召开了“宗教与中国社会伦理体系的建构”学术研讨会。其目的就是与各个学科的学者联合，共同推进宗教共同体在中国的建构。

我个人认为，建构“中国宗教共同体”的设想源于这些宗教学者对当今全球化趋势下世界各宗教发展态势的了解，源于对宗教本质和特点的认识，源于对中国具体国情的把握。目前，学界关于宗教共同体的研讨已经取得了一些理论上的进展：

安伦先生指出：“宗教共同体既不是单凭想象创建的一种新兴宗教，也不是由现有宗教合并而成的单一宗教，而应当是人类顺应全球化趋势为了共同生存发展而必将形成的各宗教信众和教派多元通合、和而不同、和合共生的信仰机制。它要求各宗教放弃对立排他的因素，但不要求各宗教放弃各自的特色和身份。从全球视域看，共同体的主要作用是消除宗教对立、冲突和战争，避免毁灭，维护人类共同的和平生存发展，提供地球村人类共同的核心价值和伦理体系。”① 这一描述性的定义获得大多数宗教学者的基本赞同。我们可以认为，宗教共同体不是历史与现实中存在的宗教国家，也不是现存宗教组织形式或实质上的联盟或联合，而是一项以信仰为纽带的伟大事业。因此，我们也可以说，宗教共同体实质上就是宗教间的和平共处，就是宗教间的团结。而基于当今世界宗教信仰现状，“宗教共同体”几乎可与“世界共同体”同义。

参与“宗教共同体”研讨的学者们认为，马克思关于“共同体”的论述对建构“宗教共同体”有重要的指导作用。马克思说：“人的实质也就是人的真正的共同体。”②“只有在共同体中，个人才能获得全面发展其才能的手段，也就是说，只有在共同体中才可能有个人自由。在过去的种种冒充的共同体中，如在国家等中，个人自由只是对那些在统治阶级范围内发展的个人来说是存在的，他们之所以有个人自由，只是因为他们是这一阶级的人。从前各个人联合而成的虚假的

① 卓新平、安伦：《世界宗教能否走向“共同体”——关于全球化宗教发展愿景的对话》，《学术月刊》2010 年第 7 期，第 9 页。

② 《马克思恩格斯全集》第 1 卷，人民出版社 1956 年，第 487 页。

共同体，总是相对于各个人而独立的；由于这种共同体是一个阶级反对另一个阶级的联合，因此对于被统治的阶级来说，它不仅是完全虚幻的共同体，而且是新的桎梏。在真正共同体的条件下，各个人在自己的联合中并通过这种联合获得自己的自由。”①

马克思的观点对我们分析当今全球化时代的整个世界至今仍有重要启迪作用。着眼于现实，世界共同体只是有待建构的目标，而不是现实存在，在这个远大目标实现之前还有非常遥远的路要走。“今日之世界并非一个共同体。她之所以饱经暴力冲突和侵犯人权之难，乃是因为她缺乏能够以一种合作与和平之文化来替代一种竞争与不信任文化的政治制度和共享价值。”②然而，正是这种现状要求我们在全球，在中国，呼吁建构“宗教共同体”。当今世界，百分之八十以上的人是宗教徒，而不是宗教徒的人的信仰也具有“宗教性”，也就是说非宗教徒的信仰中也有与宗教信仰共通的层面。在当今世界全球化的大趋势下，要创建世界共同体，首先要创建宗教共同体。全球化时代是真正意义上的诸宗教时代，诸宗教的共存已经构成一种社会现实。在全球化时代，“一个人似乎必须在宗教间成为宗教徒”。③宗教共同体的建立首先意味着现存各宗教之间的普遍联系，宗教共同体实质上就是“宗教间”共同体，亦即诸宗教的普遍联系。

在中国当前形势下，创建宗教共同体的设想与整个中国大环境是相适应的。“中国目前正处于剧烈的社会转型期和重要的战略机遇期，包括传统宗教和民间信仰在内的信仰多元生态景观，已成为中国当下有目共睹的事实。这一生态景观在势不可挡的全球化浪潮的冲击下变得更加斑斓复杂。我们国家的目标，对内致力于‘建设富强民主文明和谐的社会主义现代化国家’，对外致力于‘推动建设持久和平、共同繁荣的和谐世界’。一方面，民族、宗教无小事。宗教问题从来就不是孤立存在的，它总是同政治、经济、文化、民族等方面历史

① 《马克思恩格斯选集》第1卷，人民出版社1995年，第119页。

② ［美］雅克·布道编著：《建构世界共同体——全球化与共同善》，万俊人、姜玲译，江苏教育出版社2006年，导论，第1页。

③ 保罗·尼特：《宗教对话模式》，王志成译，中国人民大学出版社2004年，第11页。

和现实的矛盾相交错。另一方面，中国的发展离不开世界，宗教问题与现实的国际冲突相交织，成为国际关系和世界政治中的一个重要因素。”①

创建宗教共同体的尝试对于解决当前我国存在的宗教问题亦是有益的。“改革开放 30 年来，特别是进入 21 世纪以来，我国宗教状况出现一些新变化，主要是信教人数持续增长，教徒结构明显变化，宗教格局面临冲击，国际影响更加突出，宗教矛盾日益复杂。深入研究我国宗教状况的新变化新趋势，研究新思路新办法，妥善解决涉及宗教的各类矛盾，促进宗教关系和谐，对全面建设小康社会、促进社会主义现代化，具有十分重要的意义。”②

“弘扬中华文化，建设中华民族共有精神家园。”这是中国共产党第十七次代表大会给全中国人民提出的一项重要任务。宗教学的理论研究早已表明，宗教团体的重要功能之一就是为信徒提供精神家园，中华民族以往共有的精神家园中有着浓厚的宗教成分。构建社会主义和谐社会要求发挥中国宗教文化内在的积极因素，这是社会对中国宗教的要求、时代对中国宗教的要求；同时，这也为中国宗教开辟了广阔的、健康的、良性的发展道路。文化是一个国家和民族的精神家园，深深熔铸在民族成员的生命力、创造力和凝聚力之中，对和谐社会有着重大作用。中国宗教共同体的创建不仅能使中国宗教积极参与社会公共事务，能为社会和谐做贡献，也能彰显中国各宗教自身的价值，并在社会民众中确立当代中国宗教的美好形象。

有关宗教共同体的讨论开启至今，也像当年讨论“全球伦理”一样，在学者群中也是拥护者居多，反对者较少。这种情况很正常，也符合思想发展的规律。从理论建构来说，有关“宗教共同体”的现有理论仍旧需要大力完善，更有许许多多的相关问题值得进一步研究；从实践层面来说，中国社会各阶层对宗教的认知问题是建构“宗教共同体”最大的障碍。为了克服这一障碍，需要学者们耗费无穷的精力

① 金泽、邱永辉主编《宗教蓝皮书 2008》，社会科学文献出版社 2009 年，第 1 页。

② 王作安：《我国宗教状况的新变化》，金泽、邱永辉主编《宗教蓝皮书 2008》，社会科学文献出版社 2009 年，第 70 页。

向全社会传播“宗教共同体”的基本精神。正如我们前几年一直在呼吁“发挥宗教在社会主义社会中的积极作用”一样，理论上可能还有某些不完善的地方，但只要在实践中对社会和谐有积极作用，我们就要做下去。

中国的伦理学者和宗教学者要想携手共同推进共同体，需要在思想上廓清伦理与宗教的关系。基于我对伦理和宗教之基本关系的认识，切入当前我们对伦理共同体和宗教共同体的讨论，我认为，伦理共同体实际上就是宗教共同体，伦理共同体可以说是非宗教的，但它又是富含宗教性的。伦理共同体在先，宗教共同体在后。从事哲学研究的人都知道，我们说的“在先”与“在后”有两种意思：（1）共时性的隐与显，（2）历时性的先与后。我们说的“在先”与“在后”只是时空或逻辑上的区分，无价值判断之尊卑、高低、贵贱之别。伦理与宗教之关系在学界讨论了几十年，至今未有最终的结论。但在当前国情下，我宁愿说伦理共同体在先，宗教共同体在后；等到哪一天“宗教”在中国脱了敏，我会改口说伦理共同体在后，宗教共同体在先。

王晓朝，清华大学哲学系教授、浙江大学全球化文明研究中心主任。主要研究领域为古希腊罗马哲学、早期基督教哲学、基督教文化、现当代宗教哲学、现当代文化哲学、宗教伦理学、中西文化交流史。

犹太人、世俗主义与后教派时代

卡罗尔·巴克斯

在最近出版的大作《世俗时代》中，查尔斯·泰勒区分了三种世俗性，并就其中的一种写道："世俗性包括宗教信念与践行的衰退、人们对神的疏离及不再去教堂。在这种意义上，西欧差不多都变成了世俗国家，虽然在公共场所，有些国家仍残留着对神的公共指涉。"① 如戴维·比亚勒最近在其导言里指出的那样，美国犹太人同西欧人很像，其生活中缺少宗教的位置。② 的确，数量增长最快的犹太群体是那些自命世俗的犹太人，对他们来说，教派身份毫无意义。对美国犹太社区的一些调查表明，在当代美国犹太人中，"无认同"是增长最多的一个范畴。与此同时，美国犹太人的状况还展示了另一种意义上的世俗性——泰勒断言，它"是从一个社会向另一个社会的转变：就前者而言，信仰神是毫无异议的，没有任何问题；但在后者看来，信神不过是多个选项中的一个，还往往不是最容易接受的那个。"③两种世俗性在美国犹太人中都有，不过，无论如何，他们与主要表现出第二种世俗性的其他美国人的区别值得注意。无疑，在论及宗教身份、信仰和践行时，犹太人的情况异常复杂，而且与其他美国人不同。虽然如此，宗教教派认同的类型与美国的大趋势一致，与韦德·克拉克·鲁夫在《精神市场：婴儿潮时期出生的人们与美国宗教的再造》一书中所流畅而颇富洞见地讨论的趋势一致，与重视个人胜过重视

① Charles Taylor, *The Secular Age*, Cambridge: Harvard University, 2007, p2.
② 参见戴维·比亚勒(David Biale)在该书中的文章。
③ Taylor, *The Secular Age*, 2.

体制的趋势一致。

在探讨当前的状况之前，先介绍一下派别的背景是恰当的。对此我只是简单谈谈，只提供一张聚焦于那些重要的基础原则的快照。我们应记住，这些教派本身并非一成不变，面对社会与社区新的挑战，它们曾经有所调整，并将继续应时而变。以正统派为例，它从未有过一套教派制度，其实很难说得上是一场运动。

在犹太人开始定居于美洲殖民地的 17 世纪，犹太教没有什么教派，犹太人用族类—文化术语作自我区分：塞法迪人源于西班牙或葡萄牙，阿什肯纳兹人来自德语区。事实上，这种区分今天依然存在。虽然如此，随着时间的推移，发端于西欧的教派在美洲的土地上也扎下根来。犹太教改革派是领跑者，1839 年，它在南卡罗莱纳的查尔斯顿建造了自己的第一座会堂；1873 年，美国希伯来公会联合会成立；1875 年，希伯来联合大学成立。①

若说改革派有什么指导性原则，那就是它赋予每个人以自主权，并允许人们选择对个人有意义的犹太宗教表达。改革派不承认律法(*halakha*)是犹太教的基础，是否遵照律法而行由个人决定。只有犹太道德法是永恒的。1983 年，这一运动采纳了一项基于父系传承的教派决定。许多个世纪以来，根据传统拉比法，犹太母亲和非犹太父亲的子女被认为是犹太人，而非犹太母亲和犹太父亲的子女不被认为是犹太人。非犹太母亲和犹太父亲的子女必须通过皈依才能成为犹太人。然而改革派运动拒绝这一点，宣称犹太父亲或母亲的孩子是犹太人的后代。在一项历史性的裁定中，美国拉比中央会议推出了界定犹太性的新标准，不仅要求孩子的父母至少有一方是犹太人，孩子犹太身份的获得还必须“经由对犹太信仰和人民适当而及时的公开与正式认同行为”。不用说，这在犹太社团引起了轩然大波；由于它对整个犹太社团深远影响，在正统派和保守派的圈子里，立即引

---

① 有关改革派运动最近的历史，参见 Dana Evan Kaplan, *American Reform Judaism: An Introduction* (New Brunswick: Rutgers University Press, 2003)。

发了抗议活动。[①]

正统派与其他运动的根本分歧在于它对成文法(*Halakhah*)的严格遵守;这些成文法由中世纪评注者口头解释,并逐渐汇集为正式法律——约瑟夫·卡罗的《餐桌铺就》(R. Joseph Karo, *Shulkhan Arukh*)和摩西·以色利的《桌布》(R. Moshe Isserlies, *Mapah*)。由此,正统派相信,全部托拉都是神在西奈山授予摩西的,都具有权威。正统派用希伯来语祈祷,其仪式是不平等的。

作为一种意识形态,犹太教正统派兴起于19世纪初德国的传统主义犹太人中,它反对改革派所鼓吹的变革。无论在哪种意义上,正统派都不是一种统一的运动——其他犹太宗教派别倒是可以这么说。因此,本质上,对正统派世界的任何探讨都存在着相当大的困难。如前所述,"不同于保守派、改革派或重建派,正统派总是多样化的,从未有过一套教派制度"。在《滑向右翼:对美国正统派未来的争夺》中,塞缪尔·黑尔曼追踪了美国正统派演化出的两种基本的且往往是相互对立的定向。借用玛丽·道格拉斯的一个术语,他以"对位相属"(contrapuntal belonging)来描述其中一种定向的特征。他写道,在这个多元与妥协模式中,人们"同时属于多种体制和文化,并且,人们还被赋予制造和建立那些认同的一点点自主性"。[②] 他认为这是多数美国正统派犹太人的立场;在20世纪的大部分时间里,后者被称作"现代正统派"。塞缪尔·黑尔曼用反文化适应和"飞地性"(enclavist)描述第二种定向类型。它重视犹太少数派的需求,重视这些人在其地方性文化飞地保持抗议姿态的需求,以确保所有人都认可飞地文化中的主导性宗教行为与世界观。这种分离姿态是一个声势越来越大的极端正统派犹太群体的立场;后者被称作哈雷迪(haredim,单数 haredi,希伯来语,指战栗的和表现出"异常焦虑和狂热的宗教性"的人)。根据黑尔曼的论证,虽然现代正统派仍是正统

① 参见 Jack Wertheimer, *A People Divided: Judaism in Contemporary America* (New York: Basic Books, 1993), 108-9。

② Samuel Heilman, *Sliding to the Right: The Contest for the Future of American Orthodoxy* (Berkeley: University of California Press, 2006), 3.

派社群的多数，最近一段时间，势头渐长的是上述对位性的和反文化适应的正统派类型。凭直觉就能判断这一点很重要。在一个商品化的建构身份渐趋分裂和不稳的世界，令人惊异的是，探索精神滋养的人们中竟还有些寻求道德根基的人，寻求信仰和践行的传统形式所提供的深厚情感的人。这一现象也存在于非犹太圈子中，例如，背教的天主教徒(Lapsed Catholics)变得更为保守。

19世纪后期，犹太教保守派在美国扎下根来。如今，它占据着犹太教正统派与改革派的中间地带。宽泛地说，在现代犹太教的光谱中，保守派犹太教的位置处于正统派和改革派中间。它将信仰的知识自由主义与践行的保守立场结合起来。它是一场哈拉卡运动，承认律法是神赐予的，决定哈拉卡的是社群而非个人。整体的犹太社群(Klal Israel)拥有核心权威。这是创建保守派的领军人物之一所罗门·谢希特(Solomon Schechter)提出的(全体以色列，Catholic Israel)概念；他写道："形成践行的真正规则的既不是圣经，也不是传统犹太教，而是全部传统。"[①]为适应新的形势，哈拉卡会变化和发展，但这一过程是逐步的、渐进的，仅限于犹太生活中那些更为表面性的领域，并且总是处于那些公认的犹太律法权威的监督之下。

用伊斯马尔·肖西(Ismar Schorsh)的话说，哈拉卡是"能动的和演进的，是一种具有约束力的生活之道"。[②] 肖西是位历史学家，曾任犹太经学院这一保守派运动高等教育重镇的院长。哈拉卡必须遵行，但它包含着人的、历史的能动成分，可以变化与发展。20世纪50年代，保守派作出决定，允许其成员开车去参加安息日仪式；1983年，它决定授予妇女拉比职位。这些可视为其主张的例证。关于保守派运动对哈拉卡之演进本质的理解，我们简要地提供一个事例：20世纪90年代初，在我刚被犹太经学院录取为博士研究生时，保守派运动的领导们正在讨论是否授予同性恋者拉比职位的问题。经过几个月的辩论后，律法委员会就一系列原则达成共识，禁止为同性恋

---

① Solomon Schechter, *Studies in Judaism*, Vol. 1 (Philadelphia: The Jewish Publication Society of America, 1896), xxiii.

② Wertheimer, *A People Divided*, 152.

者授职。然而到了 2006 年，保守派运动改变了方针，取消了男同性恋者授职禁令（犹太经学院即将开始接纳同性恋申请者）。反观犹太教改革派，1990 年以来，它一直对公开的男女同性恋者授职；2000 年以来，它允许其拉比们为同性的一对举行结婚仪式。

重建派是四种运动中最小的一个，而且，引人注目的是，它是犹太教中唯一完全扎根于美国的一个。莫迪凯·开普兰是这一运动的推动者。1934 年，他的名著《作为一种文明的犹太教》出版，完美地描述了重建派体系及其原则。不过，虽然这本书奠定了重建派的意识形态，但直到 20 世纪 60 年代，在开普兰的追随者建立了一座经学院后，重建派才成为一种严肃的运动。

开普兰拒绝超自然主义、圣经启示和选民观念。在他看来，犹太教是"一种演进的宗教文明"（犹太律法受到尊重，但被认为是"一票而非否决票"，因此，随着时间的推移，在先的必须让位于后世精心制定的法规）。开普兰寻求恢复犹太集体身份，而它似乎已被现代性及其对个人主义的强调所撕裂。简单地说，在开普兰看来，犹太身份的核心不是宗教，而是犹太人民性（Peoplehood）。需要注意的是，犹太教重建派后来偏离了开普兰的观念（有关选民的和新哈西德主义的出现的观念）。重建派是几种运动中最具创新性的一个。1983 年，改革派因一项基于父系传承的决定而广受关注和辱骂；然而，早在 1968 年，重建派运动就在其年度会议上通过了类似的决议。此外，对于那些主持与异族通婚的婚礼的拉比，重建派也没有什么惩治措施。

另一个影响深远的创新领域与妇女在犹太生活中的角色有关。众所周知，开普兰的女儿犹迪丝（Judith）于 1922 年成为第一个举行成人仪式（Bat Mitzvah）的犹太女孩；1951 年，他的会堂开始召唤妇女朗读《圣经》，并将她们计入宗教仪式的法定人数（*minyan*）。

虽然在 20 世纪八九十年代，犹太内部冲突加剧，但在 21 世纪初，我们看到了内部冲突的降温。在诸多问题上，各派人士表现得更愿意和解；或者说，对于那些造成重大分歧的事务，他们倾向于降低调门。事实上，人们已经不怎么公开地显露敌意了，而保守派和改革派运动的领袖们正致力于合作，尤其是在高等教育方面。这一和解努力的动力不是对意识形态分歧的再评估，更多地倒是出于现实的财政考虑。

那么，今天到底是怎样一种情况？杰克·沃特海默是犹太经学院的美国犹太史教授，对于当前的教派形势，他在近期的一篇文章中发表了如下见解："总的来说，如全国的犹太组织所表现的那样，美国犹太教派的影响与重要性在急剧下降。在某种意义上，原因可以归于经济衰退，它迫使几乎所有的组织至少削减1/3的预算，相应地也不得不裁撤人员，从而限制了它们的选择。不过，更大范围的形势也需考虑。其中之一是一个去中心化世界的出现，它使得没有哪个组织乃至政府能够独操权柄，相反，许多小的地方组织都在独立地运作。这种情况在社团中也有所反映，如符合法定人数的祈祷团(minyanim)往往自行其是，并不在意所属教派的社团。另一个影响深远的情况是异族通婚，它带来了各种各样的新现实，而各教派对此既无力控制，也不知该如何面对。接着是凌驾于意识形态之上的高度的实用主义。再没有哪个教派对自己的意识形态是清清楚楚的。从积极的方面，这引起了基于地区水平的热诚和大量的实验；从消极的方面来看，教派机构几乎没有什么权威，没有什么领导能力。"①

至为显著的是每天都发生着大量的超越教派的合作，而且，像他们的非犹太自由派邻居一样，美国犹太人以一种实用主义的态度面对意识形态分歧，寻求的是共识而非对抗。几种因素促成了这些超越或横跨教派的现象。首先，公共项目多得不可胜数，特别是在犹太教育领域。犹太教育的中央机构联合会(Federations)推进了一些成人学习项目，为成人提供涵盖犹太文明的犹太课程学习机会(仅举两例：米亚[Meah]计划和弗洛伦斯·梅尔顿[Florence Melton]成人微型学校)。如赞助人所鼓励的那样，这些及其他项目是超越教派的，它们将涵盖着美国犹太宗教生活所有层面的犹太人聚在了一起。这

① 参见其文章"All Quiet on the Religious Front?: Jewish Unity, Denominationalism, and Postdenominationalism in the United States," *Berman Jewish Policy Archive*, April 2005 (New York: The American Jewish Committee), 1-23。

一潮流相当程度上在不同背景的犹太人间哺育了同情之谊。

主张改革派运动的希伯来联合学院院长戴维·艾伦森注意到：“今天的美国犹太教已经站在了十字路口：一边是弱化了的犹太意识和共同体感，另一边与之抗衡的又有蓬勃的犹太复兴和犹太知识，而这一切都是跨越传统教派的阵线和体制而发生的。”[①]一些人或许认为这是美国犹太人的收获季节，或许会争辩说，教派的存在实际上是犹太教吸引力下降的原因之一，“没有教派的犹太世界能更好地维持犹太人的忠诚”。[②] 另一些人则担心，“生活在一个后意识形态时代会削弱将严肃的犹太观念传递给下一代的热情和使命感”。在这种意义上，如斯蒂夫·贝米(Steve Bayme)所说：“那些怀着良好意愿努力守护共同体团结的人们想要缩小教派差异，犹太社区却并未从中获得什么益处。”[③] 贝米是美国犹太委员会(American Jewish Committee, AJS)犹太公共事务部的主管；美国犹太委员会以在世界范围内捍卫犹太利益为己任。此外，近来有越来越多的人怀疑，以传统教派框架理解美国犹太教是否还有效。

从注重犹太人民的集体历史经验到犹太象征、信仰和实践的高度个体化，20 世纪 90 年代的这一重大转折发生在美国与 20 世纪 60 年代以来的美国的大环境非常契合。不仅仅是犹太教，总体而言的宗教都变得越来越人格主义和私人化，而这种现象看来超出了美国的地理疆界。如宗教社会学家皮特·伯格经过深思后所说：“多元化、官僚化和私有化是现代性所固有的，其过程异常复杂地交织在一起，已极大地动摇了宗教的‘可信性结构’。”[④]后者是意义系统立基其中的大地。

如罗伯特·乌斯诺(Robert Wuthnow)所认为的那样，当代精神已变形为个人对意义和目的的追询，而在这一运动进程中，人们面对

---

① David Ellenson, “American Jewish Denominationalism: Yesterday, Today and Tomorrow,” *The Reconstructionist: A Journal of Contemporary Jewish Thought and Practice*, Vol. 71, No. 2, (2007): 5 - 15. Quote from page 15.

② Wertheimer, “All Quiet on the Religious Front?”, 13.

③ 转引自 Wertheimer, 13。

④ Peter Berger, *The Sacred Canopy* (Garden City: Doubleday, 1967), 126.

的是日益增长的可选地带。现代社会的多元特征既导致了过多选项的出现，又迫使我们作出选择。对于犹太教教派而言，在美国人中，这种灵性的提升有着不详的意味。①

无需费什么工夫，人们就能看到美国犹太教的极度分裂情况。例如，网站 shulshopper. com（shul 是意第绪语的会堂）让人们依据"口味"挑选会堂，其名下列有世俗—人文主义的、传统平等主义的、极端正统的等备选项。这里有着超越教派标签和寻求精神意义的强烈冲动，而不是宣扬被看做是人为界限和琐碎区别的东西。

事实上，在 2004 年的一次改革派和保守派拉比的联合会议上，当一位改革派拉比预言几十年后我们将只剩下改革派和正统派时，这引发了批评的狂潮。在我看来，虽然他过于看重改革派，我却相信，以后将出现的是一个超越教派的运动，其一边是包括了改革派、保守派和重建派的联盟，另一边是有着种种不同表现的正统派。这一超教派的新运动涵盖了前述的三种运动，自由度更大，其成员将在从传统到非传统的范围内自行定位。它允许那些相对而言更自由的运动整合它们的资源，无论曾经有过的意识形态表现是多么明确。这一涵盖面宽广的超教派实体将划定一块领地，由更为分化的、更具地方性的团体传承，同时在喧闹的精神市场为人们提供深固的根蒂。

虽然意识形态分歧极难克服，但这可能是与后教派主义增长之势相抗衡的途径；后教派主义服务于个人和地方社区，不过长远来看，它有着毁灭二者之作为其根基和界定它们的传统的趋势。换句话说，在满足人们的舒适与精神需求的同时，我们必须警惕地关注着传统——深深扎根于那种传统的特定知识之中的传统——承继的意义。此外，在如韦德·鲁夫所描述的这种"问题文化"中，在我们力求满足自己对总体性的渴求的尝试中，美国人从不断激增的选项单中

---

① 参见其 *God and Mammon in America*（New York：Free Press，1994），*After Heaven: Spirituality in America Since the 1950s*（Berkeley：University of California Press，1998），and *Loose Connections: Joining Together in America's Fragmented Communities*（Cambridge：Harvard University Press，1998）。

裁减和粘贴，草草地拼凑在一起。[①] 然而，在关照精神渴望的过程中，我们放弃了传统知识，并如沃特海默注意到的那样，“热心于犹太教的人们强调个人从宗教获取的好处，对宗教责任却不置一词。”尽管意识形态障碍看起来极难克服，跨越教派阵线的进一步合作必须进行，而未来之路或将通向超教派主义形式；与此同时，我们也不能忽视对宗教传统知识的使命感的重要性，以免亵渎了我们声称自己所热爱的那个传统。

卡罗尔·巴克斯(Carol Bakhos)，加州大学洛杉矶分校古犹太教和犹太研究系副教授。主要研究领域为古后期希伯来语编译、中世纪犹太和伊斯兰经文释读。(杨军译)

① Wade Clark Roof, *Spiritual Marketplace: Baby Boomers and the Remaking of American Religion* (Princeton: Princeton University Press, 1999).

犹太世俗主义

戴维·比亚勒

不久前，美国参议院就是否批准奥巴马提名的埃琳娜·卡根女士(Elena Kagan)担任最高法院大法官举行了听证会。在会上，一位共和党参议员故意刁难卡根，问她 2009 年的圣诞节在哪里(那时正好有人密谋在圣诞节搞爆炸)，卡根不假思索地回答："我是犹太人，因此几乎可以肯定当时在一家中餐馆吃中餐。"当前，中餐已经成为美国犹太人圣诞节仪式的一部分，而这一过程究竟是如何实现的让人有些难以捉摸。不过可以肯定，美国犹太人已经围绕圣诞节为自己建立了一种"世俗的宗教"：当美国基督徒在庆祝其救世主的诞辰时，犹太人则在享用既非犹太式亦非美国式的菜肴，并由此来确认自己的犹太认同和美国认同。

众所周知，美国是一个笃信宗教的国度。法国思想家亚历山大·德·托克维尔以及后来的卡尔·马克思在 19 世纪初便注意到：美国宪法中的政教分离原则为宗教在美国公民社会中的繁荣扫清了障碍。在是否信仰上帝与魔鬼、来世或者末日预言的问题上，大多数美国人的回答是肯定的，美国犹太人就更不用说了。当 25%的美国人声称自己是世俗美国人、15%说自己根本没有宗教信仰时，十年前的一项民意调查已显示 49%的美国犹太人把自己定义为世俗犹太人。当然，他们如此自我定义的准确含义尚有争论，不过犹太人与其他美国人之间的差异是显著的。在缺少宗教信仰这点上，美国犹太人与西欧人或与大部分以色列人更相似。这些显著变化是何以发生的呢？一个经历了近两千年流散但仍然保持着自己宗教信仰的群体，现在何以如此迅速而彻底地放弃了自己的信仰？

在我父亲对他的母亲——我的祖母——的难忘回忆中有这样一段：祖母曾是她所生活的波兰弗沃茨瓦韦克小镇上第一位留起头发的犹太妇女。这是一个微小却意义深远的反叛。从古代起，关于妇女举止端庄的犹太法典就规定，已婚妇女必须将她们的头发掩盖起来。19 世纪，一种新式的假发在犹太世界流行开来，从正统派中分离出来的极端正统派谴责这种新型的假发是“异教徒的假发”，而在正统派看来戴着别人头发的犹太妇女并没有违反传统的犹太规定。我的祖母通过脱下这种假发，宣告自己与那长期存在的风俗决裂，并以一种女性独有的方式预示了世俗主义的开始。

她的声明很难说是出于一种精心构想的意识形态，也很难说她有意要去终结祖先的宗教。像我的祖父一样，她在很多方面完全属于正统派的犹太人，在名义上是虔诚的哈西德教派的追随者。20 世纪头十年，激进的变化之风开始吹遍位于华沙西北约 200 公里的弗沃茨瓦韦克镇，这个镇上有个成员 10 000 人的强大犹太社团。尽管祖父有哈西德教派倾向，但他还是参加了“米兹拉希”(*Mizrahi*)，这是一个由支持建立犹太国的宗教犹太复国主义分子组成的政党。他还协助在镇上建立了一所希伯来语学校。尽管复兴希伯来语往往和世俗性质的犹太复国主义联系在一起，但对他来说，这似乎并不与犹太宗教规定矛盾。

这些奔向现代性的蹒跚举动给我父亲留下了深刻印象。在两次世界大战之间，波兰犹太人中思想分歧严重。一些犹太人支持社会主义，主张浪漫地回归自然；他们发起成立了犹太复国主义青年运动组织“青年卫士”(*Hashomer Hatzair*)，我父亲就带着他的妹妹加入了这一组织。而他的弟弟却被与之对立的犹太复国主义阵营吸引，投奔了修正主义者的“贝塔”(*Betar*)，这些穿着军装的民族主义强硬派反对社会革命。尽管这两种运动之间有许多差异，但它们都是坚定的世俗性运动，视犹太教为犹太人苦难之源头。“青年卫士”的年轻成员在赎罪日这天举办舞会，会上供应犹太教饮食法禁止的食物，以此亮出他们对遵守犹太律法的先辈的轻蔑。

正因如此，20 世纪 20 年代围绕 Bialoglowsky 家族安息日晚宴的争论异常激烈。但是，从父母向现代迈出第一步到他们的子女完成了向现代的转变，与传统的彻底断裂却从未发生过。从能拼起来的材料看，情况恰恰相反，一种宽容的精神取得了优势，这种精神使得夹在宗教信仰与世俗主义之间的那条道路相对平坦，而这条道路放在其他民族那里往往会显得异常坎坷。

这种家庭轶事和个人历程为我要谈论的主题提供了背景。对于多数人而言，抛弃宗教信仰、支持世俗生活并非意识形态的结果，而是对现代性造成的断裂——世俗教育、城市化、移民以及传统社会的解体——的回应。正因如此，我的外祖父母在 1912 年移民美国之后，几乎想都没想就放弃了传统的犹太教信仰。从传统社团、拉比权威和犹太律法规定的日常生活中摆脱出来不过是一种逃避，还谈不上是一种观念上的革命。

然而，对于像我的父亲和他的兄弟姐妹一样的人而言，这种世俗性的反叛具有深刻的意识形态性，并受到新文化观念和政治运动的驱使。他们试图逃离他们眼中一种蒙昧的、中世纪宗教的压迫，转而建立一种新型犹太人和新型社会。没有宗教的世界使他们有可能从生为犹太人的种种局限中解放出来。世俗主义成了他们对抗其弱势地位的一种手段，这种弱势地位是犹太人与其他少数族群在多种族国家和帝国中的共同特征。

他们的意识形态多种多样，从共产主义到犹太复国主义，从意第绪主义到同化主义，不一而足。但他们存在一个共同的特征，即这代人都在反抗一个似乎把犹太人的宗教信仰、经济困难、政治无权和文化落后都集合起来了的糟糕的世界。然而，正如我父母和祖父母的故事所表明的：他们对父辈的拒绝不能概括通向世俗主义每条道路的特征。波兰社会革命家以撒·多伊彻(Isaac Deutscher)早年曾是犹太经学院的学生，他认为自己对宗教产生质疑是在父亲给他读斯宾诺莎作品的时候；如果换一种方式，假如像我的祖父母一般年长，他可能通过写关于斯宾诺莎的书开始背离正统派的历程。对年轻的多伊彻来说，犹太宗教中蕴含着自我毁灭的种子。在他著名的《非犹太的犹太人》一文中，他认为那些拒绝其祖先宗教及其子民、转而支持世俗的普世论的人不是今天才有，历史上也有。多伊彻写道："那些越出全体犹太人的犹太异端仍然属于一个犹太传统。"在这句充满悖论的表述中，我们可以捕获些许他的自我认同。①犹太异端所超越的"全体犹太人"就是"犹太教"，这不只是宗教，还是一个建立了近三千年的全部传统。然而，犹太异端在超越犹太教时，发现他或她自己又处于另一个犹太传统之中，这个反传统的传统同样是犹太的。具有悖论意味的是，对这些犹太异端而言，世俗的普世论也成了一种犹太认同。

这些观念大多数起源于欧洲的启蒙运动，不过它们常常还有一个犹太的起源（至少世俗犹太人是这样认为的）。以多伊彻为例，他那篇名文是以回忆他年少时在犹太经学院如何阅读犹太异端以利沙·本·阿布亚（Elisha ben Abuya——Abuya 又作 *Aher*，意即"异类"）的故事为开端。以利沙的爱徒拉比梅厄（Meir）日后成为一代杰出的律法权威，不过他从未声明要与自己固执的老师断绝关系。通过提出正统派拉比梅厄和他的异端老师以利沙的关系问题，多伊彻暗示，就连异端思想家也以某种方式与其抵制的传统保持着联系，因为其异端学说可能就来源于传统内部。对多伊彻而言，以利沙就是"斯宾诺莎、海涅、马克思、罗莎·卢森堡、托洛茨基和弗洛伊德这些现代思想的伟大革命家"的原型。他们都是犹太人中的异端，但他们的异端思想可以被理解成一种出自对犹太传统本身的拒绝。

与多伊彻一样，我也想证明犹太世俗主义是一种反叛，这种反叛至少部分根植于其所反叛的传统本身。前现代与现代——前者和宗教关联而后者和世俗关联——的关系，一直是最困扰宗教研究者的问题之一。根据学界关于启蒙运动的主流叙述，现代性代表了与过去的决裂，这就像创新优于传统、科学胜过迷信、理性高于信仰一样。宗教在现代社会中可能会继续存在，但它已变成人们众多选择中的

---

① Isaac Deutscher, *The Non-Jewish Jew and Other Essays*, Boston, 1968, p. 26.

一种，不再占支配地位。[①]我们都可以自由选择，如果这种选择是世俗主义固有的一种内涵，即使所做的选择是宗教的，在一定程度上也是世俗的。[②]

近年来，尤其是考虑到宗教在当今世界的持续存在，对世俗主义与宗教的这种两分法受到新一轮的仔细研究。[③]宗教在当代的复兴无疑是对世俗主义的复杂回应，正如世俗主义曾是并依然是对宗教的回应一般。水火不容的二者更多的是在通过对方来完成自我定义。现代性中的宗教与世俗主义不仅看上去是深刻关联着的，而且它们在当代的纠缠不清很可能也与世俗主义脱胎于宗教的方式有关，与其说是截然对立的不如说是辩证的产物。

这一过程可以通过“世俗”一词的演变史来说明。该词源于拉丁文“*saeculum*”，意思是“世纪”或“时代”。基督教神学认为，在基督的第一次降临与再度降临之间，世界处于“中世纪”。按照奥古斯丁在《上帝之城》中的说法，教会自视为脱离于这个世纪之外，既漫游在地球之上却又不是其中一部分。凡是属于这个世纪的，就属于地球。因此，成为“*saeculum*”的一部分，就意味着属于未获得拯救的世界。这个词把时间与尘世合并起来：“现世的”(temporal)权力是与这个世界相关的权力。不过“世俗”又把那些“属于这个世界”的神职人员和那些发过“宗教的”(即修道的)誓言的人区别开来。从这个意义上说，“世俗”一词在中世纪的词典里无法与宗教背景相分离。

到 17 世纪，“世俗”一词开始与宗教背景脱离联系，转而站在了

---

① 使用这种范式的新作可以参看：Charles Taylor，*A Secular Age* (Cambridge，MA，2007)，和 Mark Lilla，*The Stillborn God: Religion，Politics and the Modern West* (New York，2007)。

② 参看 Peter Berger，*The Heretical Imperative: Contemporary Possibilities of Religious Affirmation* (Garden City，1979)。

③ 最新的研究有：Peter Berger (ed.)，*The Desecularization of the World: Resurgent Religion and World Politics* (New York，1999)，David Martin，*On Secularization: Towards a Revised General Theory* (Burlington，VT，2005)，Talal Asad，*Formations of the Secular: Christianity，Islam，Modernity* (Stanford，2003)，David Scott and Charles Hirschkind (eds.)，*Powers of the Secular Modern: Talal Asad and His Interlocutors*，(Stanford，2006)，Vincent P. Pecora，*Secularization and Cultural Criticism: Religion，Nation and Modernity* (Chicago，2006)。

宗教的尖锐对立面。正如17世纪剑桥新柏拉图主义者亨利·莫尔(Henry More)所写的:"太阳和月亮要么有灵性的意义,要么有世俗的意义。"[①]作为现代科学思想的产物,世界从神的统治中分离出来,自然的世界从超自然的世界中分离出来。17、18世纪的政治理论家也开始用"世俗"一词来想象一个脱离了宗教的国家。至此,起源于中世纪宗教背景的"世俗"概念,开始被用来指代一个在形而上学和政治学上与宗教相对立的世界。

在表述他所谓的17世纪的"世俗神学"时,阿摩司·芬肯斯坦(Amos Funkenstein)描绘了宗教与世俗主义的这种辩证关系。[②]在他看来,启蒙理性和科学革命的倡导者接受了中世纪经院主义者关于神性的说法(如上帝的全知、全能、全见),并赋予它们俗世的含义。世界的去神圣化也正是借助神学的工具而得以完成。与之类似,卡尔·洛维特(Karl Löwith)认为世俗的进步观大大受惠于基督教启示论的世俗化。[③]卡尔·施密特认为现代的"政治神学"用国家的权力把一个超验的上帝的权力世俗化了。[④]如果说上述学者主要是在中世纪天主教中发现了现代性的辩证起源,彼德·贝格尔则在马克斯·韦伯的基础上,认为世俗主义的根基更多地存在于新教之中,新教挤占了中世纪的神圣领地,建立起一个没有天使的天堂。[⑤]贝格尔还发现,新教运动的根基存在于《旧约》的一神论中,因为古代以色列人已经禁止了所有异教众神:一神论由此成了迈向世俗化的第一步。然而,令人震惊的是,尽管偶尔也会提到《希伯来圣经》,绝大多数世俗化的理论家却忽视了犹太人,就好像这一

---

① 引自"Secular," *Oxford English Dictionary*, 3. a。

② Amos Funkenstein, *Theology and the Scientific Imagination*, Princeton, 1986. Hans Blumenberg 对这种关系的表述有些不同,认为两者并非辩证的关系过程,而是现代的科学观念占据了中世纪神学腾出的空间。参看: *The Legitimacy of the Modern Age*, trans. Robert M. Wallace (Cambridge, MA, 1983)。

③ Karl Löwith, *Meaning in History*, Chicago, 1949.

④ Carl Schmitt, *Political Theology*, trans. George Schwab, Cambridge, MA, 1985. 关于政治神学的新作可参看 Lilla, *The Stillborn God*, 尽管此书不可思议地对施密特只字未提。

⑤ Peter Berger, *The Sacred Canopy: Elements of a Sociological Theory of Religion*, Garden City, NY, 1967.

生活在基督教欧洲中的少数民族并没有在世俗化过程中扮演值得一提的角色，即使犹太人斯宾诺莎被视为17世纪所有思想家中最激进的无神论者。

关注基督教，尤其是关注基督教在西欧的各种表现，往往会变得一叶障目：即忽视世俗主义在欧洲之外更丰富多样的表现形式。在中国、印度和土耳其等广阔的土地上，现代世俗化运动在培育他们的宗教情境（儒教、印度教和伊斯兰教）中呈现出多样性。一旦世俗主义被理解为一种多元的现象，我们也就意识到了每一类型的世俗主义所出自的特定传统，特定的传统反过来必然又塑造了他们各自的特征。①

我认为犹太世俗主义同样也是一个有其前现代源头的、有其独特特征的传统。现代希伯来语中"世俗"一词的起源就表明了这种文化特殊性。《圣经》中表达"玷污的"（polluted）或"污损的"（defiled）意思的词根之一是"*hol*"，这个词在现代希伯来语中就意味着"世俗"。②但是，"*hol*"在圣经中还有一层意思，指位于"神圣的"（sacred）与"玷污的"（polluted）之间，也就是"凡俗的"（profane）。后来，在拉比们对一周的区分中，安息日和宗教节日之外的其他日子都被归为"*hol*"。因此，凡俗之物仅仅是日常之物，它们既不神圣亦又不污损。

《圣经》中还对祭司与非祭司作了严格区别。非祭司在《圣经》中被称为"*zar*"，即"外地人"（圣殿领地之外的人）。《圣经》的阿拉米语译者盎克洛（Onkelos）将这个词译为"*hiloni*"。20世纪研究希伯来文化的历史学家、激进的犹太复国主义者约瑟夫·克劳斯纳（Joseph Klausner）正是用此词指代世俗犹太人，这一用法很快融入现代希伯

---

① 这方面的近作可参看 José Casanova, *Public Religions in the Modern World* (Chicago, 1994), Rajeev Bhargava (ed.), *Secularism and its Critics* (Delhi, 1998)，以及 Janet R. Jakobsen and Ann Pellegrini, eds. "World Secularisms at the Millennium." *Social Text*, 64 (Fall 2000)。

② 例如，《利未记》21章4节中提到了由于接触尸体而受到仪式上的污染，以及21章9节中提到一个祭司的女儿因为非法性行为而产生的污染。词根"*hll*"也有类似战争中的"负伤"、"阵亡"的意思，这相当于被损坏或受伤的动物不能用于献祭的律法规定。

来语。[①]在对《利未记》的解经著作中，一位大祭司告诉一个“*hiloni*”，只有他同意不进墓地才能和祭司一起走，祭司进入墓地是被禁止的。[②]由此可见，这个“世俗的”犹太人位于祭司与礼仪上不洁净者之间的位置。世俗在这里是以神圣为基础的有机统一体中的一部分，而非作为神圣的否定者存在。

我想论证，前现代思想的某些方面不仅预示了其在现代的继承者，而且实际上也提供了能够被占用、改造和转化的论据，以满足一种世俗化的需要。这些观念与其说是犹太世俗主义得以产生的近因，倒不如说是在现代动力导致犹太世俗主义出现之后才为这种世俗主义提供了主要的精神面貌——即语言和特殊风格。

不妨以《塔木德》中一个著名故事为例。[③] 公元 2 世纪的圣人拉比埃利泽(Eliezer)发现自己孤立无援，遂祈求上帝施行有利于他的神迹，但反对他的、占多数的拉比们不为所动。最后，他坚持声称如果犹太律法与他的观点一致，“就让上帝证明他”。瞬间，一个来自天上的声音(*bat kol*)认可了他所解读的律法。他的反对派的领袖约书亚(Joshua)拉比站起来，反驳这一表面上的“铁证”，他引用《申命记》30 章 12 节的话宣称：“它(托拉)不在天上。”这是什么意思呢？答案是：“由于托拉已经在西奈山上传给了以色列人，我们就无须再听从来自天上的声音。”既然托拉已经来到世上，就应该由多数人——即拉比中的多数——来决定它是什么意义。这个文本是从《圣经・出埃及记》中的一段引文——“你应该遵从大多数人的意愿”[④]——那里找到了多数统治的原则。这样，托拉本身，也就是神的启示本身，既确认了“它不在天上”这一世俗的信条，又教导了多数统治的原则。

透过这一意味深长的故事，我们可以看到存在于拉比思想中的

---

① 参看 Azzan Yadin and Ghil'ad Zuckerman, “*Blorít* - Pagans' Mohawk or Sabras' Forelock?: Ideologically Manipulative Secularization of Hebrew Terms in Socialist Zionist Israeli,” in Tope Omoniyi, ed., *The Sociology of Language and Religion: Change, Conflict and Accommodation. A Festschrift for Joshua A. Fishman on his 80th Birthday*, London, forthcoming, p. 19 (MS)。

② Leviticus Rabba 25. 5. 这个词来源于阿拉米语的“外地人”。

③ b. Baba Metzia 59b.

④ 古代的拉比这里实际上曲解了圣经原文，参看《出埃及记》(23：2)。——译注

上帝的启示与人的自治之间的张力。但很难因此而认为世俗主义古已有之。拉比们的确颠覆了托拉,但他们远没有达到完全丢弃托拉的程度。相反,拉比们关于律法的理论见解仍然来自上帝的启示,尽管这点受制于他们自己的重新解释。他们显然相信与上帝进行某种沟通是可能的,所以才会有"一个来自天上的声音(*bat kol*)"。[①]另外,他们认为他们特有的律法——口传法——是上帝在西奈山上连同成文法一起启示给以色列人的。据说,拉比约书亚一说完"它不在天上",上帝就笑称:"我的子孙打败了我!我的子孙打败了我!"上帝默认了自己的失败。可见,拉比中的多数派同样祈求用上帝的声音来为自己撑腰。

然而,我们不能急着将这一文本的激进内涵化为乌有。该文本揭示了这样一个观念:圣殿的毁灭造就了一个新世界,而人的自治在新世界中赫然耸立。人的自治这点常常又和现代性联系在一起。拉比们断言,圣殿被毁后,先知的预言也终结了,只有儿童和愚人才能领会。[②]先知的终结确保了拉比对解释权的垄断,至少他们只要能够压制住不同的声音就能做到这一点。因此,这里面包含了关于律法的一种辩证关系:律法没有获得最终的确定性,而能允许相互矛盾的解释存在,每种解释用另一个著名故事的话来说就是"活生生的上帝的语言"。[③]在所有这些表达中,托拉已经变成了其人类解释者的财产。

《塔木德》里的这个故事变成一种源泉,知识分子可以从中寻找犹太宗教传统之内的世俗反叛传统。12 世纪的哲学家摩西·迈蒙尼德同样也变成了一种源泉,世俗的犹太人可以从中寻找知性的传统。迈蒙尼德认为,我们能够通过上帝在这个世界的造物来认识他,这可以成为一种世俗的自然观的基础。而他对"诫命之种种理由"的

---

① 关于"来自天上的声音"部分地取代了先知,参看 b. Yoma 9b。

② b. Baba Batra 12b. 关于这段文本和先知预言终结的讨论,参看 Joseph Blenkinsopp, "'We Pay No Heed to Heavenly Voices': The End of Prophecy and the Formation of the Canon," in idem, *Treasures Old and New: Essays in the Theology of the Pentateuch*, Grand Rapids, 2004, pp. 192 - 207。

③ b. Eruvin 13b.

历史化，看起来就仿佛是现代用历史方法研究圣经在中世纪的先声。迈蒙尼德似乎认为理性高于信仰，这让他成为从所罗门·迈蒙(Solomon Maimon)到阿哈德·哈姆(Ahad Ha'am)的犹太世俗主义者心目中的英雄。

既然犹太世俗主义的缔造者是知识分子，且通常还是犹太经学院教育的产物，那么他们从书中——最早是从承载犹太宗教传统的书中——找到激发世俗主义的灵感就很自然了。在这之后，早期世俗主义者的书，特别是斯宾诺莎的书才扮演了类似的角色。因此，作为一种知性传统，犹太世俗主义是由靠其他书籍来写自己的书的人造就的，哪怕他们后来否定了他们赖以成长的这些书籍。这样，文本的互文性便成了理解这些文献的钥匙。

在此，我们可以发现犹太人中也有与芬肯斯坦所谓的“世俗神学”相类似的人物：实践神学的非神学家。在犹太人这里，从斯宾诺莎开始的这批文人一般不是拉比，事实上，他们是自觉反抗拉比的人。这种文学上的连锁反应有其个性特征。犹太世俗主义的缔造者基本上是阿什肯纳兹犹太人，即北欧和东欧的犹太人。他们的世俗主义是子辈对作为传统主义者的父辈的反叛。不过，他们往往从塞法迪(西班牙)犹太人的传统中发现灵感，特别是通过由伊斯兰教促成的哲学传统。[①]有人会认为，他们在反叛父亲时投靠了叔叔。[②]因此，什洛莫·本·约瑟夫(Shlomo ben Yosef)通过把名字改为所罗门·迈蒙——于是伟大的塞法迪哲学家迈蒙尼德就成了他知性上的父亲——而传达出这个信号：他叛离了立陶宛的犹太教正统派，而服膺于德国的启蒙运动。在马兰诺的后代、激进的世俗主义先驱斯宾诺莎身上，也能看到这种叔侄关系。

与犹太世俗主义一样，作为一种宗教的犹太教也是现代发明。在定义这种宗教构成的努力中，许多现代犹太思想家试图寻找犹太

① 参看 David Sorkin, *Moses Mendelssohn and the Religious Enlightenment*, Berkeley and Los Angeles, 1996。Sorkin 展示了安达卢西亚的释经传统如何对门德尔松造成了特别影响。但这一点具有普遍性。

② 承 Naomi Seidman 告之这个借自文学理论的隐喻。

教的一种或多重“本质”，将其众多的信仰和实践压缩成一个永恒的内核。一种被不少思想家接受的常见表述是，犹太教基于三个概念：上帝、托拉和以色列。这种“三合一”的观念可能源自中世纪的卡巴拉神秘主义，它宣称：“以色列和托拉是一体的”，由于上帝和托拉也可以看作是同一的，故一种犹太版的三位一体便形成了。这种比喻在现代变得更加普遍。因此，美国犹太神学家摩迪凯·开普兰在其著作《作为一种文明的犹太教》中提到了“广为流传的三部曲：上帝、以色列和托拉”。①

犹太世俗主义者却普遍反对为犹太教寻找“本质”。过去和现在一样不和谐、不均一。事实上，世俗主义者坚持认为过去也有多元性，这能够为他们在今天倡导多元主义提供论据。虽说如此，上帝、以色列和托拉的范畴也许能够为思考犹太世俗主义提供启发。世俗的犹太思想家抓住这些概念，清空其原有的宗教意义，并赋予它们新的世俗内涵，尽管这些内涵来自前现代的种种传统；换言之，他们用取自犹太传统的术语来宣称他们独立于这个传统。《圣经》中的上帝在中世纪摩西·迈蒙尼德的哲学中已失去了人格性，到斯宾诺莎及其门徒手中又变成了自然。中世纪卡巴拉神秘主义则为现代对上帝的想象提供了另一个资源，即作为“虚无”或“虚空”的上帝。世俗犹太人包括斯宾诺莎、海因里希·海涅、西格蒙德·弗洛伊德和大卫·本·古里安等，他们对托拉做了世俗性的解释，剥夺了经文的启示意义，将之转化为一种历史性、文化性或者民族性的文本。最后，再一次以斯宾诺莎为首的世俗政治思想家们重新定义了“以色列”，此词以前包含在犹太人作为一个民族的概念之中，如今则包含在种族、国籍和国家的现代观念之中。其他世俗主义者更愿意从文化的角度来看以色列，关注的是历史和语言。作为一个现代概念，“文化”开始取代宗教的位置。

这些分类牵涉到一些有意思的矛盾。例如，很多犹太人在今天也像在过去那样宣称相信上帝的存在，但同时又将自己定义为“世俗的”，他们这样做是想表明他们并不认同与犹太教有关的任何宗教运

① Mordecai Kaplan, *Judaism as a Civilization*, New York, 1934, p. 328.

动。如果借用现代基督教概念“不去教会的基督徒”，我们可以称这些人是“不去犹太会堂的”犹太人。就抽象信仰而言，这些犹太人也许不是世俗的，但他们在实践层面上却是世俗的。与此类似，摩西·门德尔松当然相信神的存在及其在世间的角色，但他又勾勒了一个将政教分离开来的世俗理论。事实上，大多数生活在现代以色列之外的正统派犹太人很可能认可门德尔松关于政教应该分离的观点：他们私下里是信徒，当众则是世俗主义者。

在很多世俗的犹太思想家看来，形而上学与政治学紧密相连。这在犹太复国主义那里尤其如此。犹太复国主义是反对它所理解的流散宗教的一种深刻的世俗革命，它设想建立一个几乎没有宗教的国家。时至今日，犹太复国主义已经失去了大部分这种激进的世俗特征，但还没有失去全部，不过这个问题过于复杂，此处无法全面展开。连那些影响深远的犹太复国主义思想家——如西奥多·赫茨尔(Theodor Herzl)、马克斯·瑙道(Max Nordau)、阿哈德·哈姆、米哈·约瑟夫·别尔季切夫斯基(Micha Yosef Berdichevsk)、约瑟夫·哈伊姆·布雷纳(Joseph Hayim Brenner)——也认为犹太复国主义应该和犹太教划清界限，但由于什么是犹太国家的概念含混不清，在这两者之间划界不仅在意识形态上而且在实践中都困难重重。因此，颇为讽刺的是，由最激进的世俗分子建立的以色列国最终还是将宗教供奉了起来。

除了形而上学和政治学意义的世俗主义外，历史意义上的世俗主义似乎具有决定性。世俗犹太人常常通过历史的方式来描述他们与认同的关系。他们也许不承认《希伯来圣经》是宗教作品，而把它当做实现社会正义的处方或者一份文化记录。他们会在犹太史的叙述中发现一种共同的过去，这种过去赋予今日的他们以鲜明的特征，即使他们的信仰和实践与作为一种宗教的犹太教并无关联。不过，这种对历史的关注不仅仅是纯学理或是有好古癖的，而是莫里斯·哈布瓦赫(Maurice Halbwachs)所说的“集体记忆”的一种形式。[①]尽

① Maurice Halbwachs, *La mémoire collective*, Paris, 1997.

管犹太人总是用那些神话般的记忆——如出埃及、两座圣殿的毁灭等——来进行自我定义，现代犹太人已制造出了世俗版本的犹太集体记忆，它们往往源于对圣经以及之后历史的非神学性的解读。[①]

我以描述我父亲家庭的故事开始本文，这是因为世俗主义不仅是一种哲学立场，也是一种生活选择。它与认同问题息息相关。“谁是犹太人”这个问题很少会困扰前现代的犹太人，但在现代却变得无从躲避。如果一个犹太人能够超越犹太宗教而存在，那么这种认同又是由什么构成的呢？它是哲学的、历史的、政治的还是文化的？如果历时三百年的犹太世俗主义思想尚且不能给出这些问题的全部答案，这也许是因为在认同问题上的挣扎恰恰就是现代犹太人的认同，这尤其是但又不完全是针对世俗犹太人而言的。

或许，世俗化的故事仿佛就是对我们失去世界的叙说。但世俗主义不仅仅是一种否定，它也努力从历史的碎片中塑造一种新的认同。犹太人比任何其他民族更快地经历了种种剧烈的现代性断裂，在这方面中国人可谓紧随其后（这恐怕就是为什么犹太人要在圣诞节吃中餐的原因吧）。在不到一个世纪的时间里，犹太人从欧洲一个最贫困、最无权的民族变成一个经济繁荣、政治强大的民族。世俗化是这个转变中重要甚至是核心的一部分，正因如此，尽管是世上人口最少的民族之一，犹太民族仍然能给我们提供一些教益。

戴维·比亚勒（David Biale），加州大学戴维斯分校历史系主任，犹太史教授、犹太教研究项目中心主任。著有：《犹太历史中的强权与无权》（1986）、《爱神与犹太人：从圣经中的以色列到当代美国》（1997）、《血与信仰：犹太人与基督徒间一个符号的轮回》（2007）、《并非在天堂：犹太教世俗观探源》等。（李超、王艳译）

---

① 因此我不赞成《扎霍尔：犹太历史与记忆》（Yosef Hayim Yerushalmi，*Zakhor: Jewish History and Jewish Memory*，Seattle，1982）一书的观点，他认为集体记忆是前现代时期的原有特征，而现代认同却以批判的历史为特征。这种分法过于绝对。

巨型教会

——阿根廷全球宗教机构的新形式

华金·阿尔戈兰迪

全球化进程首先可以被理解成在不同社会层面上对全球性和地方性要素的重新阐释。在这种视角下，宗教机构发展成了一种文化生活中的历史综合体。因此我们可以说，拉美新五旬节派（福音世界中发展最快的派别）引进的一些重要创新，都与巨型教会①在中高层公民中的推广（Gramby-Sobukwe y Hoiland，2009）以及对福音领袖大规模的训练有关。

在阿根廷，从20世纪90年代开始，随着福音派的普遍增长和新五旬节派的广泛传播，巨型教会开始出现。国家科技联合理事会于2008年所做的“社会、文化与宗教”的全国性调查显示，在全国76.5%的人有天主教背景，11.3%的人对宗教毫不关心的同时，全国人口中有着9%的福音派教徒。

这些数字将福音派置于阿根廷第一大少数宗教的位置上。在拉美历史上第一次，屹立不倒的罗马天主教的垄断统治受到了迅速发展的福音派新教教会的挑战。而这一在宗教领域内出现的新情况，使得我们想要摸清巨型教会发展成长的过程。

---

① “巨型教会”，英文名为Mega-Church，据维基百科上描述，它是一种每次集会起码有超过2 000名信众的大型教堂，此种教堂起源于20世纪50年代的美英等国，仅存在于新教中，且以五旬节派和浸信会为多。具体见 http：//en. wikipedia. org/wiki/Megachurch。作者华金·阿尔格兰特（Joaquin Algranti），社会学家，拥有布宜诺斯艾利斯大学和法国高等社会科学院的博士学位。——译注

你目前属于哪种宗教?

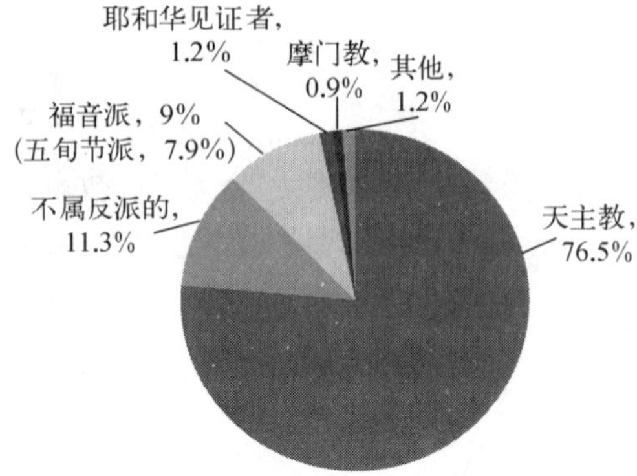

资料来源:Total interviews (2.403)

在萨姆玛和特拉维斯(Thumma and Travis,2007),[①]以及格拉比—苏布柯维和郝黎来(Gramby-Sobukwe and Hoiland,2009)[②]所做的一些研究中,巨型教会是一种大型宗教组织,其成员的数量最少也有2万人,这些成员在教会内部被编成互相依侍的小组,在不同的领域中独立从事工作,并完成派发的任务——例如宣讲福音、唱诗班、社会援助及咨询、体育运动、媒体宣传等。这些教会表现出了一种带有自身的权威系统和管理结构的复杂的内部关系网络。虽然他们拥有经济方面的独立自主的权力,但当参与到系统外部的融资经济交流时,他们甚至可以说是超国家的组织。这些团体的一个最为显著的特点就是其有关宗教领袖的系统性训练,即给任何一个想要在"福音"方面变得专业的信众提供免费的学习机会。有些宗教组织还与国外的巨型教会有着联系,这些国外教会则又在我们国家开设他们的分支机构,例如上帝之国大公教会(the Iglesia Universal del Reino de Dios, IURD)就属于此类。另一些组织则对由第二代领导人施行的国家政策予以回应。随着这一股在许多拉美国家都引起共鸣的潮流,这些巨型教会

① Scott L. Thumma,美国哈特福特宗教研究中心教授,埃默里大学博士,其主要研究领域为巨型教会,无派别宗教联合会,宗教对同性恋的态度等。二人同为美国哈特福特宗教研究中心教授,曾于2007年出版有关巨型教会的书籍:*Beyond Megachurch Myths*,有关Thumma的具体信息,参阅 http://hirr.hartsem.edu/about/thumma.htm。

② Sharon Gramby-Sobukwe,非裔女性学者,美国东方大学组织领导学教授。其研究的主要方向问巨型教会、非洲教会等,曾参与编写牛津基督教文明百科全书中有关巨型教会,非洲巨型教会的部分。

都有着向布宜诺斯艾利斯的中上层居民传播福音的共同倾向。

在此次的研究中，我们选择了一个特定的福音派教会——王中之王，在此教会中这种阶层传教的取向性表现得更加强烈。此教会在1986年由牧师克劳迪奥·弗兰德佐(Claudio Freidzon)①所建立，现今已经拥有超过2万2千的参与者。它坐落在首都的北部，与贝尔格拉诺相邻。教会资产包含书店、市场、三座寺庙、一个基金会、广播电台(福音FM 119.8)、电视台，以及他们自己的学校——布宜诺斯艾利斯基督学校。成员们以一个个小型团体的形式被组织起来，一个小型团体由一个领头人负责。而领头人和其助手的人数，一般占到这个团体总人数的18.8%。

为了处理这个机构中不同层面的问题，本文分为四个部分。我们首先将会在五旬节教会的复兴这个大背景下，对阿根廷国内宗教社会空间进行大致的描述。接下来在第二部分我们将会了解这个教会的组织构造，并集中关注对劳力的组织与分配，并以此对我们所称作的"网格状组织系统"进行定义。第三部分则致力于区别那些在宗教网络关系中具体化了的基本宗教形态。最后，在文末我们将重点放在政治层面上，也就是领袖训练所带来的两个最重要的问题，而在我们看来，这也是阿根廷福音运动将来所必须面对的问题。第一个问题即福音世界中的障碍，我们可以称之为"代表问题"，也就是巨型教会的负责人与那些自认为代表整个团体的基督教政治领袖之间的分歧问题。第二个则可以称之为"需求问题"，这一问题与政治议程以及那些能在公民社会中得以实现的参考产物有关。

一、阿根廷宗教社会空间概述

就阿根廷的历史长度来看，确实很难正式使用由布迪厄

① Claudio Freidzon，1955年生于布宜诺斯艾利斯，从小对宗教有着异于常人的敏感，后创建王中之王巨型教会，具体请参阅 http://www.empowering-faithministries.org/claudio-freidzon.html。

(Bourdieu)[①]于2006年提出的宗教领域这一概念对其进行描述。因为一个有关当代世俗社会的假定——即具有专业化机构以及自我管理特征的社会微型组织——必将忽视拉美宗教中的特定情景，即拉美宗教组织早已经超越了单纯组织的界限，并一直与政治经济公共空间的关系处于分分合合之中。因此，为了解五旬节派中基督教领导权的现今状况，我们必须先了解形成阿根廷宗教社会空间的历史进程。

基督教的历史也是变动中的社会结构的历史，而在其中不同的宗教表述都已成为等级系统的一个部分。在阿根廷，与拉美的其他地方一样，天主教教会的存在已经超越单纯的宗教生活，深入到政治、文化、公共事务、经济等方方面面。实际上，自从20世纪30年代天主教统一会的出现之日起，在阿根廷社会中就已经出现教会与民族认同的渐进统一，建立起宗教社会空间的主要框架，即天主教、政治与社会运动的综合体。学者例如弗里杰里奥(Frigerio, 1999)，阿门格里拉斯(Ameigeiras, 1998)和米格斯(Miguez, 1997)[②]发现，鉴于民间宗教仍处于不成熟阶段，天主教在制度层面仍占据统治地位。但是天主教的领导权却一再受到新教派以及天主教自发改革的挑战。这些新出现的运动，反对救赎事功由教会阶层所垄断。因此，除了描述阿根廷作为“天主教国家”的起源之外，我们也发现了那段隐藏的历史，那是关于宗教异见者以及正统与非正统之间为了定义神圣而争斗的历史。

1976年到1983年之间的军事独裁结束以及民主制度回归后，阿根廷的宗教空间经历了一段严重的极化过程。随着1983年民主的回归，阿根廷文化、政治，当然还有宗教实践都处在自由的氛围中。那段时间里，非天主教团体，例如五旬节派，乌班得(Umbands)，[③]以

---

① 法国社会学家，提出了习性、场域、社会资本等著名概念。

② 三人均为研究拉美地区天主教现状的拉美学者。

③ Umbanda是非洲裔巴西居民一种将非洲宗教与天主教融合起来的本土宗教，具体参 http://en.wikipedia.org/wiki/Umbanda。

及随后的新纪元运动，[①]都开始获得公共表现的机会并因此为人熟知。就五旬节派而论，当时曾更换了领导人，同时还打算放弃闭塞的社团制度，因为这种制度使得他们不问世事；而如同马修·马洛斯蒂卡(Mathew Marostica，1997)所说，只有这么做他们才能通过一种"集体信仰的新包装"来扩大他们的宣教范围，这种方法是由一位阿根廷最重要的福音派牧师卡洛斯·安卡罗(Carlos Annacondia)[②]所介绍的：

通过打破那些主宰了福音派教会半个世纪的严厉的信仰实践的教会约束，安卡罗为一群克里斯玛式的人物创造了一个机会，这个机会被用于扩展新运动的主框架，进行方法上的创新，并增强集体认同。同时，这个机会虽然由他开启，但却不会因他的离去而消亡。

在数十年被视为"撒旦派别"的异教团体的负面形象结束后，五旬节派获得了合法地位，传教范围得以扩展并渐渐获得了一些中间阶层的信徒。如同许多学者指出的那样，近年来这些深层次的转变已经改变了这些派别的传统形象，而这正表明了"新五旬节派"的出现。例如，保罗·普勒斯顿(Paul Freston，1999)[③]通过"浪潮"这一概念，研究了在福音运动下的变革以及新五旬节派与文化的关系：

"浪潮这一概念强调了五旬节派在神学、礼拜以及伦理中的多功能性。虽然古老的团体有能力并且确实随着时代而不断进化，然而较新的团体在革新方面享有更大的自由，因为其在适应当前社会文化变化以及在深入探究国家宗教传统方面做得更好，而这一切都是由为了得到一个更有效沟的通方式而激发出的勇气所致。"(Freston，1999：148)

---

① http：//zh. wikipedia. org/wiki/%E6%96%B0%E7%BA%AA%E5%85%83%E8%BF%90%E5%8A%A8.

② Carlos Annacondia，1944年生于布宜洛斯艾利斯，1979年入教，随后一直在阿根廷的城乡结合部传教，拥有信徒众多。具体介绍见 http：//www. reachingsouls. com/biography. htm。

③ Paul Freston，英国人，曾在剑桥大学和利物浦大学研究拉丁美洲史，获得学士以及硕士学位。后在巴西的坎皮内斯大学获得政治学博士学位。现在墨西哥巴尔西利大学的国际研究中心任职，同时担任加拿大劳里埃大学，美国加尔文学院的教职工作。其著作包括 *Evangelicals and Politics in Africa，Asia and Latin America* 等。具体请见 http：//rfiaonline. org/about/editors/272 - paul-freston。

新五旬节运动的说法，如同之前作者提到的一样，至少试图将三种特质联系在一起：1）超越于世俗媒体的福音文化产业的发展和巩固；[①]2）对灵性战争准则，富庶神学以及灵疗技术神学进行地域性阐释而表现出的神学多样化；3）由全球网络、物质资源、信息以及象征性商品流动所形成的跨国组织新形式。在拉美历史上第一次，罗马天主教的垄断地位受到了新教教会的严重挑战。除了试图通过感性化表述以更新大众宗教性的克里斯玛式的运动，五旬节教徒人数始终保持着增长并成为了第一大宗教少数群体。他们对看似无用之物进行阐释的能力，为日常生活提供的实践准则，都为信众提供了如同吉尔兹（Geertz，1973）[②]所定义的“现实的模型”，即由一种形而上学世界观所阐释的，用以解释存在普遍准则的象征性概念。与其相对的则是“为了现实的模型”，即与在一种特定社会思潮下引导行动的感觉、态度以及行为有关。因此我们发现，在过去二十年间，即使在新教意义上也算是异端的新基督教运动，完全有能力在阿根廷对抗天主教的霸权。

二、巨型教会的结构

巨型教会给社会关系划定了一个空间，在其中基于他们自己的教条，组织其相应的结构，并在这结构中确立起了权威。成为“王中之王”（Rey de Reyes）、“基督中心的新生命”（Centro Cristiano Nueva Vida）或是“信仰大教堂”（Catedral de la Fe）的一员就意味着一上来就被置于一张关系网络中，而这张关系网络又是基于信条、特征以及宗教限定性条件所建立起来的。任何一个首先在这个福音环

---

① 关于五旬节派的媒体还没有人做过细节方面的研究。一些有着大型同盟的教会，如王中王，管理着收音电台：FM 98.1 宣传福音（通常是英语）。Dante Gebel 秀，一档由知名宣道家主播的电台秀，在告解与非告解电台中广泛的传播（一般在 395 所和 1 070 所电台之间）。同样的事情也出现在他的电视节目中，DNT 秀，有一个非告解频道（杂志）播出。Gebel 还拥有一个娱乐业公司和并不成功的电视频道，天国电视（通常也是英语）。

② Clifford Geertz，美国著名人类学家，符号人类学的发起人之一，强调人类学应该与哲学，心理学结合，解释现象之后的原因，最著名的发现是“对组织进行研究的文化路向”。具体见 http：//en. wikipedia. org/wiki/Clifford_Geertz。

境中被社会化的主体，其经验不仅仅包含情感意义上的认知，即与他/她关系最紧密的人是谁，同时也包含阶级和服从意义上的认知。一些专家，既有原来的权威（Willems，1967；d'Epinay，1968）也有当代的学者（Freston，2001；Gifford，2004；Kramer，2005），指出了五旬节派中社会关系所具有的等级特质，例如，由教会所建立起的由上及下的权威制度，而在这一点上，巨型教会也不例外。在这个意义上，描述那些集中制生活所必需的物质基础就十分有必要了，而集中制生活在此基础上，又创制出了组织信条以及相关人群的分配制度。社会形态学一般都致力于研究人类团体在政府机构、等级制度以及劳动分工的基础上建立组织的方式。在这里，我们的目标是通过宗教组织的等级制结构，将着眼点放在创造出"网格状系统"的组织结构策略上，并以此得到宗教组织的形态学特征。选择这个系统的举动表明了教会在面对日益加剧的挑战时所做出的回应，即将不同阶层上的信徒囊括并巩固团结起来。因此这是一种基于归属感多样性的组织系统模型。

要了解网格状单位系统（是牧师们从哥伦比亚主教卡斯蒂亚诺斯[Castellanos]以及韩国主教赵镛基的经验中所摸索出来的，并使之适应了阿根廷人的需要），我们必须先弄清当权者试图建立的宗教组织类型。很明显此种将人群分散到小团体里的组织不仅仅与管理法则有关，而且与一种基于共同的知识、归属感、情感纽带的特定社会关联有关，将这群人转变为社会学家所称做的"社团"。这些网格状单位组织就是王中之王所提供给各团体的最小的互动空间。网格状组织分工的标准是性别、年龄、婚姻情况，以及在组织中从事的不同分工——通过这种方式，根据个人情况，新来者可被纳入不同的组织。于是就有由少年、青年、老年，或是按男女性别而组成的基层单位组织，同时也有为刚刚结婚或是已经是夫妻的成员而设立的组织，还有专为不同部门中的积极分子所设立的组织。在 2 400 个已经注册的基层组织中，其中 1 100 个属于 12 到 33 岁的年轻人，900 个属于 30 到 55 岁的妇女，并且还有 400 个属于这一年龄段的成年男子。如同我们能够观察到的那样，组织中最重要的核心部分就是按性别分开的年轻人，其中大部分是青年女性，其次是成年妇女。最后，30到55岁之间的男性群体大概是最难被吸引加入的了，这种情况不仅仅只适用于王中之王，整个福音运动中的教会都是如此。

这种网格状组织机制在不同的领域都有助于社群空间的扩张和维持，如同西梅尔(Simmel)指出的那样，在那里一些交流方式占有绝对的优势。这些组织有轻松、免费等特性，这些特性使得与他人交往和为他人服务成为目的本身。这不是不考虑个人利益或好处，而是要用其他的交往原则来取代这些逻辑。我们来区分这些网格状组织的四个组成层次：1）从时间层面来看，组织自身一直持续地发挥功能，并使其中的成员成为一个日常事务的见证者，而这些日常事务会对个人成长产生影响。与社会所提供的瞬息万变的环境相比，持久性和日常惯例是能够使组织身份得以确立的关键点。我们可以说"一种灵性家庭关系"已经得以建立，将处于单独组织中的参与者组织起来，并且每个单独组织都有他们自己的内部权威。2）从空间层面上来看，共享区域的拨用使得通过置于教会的地理网格而得到进一步发展成为可能。物质与象征层面之间的融合正在进行，在这些层面中，基督教的网络工程通过教堂、学校、基金会、咖啡屋，甚至公共空间在邻里间不断发展。3）交流和社会联系建立在共同看法的基础上，集中于对伤痛经验的集体性阐述，但此种阐述同时也包括欢愉、娱乐以及友谊。4）最后，该网络会对福音进行调整以适应主体的私人生活。通过领袖的灵性领导，参与者使圣经注解学与日常生活结合在一起，而这个正是新五旬节派在上帝之言的启示中提供解释，同时他们也将这种解释灌输到日常的圣经阅读习惯之中。这些实践不仅仅是团体内的工作，他们也是福音运动中一股主要力量。

网格状组织为巨型教会提供了一种形态，在其中持久的交流模式在整个教会生活中都得以体现，并产生出在感觉和性情上能够相互分享的办法，而这个模式又是建立在缩小的交际圈和共同见解之上的。在这种关系网络中，三种职位应运而生并且有着清晰的定义：核心层、中间层以及外围团体。接下来我们将要对他们中的每一类进行大致的描述。

三、基本的宗教解析

我们用核心层这个词语来定义最核心圈子里的权威人物，他们的决定通常与资源管理、组织、牧师计划的制定有关，同时也为教会制定新的方向和长期计划。这种描述——通常更适合于一个公司或一个公共机构——缺乏根本性的神圣层面，比如与牧师地位以及其归属感相关的救赎以及灵疗资产。从这个意义上来说，核心层至少具有两种领袖气质类型：客观克里斯玛(objective charisma)，这是由牧师职能所赋予，并由训练网络和成员们的认同所支持的；主观克里斯玛(subjective charisma)，这与每个人的特质有关，在这里灵疗和预言的能力最为重要，其次是其他方面的魅力，例如智慧、幽默以及对传道的献身精神。通常，这两种对神圣性的证明会彼此矛盾。而在这里被挑选出的神职人员通常具有一些有趣的特质，这些特质与他们的阶级出身、福音训练网络以及他们在教会中所担任的职务有关。让我们深入地看看这些特质。

首先，值得注意的是王中之王，像其他巨型教会一样，其主要目标是人数众多的阿根廷中产阶级。但这并不意味着其社会基础就仅仅是中产阶级，而是说教会通过它的建筑、它的代表以及通过宗教仪式所建构出的自身形象与中产阶级的文化模式相一致。在这方面，核心层就代表着这么一种取向。如果我们看看他们的社会经济状况和受教育层次，就会发现他们普遍来自我们所称的中产阶级的核心部分。实际上，我们可以将这种规律不仅仅局限于核心层，而是延伸至整个教会的稳定结构，甚至延伸至领导层和外围团体；尽管这一部分，像外围部分一样是由各个阶层的人员组成的。然而指出这么一个团体的矛盾也十分有趣，那就是其中领袖的阶级身份并不直接与其他成员的相一致。一个教堂是否产生归属感，其象征层面是一个关键的因素，这个因素确定了王中之王的身份与吸引力，而对某一个教堂的归属感又把实践中的主体和更受欢迎阶层中的象征进行了重新的定位。

宗教培训网络是整个核心层的第二个明显特征。这些由教会任命的神职人员以由机构提供的正式阶段的培训为基础，这些机构都带着一个历史积淀下来的合法的象征性资本，例如河床圣经会（the Instituto Bíblico del Río de la Plata），或者神召联盟（the Unión de las Asambleas de Dios）。与那些在福音教会甚至律法下，基于自己生活经验而追随一种宗教权威模式的核心层不同，克劳迪奥·弗兰德佐提倡一种与学术事业的要求相一致的核心层模式，其中包括神学训练以及在教会领域中的事务。这个在教会等级制中拥有最高级位的团体在计划、学习、发展的意义上，将神学牧师训练与一份职业在同一个宗教结构内联系到了一起。

但是，核心层的情况不仅仅与特定的社会阶层有关，或者仅仅与培训和职业经验有关。宗教权威领袖的第三个特点将我们引向了信仰的福音世界，带向了支持他们地位的宇宙学象征，同时这种支持还要求他们按照一种特殊的社会角色进行活动。我们不要忘了核心层代表了大部分有关基督价值的陈述。如同玛丽·道格拉斯（Mary Douglas）观察到的那样，信仰的分级与准则系统主要是通过身体层面实现的，如卫生保健、个人着装打扮以及与特定世界观相一致的审美态度。从这个意义上，我们可以说核心层的自身形象试图反映上帝祝福的标志，并主要由三种典型的价值所表达出来——富有、身心健康以及领导力。基督道成肉身的价值创立了有关在这个世界上活着的特定的方式，上帝的佑护通过态度、姿势、反应以及行为表现出来，即通过一种特定的社会实践，而此种实践是通过对身体的符号学运用来调和的（Turner，1995）。狂喜的明显标志，如同埃里克·克雷默（Eric Kramer，2005：110）分析的那样，证明了在个人中所表现出的神圣性。这表明，权威的象征性建构是由客观克里斯玛（由体制性支持所赋予）与主观克里斯玛（核心层成员所特有的非凡品质）共同作用的结果。

四、培训领导者的优势与危险

网格状组织系统是针对一个问题的应答，这个问题就是在组织持续发展的同时如何将组织的成员结合在一起？例如，如何在教会一极与运动一极之间建立起一个综合系统，如何从每个宗教组织模型中吸收最精华的部分。这就是为什么巨型教会是一种部分依靠于中层的拯救组织。在王中之王中，克里斯玛的制度化进程采取了一种明确的形态。在核心层的日常事务中，领袖的等级制度化网络的隐藏工作就是使得核心层中的魅力型权威得以更新。但是，这种宗教事务的分工产生了一种张力，这种张力与中层含混的位置有关，这些中层通常在团体中扮演施加影响的角色，但却没有像高层圈子那样获得任何好处，无论是物质方面还是象征意义上的。为了评估这个矛盾，有必要明白培训领导的优势与危险何在。

我们能通过两个分析层面将领袖培训的益处系统化：社团层面以及主体层面。对教会来说，领导训练对管理宗教团体有较大贡献，因为它能够配置出一套与公司流程相近的管理运行制度，或者说与新兴的公共组织相近，而非与韦伯所构想的官僚统治一般。这种体制对低层次教众授权工作的优势有：(1) 使得教众的人力资源得以资本化，提升参与者的知识；(2) 以低成本获得高度的忠诚，因为领导者的工作通常是自愿性的；(3) 通过组织贡献的多样化分散牧师的职责；(4) 在约阿希姆·瓦希(Joachim Wach)[①]所定义的三种功能方面激起信条的一致性，即与对信仰的解释与阐述，仪式的常规组织，以及我们知识中的不同关系；(5) 建立能够从事具体任务和目标的执行机构。另一方面，选择成为领导者的成员也能得到重要的益处。他们在领导学校中受到为期一年的宗教培训，他们参加特殊的会议，并有机会进入能与高层进行沟通的网络中，例如监理会，或者他们能进入牧师和传道者圈子。简而言之，在组织试图稳固目标关系以及位置的环境下，他们获得了一个开放的机会来从事一份教会内的工作。

领导的宗教地位与他的眼界、特点以及在教堂中他与她角色的

① Joachim Wach，(1898—1955)，德国宗教学家，强调在研究中要区分清历史中的宗教和哲学中的宗教。具体见 http://en.wikipedia.org/wiki/Joachim_Wach。

局限性也有客观的矛盾冲突。领导力使得学习和系统申请牧师技能成为可能,就像米歇尔·福柯(Michel Foucault)所定义的在管理艺术中一项权力的最古老的技艺。在这种情况下的工作将每位领导变为一个潜在的牧师,并凭他自身的宗教特质在团体中得到认定——例如祷告和传教的能力,对圣经的知识,以及信众通常所称做的"上帝的爱",这种爱通常与基督生活的价值以及从领导者的相关行动中表现出来的方法有关。如同一个较低阶层的牧师,对福音宇宙学的具体表达就是执行具体的任务。我们认为他们的地位在结构上是含糊不清的,因为他们接近底层,他们晓得底层的需要以及问题,甚至能比官方核心层更能影响人们的日常决定,但同时他们并没有从教会得到财政支持或是声誉。因此培训基层领袖的危险很自然的可能会导致社团的分裂,这表现为中层越过正式神圣的教会权威,而对地方性领袖进行响应,而这又表明了等级制结构的崩溃。在这点,我们也许应该问自己如下一个问题——教会以何种方式应付中层团体结构性矛盾方面的困境?

这个问题的答案将我们带向综合组织经验的三个不同的分析层面:第一,实际的培训阶段,第二,对权威和服从宇宙论方面的确证,第三,个人信仰的制度性机制。与第一层有关的是,教会将物质以及人力资源投入到对生命之会(Escuela de Vida)与领袖之会(the Escuela de Líderes)的维持上,而这两点正是对选择宗教领袖之路的成员进行宗教培训的十分必要的两点。第二层次与象征以及宇宙学知识层面有关。旧约与新约中确立了对各种领袖形态的积极描述,如约书亚、尼希米、丹尼尔、黛博拉或大卫都是经典的历史神话传说。另一方面,威胁到领袖的危险通常与骄傲有关,那是一种感觉自己超于常人的想法,诽谤、批判或是"神圣的流言蜚语",即那些无视权威的反叛、错误的启示以及将个人利益和标准置于组织之上等。对权威的服从反过来成为一个掌握客观和主观克里斯玛的重要要求,而这一要求,也是领导所要承担的。让我们想想他/她如同一个"微型牧师"一样发挥作用,但如果他的权力没有得到很好的约束并且没有一直跟随着教会,从宗教组织的观点来看,又会成为一个潜在的危险状况。最后,我们可以大概地提及监管者和同仁想要跟随领导者的强烈愿望有关的第三层次。教会关系网寻求信众间交流的加强,而这点在一个团体中是十分关键的一点,并且也是一种意识到潜在危险的回应方式。

当牧师的核心层和中层领导们构成教会权威的内部区域时,在教会的权威圈子里定位内部地位时,信众中最大的群体——大约17 000名成员——被放置在我们所说的外围团体这一广大的区域里。我们在知道"社团"这个词在社会学中具有何等分量的前提下,用以说明在社会关系结构下情感纽带的重要性,并强调了归属于作为一种强有力的身份支柱的"我们"的层面。这个团体外围的特质,与组织和成员间关系的特殊形式有关。从巨型教会的视角来看,有可能建立这么一个充满灵活性与不确定性的边缘区域,一个属于这个区域中的人可以在不完全遵守宗教约束和基督教生活模式要求的条件下,认定自己在"福音"中。从这个主体的自身来看,他有可能对自己的身份进行审视,即与教会身份制定者之间建立一种游戏般的,变动的,模糊不清的关系。这是一种互构的位置,与维克多·特纳(Victor Turner)对范根奈氏(Arnold van Gennep)[①]的"方法的仪式"的研究有关(1999:103),在其中成员处于组织之间。通常,阈限并不具有稳定小型社会的有限特征,但其完全有可能在外围团体方面意识到转变的过程,至少对于王中之王来说是如此。从这个意义上,与权威圈子相比较,外围团体在使用象征与实践游戏的行动中更加方便。

超级教会的组织结构确定了一系列可能的职位,而这些职位又对由教会构成的制度化的外围团体有着莫大的贡献。在这里,皈依行为与由那些神职人员以及忠诚信徒或是新手组成的教会形成对照,虽然后两者能够组成每个教堂的核心部分。与其他宗教达到存在的方式一样,外围区域也是一个使特定团体制度延续成为可能的

---

① Victor Witter Turner,英国人类学家,在芝加哥大学任教,也是符号解释人类学的发起者之一。其主要研究工作包括对范根奈氏"仪式三阶段"的研究和阐释。

必要部分。大部分圣徒，虔信者，以及离上帝最近的人需要精神上的弱者，也就是说，需要一个承认并断定他们神圣性的团体，而这一举措建立起了丹尼儿·艾薇儿·雷杰（Danièle Hervieu-Léger）[①]所称的信仰确证的社团模型。外围区域是一种灰色地带，在其中参与和信仰都变得断断续续，选择性强并且带有互补的性质。如同艾薇儿·雷杰（Hervieu-Léger）所说，它是一个朝圣者和皈依者聚集到一起的场所，或如福图纳托·马里马西（Fortunato Mallimaci）[②]所指出的，信仰个人化的进程加强，特别是当与“虚无的宗教”，与“信仰而不归属”或是“我自己的天主教道路”相联系起来时。

在福音世界中，同时属于好几个教会的基督徒会将多个教会里的成员联系起来，有的是那些不仅仅保持天主教正统实践的人——这些人进行朝圣，崇敬圣徒和圣女；有的是那些喜爱灵疗，或是热衷其他治疗方法的人——包括瑜伽、灵气，或者足底按摩等；有的仅仅是保持着本土信仰的人；有的是随着一个福音派的朋友前来，而这些人还处在皈依的过程中，甚至还没有接受公众的洗礼或是参加一次灵性会议，还有些人尽管遵守各种礼拜仪式，但是却不经常参加小组会议或是生命之会的其他活动。最后，还有些人尽管认可新五旬节派的观点和行动，但仍选择了一个更加稳固，具有更深灵性体验的信仰。在每一个例子中，那些将互补性、联合性以及选择性的重新分配放在巨型教会规定模式之先的行为，通常与个人的历史经验有关，而这些历史经验，包含了谈判以及疏远的策略，通常是为了日常生活的不同部分——例如工作、感情生活、闲暇时间、消费等。外围群体，作为一个动态关系空间，代表了教会所建立的基督徒身份模式与个体对信仰体系的主观理解的相遇，因而被持续的重新定义。它也与神职人员和一般人之间身份的持续和转变有关，并建立在这一转变之上。

---

① 法国女性宗教社会学家。

② 阿根廷社会学家，布宜诺斯艾利斯大学社会学系教授，研究主要方向为阿根廷宗教社会史。

四、在福音化世界中的陈述与要求

我们现在将重点分析党派政治中存在的新五旬节派以及在此构架中领导人的位置。前者与在福音化世界中出现的障碍有关，我们称之为“代表问题”，以说明在牧师地位与基督政治家位置之间存在的分歧问题，这两者经常被看作是等同的。后者是“需求的问题”，与政治议程有关，有了这一议程，这个宗教团体才能够在公民社会中认识并构架自身。

福音运动的团体一部分依靠于设计以及保持自身代表机制的能力，如稳定的以其他人、组织或是教会的名义进行活动的官方设置的系统。通常，政治团体和教会建立起来的系统是不同的——这种不同已经超越了我们也许能建立的深层次平行关系——而是基于他们各自的等级制度，信仰以及制度性仪式所建立起来的。这意味着，在一个特定的范围内，他们有关于自身的合法性。因此，我们其中一项研究目标就是通过人们在教堂客观性关系网络中所占据的不同位置，来分辨主体间不同的地位。核心层、中层以及边缘之间的不同使得不同层次中的张力和矛盾愈发明显，并且迫使组织采用了网格状组织作为一种联合信众的模式（Algranti，2010b：124—132）。运动一极以及教会一极之间的张力——如同他们在宗教学中所称的那样——在“网格状组织”中找到了一个平衡点。这一缩微的社会环境对了解相互的领导人以及对促进这三种位置上代表者的一致性来说，贡献良多。

这里最重要的事情便是这种代表并非自发的，而是使用具体的策略和方法积极建构出来的，例如生命之会和领袖之会所提供的训练阶段，或者由可以构成有关现实普通定义的仪式经验。尽管不经常被考虑，但仍旧有可能将这个准则用于处理牧师与福音派代表之间的关系，那些牧师从或大或小的教堂而来，而那些代表，则在党派政治中发现了自己前进的方向并参与到他们的计划与争议中来。有必要指出，这两个现实之间关联并非自动的，也非必要的或期望的。

它取决于一种有效的行动，而这种行动致力于为参与者创造一个中间阶层。核心层对教会的掌控不能直接表明其在政治游戏中的优势地位。资源的积累——如物质与象征性资源、社会网络、人力资本以及知识——并不机械地表明在其他领域也存在着同样的积累。当然，那些在不同组织间流通的“互换法则”确实存在，如同帕森斯在金钱、力量、影响和价值的功能关系中所阐述的那样。但是，要使党派政治与福音教堂之间资源互换有效成为可能，这就需要对彼此的领地进行分别，以避免为了宗教团体领袖权而产生暗中的竞争。与阿里·奥罗（Ari Oro）假设下的巴西不一样，在巴西，在政治和宗教之间寻求一种一致性几乎还是可能的，这一举措使得信众人数和选票基础这两者之间能够存在着正比的关系。而在阿根廷的教堂中，目前还没有一种可行的办法来选择政治代表。上帝王国联合教会的调停者同意形成一个“福音核心会议”，通过一种内在机制，解决代表的问题，而这种机制是由领导选择准备的，而且他们自身也参与其中。普勒斯顿（Freston，2001：11—59）和巴西政界人物坎帕斯·马查多（Campos Machado，2006：27—47）率先使用“教会合作”这一词语表述了这种独裁统治，而在这种统治中，选举其实已经发挥不了任何效用。相反，阿根廷的新五旬节派表明，至少在这个方面，其与费迪亚考瓦（Fediakova）所描述的智利经验有着一个共同点——社会变革被称作“由下而上的”，从个人到家庭，从家庭到市民社会，从市民社会到整个国家。他们所建立的阶段，与那些制造“由下而上”的政治有关，在那里，主体的重新社会化、社会性环境的创造、社会工作、教育、领袖训练，以及为了改变需要的弥散性创造将会占优并流行开来。也许会有对个人妥协的鼓励，但是从目前看来，却还没有扩展到制度层面。这就是为什么团体所面对的第一个困难就是党派和教会之间，牧师潜在的竞争角色和福音化的政治家之间的差异。不按阶级偏见来思考变得十分必要，因为这种偏见认为这些位置都是一样的，同时也不应该假定“福音”带来一种新的客户资源，把政治看作仅仅是为了选举而进行的交易，就如同巴斯蒂安（Bastian）论及“奖赏政治与礼物政治”时所说的那样。

第二个问题与政治日程有关，也就是说，当参与者被鼓励参政时，他们所提的要求至关重要。一些广为流传的说法，至少在王中之王和其他一些正式的新五旬节派的网络中，对基督徒参与到权力结构之中(一些领袖会说“必须”)持正面看法。毫无疑问，按照耶稣·格拉西亚—路伊斯(Jesus García-Ruiz)的有关天国神学的说法，“王国神学”(Teología del Reino)是五旬节派和新五旬节派团体之间的一个主要区别。但是，当要把这种可能性变成现实时，即参与党派政治或在公共领域发起社会运动时，在信众阶层上原本如此明显的福音派的力量似乎就消失了。我们考虑到一个对解释这种现象有帮助的要素，就是我们上面所提及的，不仅仅与代表形式中的差异有关，而且与需求的问题有关，而这就是与那些集中性需求现实化相关的制造和传播问题。

十分有趣的是，无论是看重福音联盟的精神意义的组织，还是那些在政治环境中行动的组织，都意图加强与宗教少数群体有关的历史性论述，并用此证明这是他们的主要准则。其中第一点便是宗教自由，反对毒品与堕胎合法化，反对同性恋团体。第二点要求则更多得反映了当下的社会特性，例如对媒体暴力、犯罪以及贫困的批判。与福音派伦理相一致的陈述集中在保护基督教家庭模式，攻击其偏差或是潜在威胁这一事实上。因此，他们建立起讨论道德事务的日程，而这又建立在领袖对社团需求发表看法的基础上，这些需求通常是精神而非社会方面的。但是，如最近研究所表明的，[①]参与者的地位并不总是与他们所代表的理念相一致，即使在关于大致意见统一的情况下，例如堕胎、同性恋或是超越正常的性关系方面。在宗教层面上，代表者与被代表者之间的鸿沟能在政治竞技场中得到恰如其分的反映。在这里，福音化的表述也许能将想法返回到基于透明性、诚实、为寻求一致性意见、尊重他人的实践当中去。这是一些研究认识到的上帝之国大公教会参与进巴西民主中的一种趋势，而且这也

① 相关报告：“阿根廷信仰与宗教态度的首次调查”(Mallimaci, Esquivel e Irazábal, 2008), http://www.ceil-piette.gov.ar。

是阿根廷需要学习的。

结语：政治言说的困境

由保罗·普勒斯顿(Paul Freston，2001：283—284)所做的有关亚非拉27个国家福音派政治表现的比较研究，得出了一个结论，警告人们要注意仅仅在个例的基础上便推断其为适应于不同区域的“必要的”同一发展模式的危险性。这种警告对阴谋论以及文化潜力论持批判性的保留态度。这些理论中的第一种将在拉美福音派扩张的行动视为美国右翼活动的表现。这层联系，在许多论述中都存在，并被认定为一种必要的解释要素，却将地方福音派的自治性完全撇开不谈。第二种理论仍旧提及了文化，意图发掘新教改变社会环境的能力，此种能力是通过发展那种带有北欧和美国特点模式的方法而得来的。他们都将历史性经验转变为一个抽象的东西，而这个东西是在不同背景下的总括。在阿根廷具体的例子中，新五旬节派的正式关系网络，例如属于王中之王的，与其他巨型教会一样，此时探索出了他们有关政治参与的策略，这些政治参与通常发生在福音运动团体的论述中或是作为一个领导人投身于社会变革的成长形象中。

然而，政治事务道德化的论述并不意味着福音化运动的联合与一种统一的需求相连。实际上，那些宗教论述在阐述更加紧要的政治事务时集中性的困难，即分配社会需求方面，通常是令人吃惊的——例如对财富的重新分配、住房问题、最低工资、接受更好教育的权利、工作、安全、健康或者退休服务。“福音”的语言从自助、心理分析或者市场方面吸收了其他的要素，但是其在“言及政治”方面，因为超过了宗教少数群体的历史性需求或是高于地方性领袖能够提供的个体政策，因此并没有取得成功。我们相信，这个就是决定性的限制。从一个民粹主义者角度出发的集体认同建构的逻辑，转而要求对现存诉求进行吸收和神圣化，以求在政治领域中变得有效，而这些诉求来自统治者以及被统治者两个方面。因此当宗教机械化得拷贝政治时，它很有可能丢掉自身与众不同的身份。历史经验，以及被好几个研究证明的那样，忏悔组织类型并不能引起成员们的注意。但是这并不意味着福音化论述不能将基于宗教观念上的社会诉求神圣化。如同拉科劳（Laclau）所指出的那样，构建政治主体的过程需要从“诉求”到“要求”的转变——这一转变将通过定义一个共同的敌人，以及建造一个使其在团体内能认同自身的敌界，贡献于社团认同。在这个具体的意义上，“名字成为事物基础”，同时命名的行动在认同构建上取得了更为优势的地位。

在我们看来，需求问题表现为一个重要阻碍，这个阻碍出现在阿根廷福音运动的政治参与的潜在性方面，却并没有在学术讨论中得到仔细分析。如果这个需求没有采取一定的灵活性并重视社会诉求，那么它将永远不会，或者说根本没有机会制造出能够检视并动摇社会的力量结构。也许先知才能——社会学意义上的在一个特定历史时刻里最异端的代表——能制造出一个新的意义，以便重新使那个旧的意义现实化，或是介绍与我们时代社会需求相一致的社会要求。否则被团体结构同化的风险就大大增加了，并将转化安德烈·克尔顿（André Corten）认为的“构建政治的新语言”这一旧的景象很难出现。

华金·阿尔戈兰迪（Joaquin Algranti），阿根廷布宜诺斯艾利斯大学社会学系讲师。主要研究领域为全球化和社会理论。（张琨译）

当代乌克兰的宗教多样性：新兴宗教运动视角

耶芙戈尼娅·多迪那

乌克兰的非传统宗教在宪法中被界定为一个非常复杂的现象。可能有必要指出其中六个基本群体：新东方运动（比如克利须那意识团体）、新原始宗教（斯拉夫民族信仰）、科学论派群体（科学教派，The Church of Scientology）、心理疗法膜拜团体（从东方的武术到P.伊万诺夫体系）、新兴新教团体（基督门徒、费城派、胜利派等）、神智论团体（雷里斯[Rerihs]和布拉瓦斯卡亚[Blavatskaya]的信徒）。如我们所见，有些新兴宗教群体无法被归纳到上述分类中，这体现出新兴宗教团体的高度变化性。

对于这一现象的态度可以根据以下推论进行解释。

a) 所有尖锐的社会危机和迅速的社会变化常常伴随着新兴宗教的发展。

b) 在许多研究者看来，新兴宗教扮演了世界图景的精神催化剂，尤其是对于在欧洲中心文明定位危机的状况下对于东西方宗教整合的愿望（这一需要被白人兄弟会[White Fraternity]创始人于·克里瓦诺格福[Yu. Krivonogov]十分精明地把握住并加以利用）。

c) 非常明显，许多西方传教团体将前苏联领土视为他们的传教空间。据一个传教团讲演所表明的，这是某种意义上的“新非洲”，大量的资金被投入到这里，并且已经取得了相当的成果。

d) 新兴新教团体的前进动力被认为在嗣后的20年中会推动乌克兰社会和文化状况的变化。

e）新的膜拜团体向传统教会发起了挑战，因为他们时时处处都在试图回答正统教会未曾回答过的问题；如果传统教会不在这个层面上对自身进行认真检讨而单纯依赖国家保护主义，结果是新兴宗教将会出现戏剧性的扩展。

f）要解决那些最具极权和破坏性教派的问题，必须努力进行调整、“社会化”和“去教派化”。

大约有350个非传统宗教组织在乌克兰进行了注册。与1991年相比，其数量增长了6倍。所有新创建的组织都集中在大型工业城市——第聂伯罗彼得洛夫斯克、顿涅茨克、哈尔科夫、基辅、扎波罗热等地。超过一半的现代运动成员是20岁到29岁的年轻人，并且超过54%的信徒具有高等学历，其中29.2%属于知识分子阶层，还有21.5% 是学生。[①]

乌克兰科学院社会和政治心理研究所完成了一项全国调查，题为“公民对于宗教和日益扩展的非传统宗教的态度”（全乌克兰行政领土内2 000位受访者回答了问卷）。

调查显示，一些受访者讲述了他们个人所见，并对非传统宗教组织持负面态度。如由于这些组织的错误导致其成员受到财产和金钱上的损失（占调查对象的14.8%），对信徒造成生理和心理的伤害（13.5%），儿童拒绝和他们的家长交流（10.2%），入会后导致离婚（9.4%）以及友谊破裂（8.6%），还包括这些组织的成员仍旧缺乏教养（3.5%）。考虑到这些状况，国家在针对保护公民权利和这些享有宗教团体地位的组织活动控制上，并未采取较为积极的行动，并不为社会所接受。对受害者采取“宽容”的呼吁听起来尤为嘲讽。

这篇研究报告的信息表明，这些“组织”的绝大多数主要倾向于占用公民的金钱财物。比如，42.9%的受访者认为创立一个新宗教组织的目的就是为了获取钱财。至于受访者提到的其他形式的伤害也都是由此造成的，与此同时，也显示这种对钱财的挪用是通过隐蔽

---

① Constitutional Law of Ukraine. Textbook. http://www.kapa.com.ua/lib/konst_pravo_ukrainy-10-1.php.

的心理控制技术实现的。这就是为什么67.3%的被访者认同“一些宗教组织利用特殊方式达到吸引和留住人们的目的”，63.9%的受访者相信“现代心理技术的应用造成了不经意间影响众多人的可能”。72%的受访者认为“有必要为在宗教领域的诈骗设立专门的法律刑事责任”。

在一些认为“宗教组织”活动是非法活动的调查中，受访者在上述方面都提到这是对公共道德的侵犯，对未成年人的利用以及对人们健康、生命的威胁。在这个问题上——“在您认为，一个宗教组织的什么活动或诉求应当被司法命令禁止?”——答案如下述所列：仪式中性行为(44.9%)；在组织中涉及儿童和青少年(30.9%)；阻碍接受公共医疗(28.7%)；只服从组织领袖的命令(25.2%)；号召忽视公共生活(19.1%)；干预政治事务(15.3%)；只有14.2%的受访者认为其不应当受到任何限制。

因此，如在这份研究中所阐述的那样，一般公民认识到在我们的国家中，许多被国家认可的“宗教组织”利用其有利地位的存在和运作事实上并非出于宗教目的，而仅仅是借助宗教属性以求达成商业和政治目的。他们通过隐蔽的现代心理技术的滥用来达到目的。结果是，在乌克兰社会对于流行的“非传统”宗教基本上持一种消极的态度。①

2008年7月18日，国家民族与宗教委员会新闻办出版了《政教关系理念在乌克兰》，界定了主要的术语和概念。因此，其界定了新兴宗教运动(新宗教)是一种从20世纪下半叶到今天一直都在不断涌现的信仰。其短期存在的结果是，这些信仰的宗教活动还不为人所熟知，这也在公共认知和国家法律决定方面造成了一些问题。一个突出的问题是允许了许多国际层面的新兴宗教运动进入，其活动会对公民的生命和健康、社会道德、社会秩序和社会对传统宗教文化的保存造成损害。

---

① Institute of Social and Political Psychology of the Academy of Science of Ukraine a national research on the topic: “The citizens' attitude toward religion and the spreading untraditional religions”, http: //pda. aratta-ukraine. com/text_ua. php?id=838.

根据这个理念，乌克兰社会的传统宗教文化对乌克兰人民而言是各种宗教的集合（整体），是历史地内在于乌克兰人民的，其已经构成了自身的文化和心态，并被整个社会接纳为一种普遍价值和共同文化财富。

很明显的是，在这样的语境中，传统基督宗教（东正教和希腊天主教）的基辅教会就以被国家和社会认可的乌克兰文化与乌克兰人民心态的代表形式占据了重要地位。这在重要的基督宗教节日都是乌克兰法定假日，以及通过国家电台、电视台播送基督宗教的礼拜仪式等方面体现得非常明显。罗马天主教、新教、伊斯兰教、犹太教以及其他少数民族宗教都对于乌克兰人民作为一个民族和政治共同体的文化和心态作出了重要贡献，他们世代以来就生活在乌克兰并丰富了其精神文化财富，推动着其创造性和对世界的开放，保护乌克兰在全球化过程中不被过度同化或丧失特性。①

在乌克兰，一些科学家、研究者和政治人物认为新兴宗教运动会损害乌克兰社会。比如，弗拉基米尔·谢米诺任科（V. Seminozhenko）表明，他认为有必要采取法律措施保护乌克兰公民免受可疑的新教义或演说——一般来说都来自海外传教团——的消极影响。此外，基于一系列原因，一个宗教团体可以被拒绝注册，并应当对此作出详细规定。②

乌克兰人民代表 G. 莫考（G. Mokal）向乌克兰议会提出一份草案，旨在对《信仰与宗教组织自由法》的有效性做出改进，对破坏性宗教膜拜团活动进行控制。

在《关于乌克兰法律〈信仰与宗教组织自由法〉的修正》（关于防止破坏性宗教膜拜团和极权教派活动）的解释性报文中注意到，在政教法律关系和各个教会之间的管理上存在着一些漏洞，一些在乌克兰独立后出现的宗教组织活动具有破坏性，涉及宗教组织活动的国内立法亟须完善。

---

① The project of "*The conception of state-church relations in Ukraine*" made by State Committee on Nationalities and Religions www. scnm. gov. ua.

② V. Seminozhenko. *State-church relationship* www. seminozhenko. net.

该草案在其他事务上也提出了一些建议：

◬ 禁止宗教组织以任何形式在教育机构进行宗教仪式或租赁房屋(这些宗教组织自身创立的除外)；

◬ 更为精确地定义宗教组织；

◬ 通过宗教社群来管理组织的建立，特别是相同的宗教社群(统一教派)只能组成一个宗教组织；

◬ 允许宗教团体在特殊地方举行其宗教活动(礼拜、宗教会晤、仪式、庆典或者游行)，该组织需按照当地法规进行登记；

◬ 为管理宗教组织所用的名字，特别是"中心"(centre)一词的使用，只有某一宗教(教派)团体在乌克兰有不少于 14 个分部才可以使用，而"管理"(administration)一次则需要一个宗教(教派)只在区域或地方层面上存在的宗教组织才可以使用。

草案的作者认为，极权膜拜团体的危险在于其威权结构常常会与普遍接受的民主价值观念相冲突，而且他们的基本意识形态和对领袖绝对正确的追随涉及"灵魂的得救方式"，以此来诱惑和吸引那些寻求变化和新参考点的人们。其危险性也与要求组织成员对领袖无条件的服从相关，而这种微妙的威胁和心理控制机能又会被用于塑造这种服从。

这些组织成员身份的消极结果包括：参与者人格的剧烈变化和对客观现实感知的丧失，这会导致其与亲人、朋友之间的冲突。此外，作为观念和意识形态变化的结果，以及膜拜团领袖利用一些方法影响人们的心智，也都会导致社会问题。对这种宗教组织隶属的危险作用还会造成其成员与外部世界的疏离，趋向于内心世界，从而攻击其他成员和外界，狂热地维护他们拯救灵魂的意识形态，并且拒绝理性思考。

当下的乌克兰法律存在很多漏洞，使得这些具有破坏性的宗教膜拜团得以毫无障碍地从事它们的非法活动。

如草案的作者所说，这份草案的目的和任务在于：

◬ 调整宗教组织活动的一般原则内容以符合乌克兰宪法；

◬ 对新兴宗教团体的活动加强控制。对宗教膜拜团的非法活动加以限制，抵制宗教组织的破坏性活动。保护现存的宗教结构，防止平行管辖权的建立。加强对宗教团体的控制，监督其违背自身身份或利用宗教团体为掩护从事商业和非宗教活动；

◭ 实现对宗教组织活动的严格登记和控制，并鉴定其身份。避免"孪生组织"运作的可能性。实现对宗教组织活动的严格控制，防止极端主义和破坏性活动，消除极端主义者对宗教组织部分成员产生影响的可能性。控制极端组织的活动。预防宗教组织的极端分子活动；

◭ 实现对宗教组织传教活动的管理和控制。确保传教活动的有序，并加强对其活动的管制；

◭ 保护宗教组织成员免受身体和心灵上的伤害；

◭ 保障教育机构的工作免受宗教组织的干涉；

◭ 加强对于宗教组织财产及其设施合法性的控制；

◭ 以适当的次序引入对宗教组织活动的注册流程和控制；

◭ 规范化管理宗教科学考试和宗教组织活动；①

◭ 与此同时，政府政策也要进一步简化宗教签证的手续。

比如，2009 年 8 月 5 日乌克兰内阁 811 号法令发布，按照其规定，"外国人和没有公民权者，来乌克兰从事宗教事务或在乌克兰领土上为宗教组织工作将持有'P'签证，登记在整个签证时期进行"。按规定，"P"签证的每年发放一次或按照文件规定进行地面签证，但不超过三年。包含地面签证的文件要求签证满一年后必须与乌克兰民族和宗教委员会联系协调。因此，这一宗教签证的有效期就从 3 个月延长到了 3 年。②

结论：非传统宗教运动在乌克兰表现出一个复杂的现象。一方面，一些阶层的民众拒绝接受新兴宗教运动；另一方面，乌克兰作为

---

① People's Deputy of Ukraine G. Mokal'. The draft of the Law of Ukraine "On making changes in the Law of Ukraine "On the freedom of conscience and religious organizations" (in relation to the prevention of the activities of the destructive religious cults and totalitarian sects) www. rada. gov. ua.

② The decision of the Cabinet of Ministers of Ukraine No 811, August, 5, 2009 www. zakon. rada. gov. ua.

一个独立、民主、法制国家，承认基本人权，每个人都享有自主选择世界观和宗教信仰的权利，乌克兰应遵循信仰自由的国际标准。在乌克兰，信仰自由只有在为了公共法律、健康和大众道德，或为了保护其他公民权利和自由时才会受到限制。乌克兰的宗教组织活动法律条例必须建立，并在当下政教关系中找到平衡。乌克兰的立法必须符合国际标准。一些绑定条款经由乌克兰议会批准的国际条约也成为了乌克兰国内法的一部分。

耶芙戈尼娅·多迪那(Yevgeniya Dodina)，乌克兰奥德萨国家法学院教授，美国国务院富布莱特访问学者，乌克兰和比利时人权无国界代表。(李腾译)

斯洛伐克的新兴宗教运动

——社会反应

卢西娅·格雷斯科瓦

根据罗兰·罗伯森(Roland Robertson)的研究,[①]全球化的作用是矛盾的,它同时带来了绝对化和相对化。这同时是一个特殊的普遍性问题(西方文化的全球扩张)和普遍的特殊性问题(西方文化与其他文化的相遇)。这一悖论也反映在宗教的命运上:其构成与社会角色处于迅速变化中;一些功能弱化,而另一些却加速发展。宗教全球化致力于建设性对话,推动普世主义,一方面支持各宗教之间对话,而另一方面却激活了宗教激进主义和极端主义。

一般涉及道德恐慌的理论架构和论述理论已经由埃塞克斯学派(如埃内斯特·拉克洛,Ernesto Laclau)进行过详尽的阐释,这也是本文的参考点。道德恐慌发生于媒体和社会将新兴宗教运动与暴力、社会危机联系起来之时。在所有的道德恐慌中,一个模式是媒体选择去呈现社会如何受到威胁,以及这一恐慌在大的社会语境中意味着什么。本文将分析作为现代社会道德恐慌的新兴宗教运动和历史道德恐慌的传统宗教团体(主要是罗马天主教会)。本文将尝试描述冷战后上述主题的复杂发展。

马拉达(Marada, 2003)解释了宗教本质的日常经验以及这种日常经验怎样影响我们的政治观念、态度、选择、意识形态,或者世界观

① 罗兰·罗伯森是第一个分析"宗教与全球化"这一题目的学者,参见 *Globalization-Social Theory and Global Culture*, Sage Publications Ltd, 1992, p. 224。

的交互导致政治认同形成。宗教亚文化是政治信念和态度形成的有利因素。宗教亚文化(或其最近的趋势)常常被视为极端主义的;结果便使其变成了斯洛伐克内政部议事日程和报告的一部分。

尽管宗教亚文化经常被视为所谓社会道德危机的根源,但是应当解释清楚在宗教亚文化和社会病态现象关系之间存在着一种历史的联系,包括极端主义。然而,将宗教亚文化群称为极端主义者则过于简单化。

根据唐恩(Downes)的研究,亚文化可以被分为两大类,其中每一类中都包括两个子范畴。

第一类:高于或形成于主流文化之外的:比如,移民群体的文化就会成为当地文化语境中的亚文化;又如,先进的区域亚文化,为了要共存,就要与之结合或对封闭的主流文化做出不同的反应。

第二类:起源于主流文化语境内的又分为两个子范畴:

1. 对社会和文化结构的要求做出积极回应的,比如职业亚文化群、年龄亚文化群。

2. 对社会和文化结构的要求做出消极回应的。比如不良行为亚文化、宗教弥赛亚复兴亚文化群以及政治极端主义亚文化群等(Jenks, 2005)。

唐恩的界定根据的是对一个宗教亚文化群的描述,很有必要去考虑亚文化与社会之间的上述所有关系,同时也要考虑个体与宗教亚文化群的关系。

最近一次明显的道德恐慌是由201/2007号修正案的通过引发的。2007年2月14日,政府批准了一项带有很大偏见的议会草案,要求限制新教会的注册。根据这一新法律,少数教派要获得官方认可必须提交两万名成员的签名,并要求其签署从属于这一教会的声明。在过去,教会的注册也要有信徒的签名。但是今天只有六个教会(罗马天主教会、希腊天主教会、奥格斯堡忏悔福音派、加尔文宗、东正教和耶和华见证会)能够遵行这样的条款。出于恐慌,穆斯林们从2006年年底就开始了注册行动,并通过了审批。一些SNS(斯洛伐克国家党,现今三大联合执政党之一)的议员将这一法案看作是民族歧视性的评论机会。2007 年 3 月，一位 SNS 的代表，同时也是国会议员，阐释了对于教会注册采取更为严格规定的目的是“防止我们的孩子不得不到清真寺礼拜和自称为基地组织成员”。除了引起这一决定的特殊条件之外，我们也要考虑导致这一决定的动机。“这是一种避免若干危险教派在斯洛伐克注册以及可能的向国家要求财政支持的保护措施”，这一修正案的作者，国会议员 L. 穆斯卡瓦(L'. Mušková，人民党—民主斯洛伐克运动成员)如是说。根据可得到的信息，到目前为止，唯一“嘲弄”社会向文化部提交注册申请并且也征集到 20 000 个签名的是不信者无神论教会。然而，文化部非常明确地基于这一组织既非“一个具有相同信仰的人们的团体”也非“宗教信仰”的团体，同时也基于他们“对宗教信仰的理解完全与真正的对人与世界的宗教理解不同”这一事实，2006 年 12 月，文化部驳回了他们的注册申请。文化部长马雷克·马贾里奇(M. Mad'arič)告诉记者，这一修正案不会以任何方式限制信仰和宗教自由或教会自身发展。“首席检察官最近正在向宪法法院提交一份申请，以核查《宗教信仰自由与教会地位法案》(Act No. 308/1991 Coll.)是否符合宪法要求。”这一法案已于 2007 年 5 月 1 日生效。

此外，这一恐慌自始至终伴随着一些教士代表，他们也表达了自己的态度。前任大主教简·索科尔(Ján Sokol)曾说，每个斯洛伐克人都应享有信仰自由，但只有四个教会才能合法注册登记，亦即天主教、福音派、加尔文宗和犹太教。此外，他认为现行的两万信徒的法定人数应当提高。另一方面，福音派主教朱利乌斯·菲洛(Július Filo)则认为不需要改变两万人的法定人数，然而其他宗教的信仰者也不应当受到歧视。加什帕罗维奇(Gašparovič)总统非常慎重地表达了他的看法：“我认为应当进行大规模的调查然后再根据调查结果做出决定。”主要是一些少数宗教尝试改变这一法律，以使这些只有几百名信徒的世界性宗教得以注册。比如，如果所有教会都要遵守两万人的法令人数规定，甚至福音派的卫理公会都达不到注册标准。但是，它因为 1991 年之前就存在于斯洛伐克而得以注册，免去了两万人的数额要求。斯洛伐克的教会注册非常重要，因为如果宗教团体不注册的话将会面临下述状况：

◭ 不能享有一个宗教组织的法律地位；

◭ 不能建立他们自己的崇拜场所——无论是教堂还是清真寺；

◭ 不能在公立学校教授他们的宗教；

◭ 其神职人员不能前往监狱、医院等社会或健康机构或军队等场所传教；

◭ 国家政权对于其婚配仪式不予承认；

◭ 不能享受免税以及其他的一些优惠政策。

因此，它们几乎是非法的——其不能合法地运作，常常被迫处于社会边缘，并承受着各个方面的压力。随之而来的结果便是公共谴责、诽谤和歧视，这些也为媒体所运用。

斯洛伐克像其他一些国家一样，以法律制度管理宗教组织的合法地位，向一些政府承认的教会或宗教组织提供规定的服务。根据《斯洛伐克宗教自由与教会和宗教组织法律地位法》，[①]国家只认可那些根据这一法律进行注册的教会和宗教组织。虽然注册和非注册的宗教组织的基本自由和自主都受到平等保护，所有宗教组织无论注册与否都可以自由运作，但要注意的是，注册的组织享有一些明显的优势。

宗教自由的轨迹是宗教活动与生活方式的光谱。斯洛伐克的宗教舞台在本质上是十分多样和丰富的。一些新兴宗教实际上是传统教派，其中一些远远早于传统的基督宗教，所谓的“新”只是在其最近找到了进入斯洛伐克社会和文化的路径这一意义上而言。若干未注册的宗教团体正在努力使自己成为合法教会并获得相应的法律地位。然而，鉴于注册所需的条件，尤其是相对较高的最低人数要求，使之成为一项非常艰巨的任务。结果是，许多组织试图根据《公民组织法》[②]使之作为公民组织在内政部注册以获得法律地位，这一法案并不涉及公民的教会和宗教组织。然而值得注意的是，许多新宗教

---

① Slovak Law on Religious Freedom and the Legal Status of Churches and Religious Organizations (308/1991 Zb.).

② Law on Civic Associations (83/1990 Zb.) (Slovk.).

运动甚至在能够注册为教会的国家里也将自己注册为公民组织。根据《公民组织法》，[①]这些组织既不能成为一个公营组织，自身也不能得到官方认可，而是作为一个公民组织进行注册，获得私立组织许可以通过教育、艺术、运动和慈善服务活动等多种方式进行公开运作。

大多数属于传统教会的斯洛伐克公民，在这一点上都不大接受新兴宗教运动的合法化，尤其是那些不被视为基督宗教的组织。[②] 到目前为止，这些宗教团体的传教士在斯洛伐克并未取得多大的成功，而其各自的成员基础也非常小。无论如何，如果现行的法律架构不进行修正，随着宗教组织的日益发展，其对现状的不满也会随之增长，从而更希望获取官方注册的好处。

在斯洛伐克共和国以立法管理教会和宗教组织注册问题上，最受到质疑的便是相对较高的两万成年信众的最低人数限制。这不仅招致了今天在斯洛伐克运作的新兴宗教的批评，也受到了监察在人权和信仰自由领域中国家和法律发展的国际组织的批评。[③]

斯洛伐克具有宗教多元主义的良好环境，虽然人们可以假设穆斯林宗教社团的注册迟早会出现，伊斯兰教的地位也会逐渐与其他一神论宗教平等。这不仅是通过政权当局的注册，而且这种注册宗教团体的特殊权利也可能推广到斯洛伐克的印度教徒和佛教徒的宗教组织上。

在大多数不属于任何传统宗教的年轻人当中存在着精神真空。这种精神真空迅速就被大多从西方国家传播来的新兴宗教运动占据了。

本文的理论框架依循斯坦利·柯亨（Stanley Cohen，1972）的经典著作。他最早的研究是出版于 1972 年的《民间邪恶与道德恐慌》（*Folk Devils and Moral Panics*），研究青年人的犯罪和破坏行

---

① Law on Civic Associations (83/1990 Zb.) (Slovk.).

②③ JURAN, J.: Podmienky registrácie cirkví a náboženských spoločností v Slovenskej republike. In *Sekty, kulty a nová religiozita v pluralitnej spoločnosti*. Bratislava: Ústav pre vzt'ahy štátu a cirkví, 2000, s. 17.

为。斯坦利·柯亨引入了“道德恐慌”这一概念——体现了对关键时期相关问题的敏锐洞察力。他说道德恐慌的发生是“条件、阶段、人或人的组织出现并被界定为对社会价值和利益的威胁”。美国和英国的社会学家对道德恐慌的定义有所不同(Thompson, 2005)。利用柯亨关于“道德恐慌”的定义,豪尔(Hall, 1978)等人建立了媒体在“社会新闻生产”中占据中心位置以期获得骇人犯罪故事的理论。

关于斯洛伐克对新兴宗教运动的社会反应的讨论中还有几个不能忽视的特点:

1. 新的斯洛伐克教会和宗教组织法律承认宗教自由但同时确认早已建立的宗教团体享有特权地位。

2. 有效的法律条款将可能允许宗教多元主义的扩展。

3. 斯洛伐克加入欧盟意味着会出现在民族和宗教方面更为广泛的公民群体,这也意味着一个更为广泛的宗教多元主义局面的存在。

参考文献:

1. Berger, P. L., 1999: The desecularization of the world: A global overview. In Berger, P. L. (ed), *The desecularization of the world*. Resurgent religion and world politics, pp. 1 - 18. Eerdmans, Washington, DC.
2. Borowik, I., 2004: Religion and Civil Society in Poland in the Process of Democratic Transformation. In: Jerolimov, D. M., Zrinščak, S., Borowik, I. (eds.), Religion and Patterns of social Transformation, Zagreb, pp. 125 - 139.
3. Borowik, I. & Babiński, G. (eds), 1997: *New Religious Phenomena in Central and Eastern Europe*, Krakow: Nomos.
4. Cohen, S., 1972: *Folk Devils and Moral Panics*, London: MacGibbon and Kee.
5. Dojcar, M., 2001: *The religious freedom and legal status of churches, religious organizations, and new religious movements in the Slovak Republic*, Brigham: Young University Law Review.

6. Hall, D., Smoczynski, R. (eds.), 2010: *New religious movements and conflict*, Warsaw: PAN.
7. Hall, S., *et al.*, 1978: *Policing the Crisis: Mugging, the State and Law and Order*, London: Macmillan Press.
8. Henkel, R. & Knippenberg, H., 2005: *Secularisation and the rise of pluralism*. Main features of the changing religious landscape of Europe. In Knippenberg (ed), The changing religious landscape of Europe, pp. 1 - 13. Het Spinhuis, Amsterdam.
9. Huntington, S., 1996: *The clash of civilisations and the remaking of world order*, Simon and Schuster: New York.
10. Jenks, Ch., 2005. Subculture: the Fragmentation of Social. London: Sage Publications.
11. Knippenberg, H., 1998: Secularization in the Netherlands in its historical and geographical dimensions. In: GeoJournal 45, pp. 209 - 220.
12. Knippenberg, H. (ed), 2005: *The changing religious landscape of Europe*. Het Spinhuis: Amsterdam.
13. Kong, L., 1990: Geography and Religion: trends and prospects. In: Progress in Human Geography, Vol. 14, No. 3, pp. 335 - 371.
14. Laclau, E., 1990: *New Reflections on the Revolution of Our Time*, London: Verso.
15. Laclau, E., 2005: *On Populist Reason*, London: Verso.
16. Laclau, E. & Mouffe, Ch., 1985: *Hegemony and Socialist Strategy: Towards a Radical Democratic Politics*, London: Verso.
17. Marada, R., 2003: *Kultura protestu a politizace každodennosti*. Brno: CDK.
18. Marada, R., 2004: "Social Construction of Youth and Formation of Generational Awareness after Socialism". pp. 149 - 168 in: *Society, Reproduction and Contemporary Challenges*, ed. by P. Mareš. Brno: Barrister & Principal.
19. Thompson, K. in C. Critcher, 2006: *Critical readings: Moral Panics in the Media*. Berkshire: Open University Press.
20. Tomka, M., 2001: Religious Change in East-Central Europe. In: Borowik, I. & Tomka, M. (eds), *Religion and Social Change in Post-communist*

Europe. Nomos, Krakow, pp. 11 - 27.

卢西娅·格雷斯科瓦(Lucia Greskova),斯洛伐克伯拉第斯拉瓦政教关系研究院研究员,美国国务院富布莱特访问学者。主要研究领域包括斯洛伐克社会的宗教与文化、传统与非传统宗教形式、斯洛伐克与中东欧国家政教关系比较研究等。(李腾译)

宗教、文化与全球化

——罗兰·罗伯逊的宗教社会学理论研究*

刘 义

有论者指出，在世俗化理论之后，美国宗教社会学领域出现了三大主要派别：(1) 以罗德尼·斯塔克(Rodney Stark)等人为代表的宗教市场论；(2) 以罗伯逊(Roland Robertson)等为代表的全球化理论；(3) 亚文化理论。①在全球化作为社会科学之主导范式的大背景下，②关于宗教与全球化问题的研究无疑也成了宗教研究的一个主要趋势。③ 然而，从宗教社会学的理论角度而言，唯有罗伯逊和贝耶

---

* 本文为教育部人文社科基金项目"基要之魂——基督教与伊斯兰教原教旨主义的比较研究"(10YJC730006)的阶段性成果。

① 参 R. Stephen Warner, "Work in Progress toward a New Paradigm for the Sociological Study of Religion in the United States," *American Journal of Sociology*, 98: 5 (1993), pp. 1044 - 93。

② [澳]马尔科姆·沃特斯著：《全球化》，徐伟杰译，台北弘智文化事业有限公司2000年，第1页。

③ 关于宗教与全球化的一些代表性成果，参 Lester R. Kurtz, *Gods in the Global Village: The World's Religions in Sociological Perspective*, Thousand Oaks, London and New Delhi: Pine Forge Press, 1995; Dwight Hopkins, Lois Ann Lorentzen, Eduardo Mendieta and David Batstone (eds.), *Religion / Globalizations: Theories and Cases*, Durham: Duke University Press, 2001; Patricia Mische and Mellisa Merkling (eds.), *Toward a Global Civilization? The Contribution of Religions*, New York: Peter Lang, 2001; John Wolffe (ed.), *Global Religious Movements in Regional Context*, Milton Keynes: The Open University, 2002; Mark Juergensmeyer (ed.), *Global Religions: An Introduction*, New York: Oxford University Press, 2003; Mark Juergensmeyer (ed.), *The Oxford Handbook of Global Religions*, New York: Oxford University Press, 2006; Kent Richter, Eva M. Rapple, John C. Modschiedler and R. Dean Peterson, *Understanding Religion in Global Society*, Belmont: Wadsworth, 2005。

(Peter Beyer)[①]两个人的成果堪称代表。对比起来，罗伯逊的成果出现得更早，也更具有理论创新的意义。实际上，不仅在宗教社会学领域，而且在整个社会学领域，罗伯逊关于全球化问题的研究都具有开拓性的影响。毫不夸张地说，正是由于罗伯逊对全球化概念的使用，才使它成了社会学的一个关键名词。[②] 在这一点上，他完全可以与著名社会学家安东尼·吉登斯(Anthony Giddens)[③]以及“信息时代三部曲”的作者曼纽尔·卡斯特(Manuel Castells)[④]相比。另外，罗伯逊对“全球地域化”(glocalization)概念的创造性使用，也使其成为当前的一个关键词。[⑤]

然而，到目前为止，中文世界关于罗伯逊的专门介绍和研究还是寥寥无几。[⑥] 这不能不说是中国宗教社会学以及整个社会学发展的

---

① 贝耶的成果，参 Peter Beyer, *Religion and Globalization*, London, Thousand Oaks and New Delhi: SAGE Publications, 1994; Peter Beyer, *Religions in Global Society*, London and New York: Routledge, 2006; Peter Beyer and Lori Beaman (eds.), *Religion, Globalization, and Culture*, Leiden and Boston: Brill, 2007。

② 罗伯逊在这方面的贡献，不仅仅因为他个人的创造性理论，而且也因为他对这一领域研究的提倡和推动。两个主要的例子，一是他主编了从社会学角度研究全球化的系列著作，另一则是全球化百科全书的编纂。罗伯逊关于全球化的相关著作，参 Roland Robertson and Frank Lechner, “Modernization, Globalization and the Problem of Culture in World-Systems Theory”, *Theory, Culture & Society*, 2(3) (1985), pp. 103 – 118; Roland Robertson, *Globalization: Social Theory and Global Culture*, London, Newbury Park and New Delhi: SAGE Publications, 1992; Roland Robertson and Kathleen E. White (eds.), *Globalization: Critical Concepts in Sociology*, Vol. Ⅰ – Ⅵ, London and New York: Routledge, 2003; Roland Robertson and Jan Aart Scholte (eds.), *Encyclopedia of Globalization*, London and New York: Routledge, 2007。

③ 罗伯逊对吉登斯的全球化理论有所批评。这主要体现在全球化与现代性的关系上。具体讲来，吉登斯认为全球化是“现代性的后果”，罗伯逊则将二者看作两个平行的过程。具体参 Roland Robertson, “Globality and Modernity: Essay on The Consequences of Modernity by Anthony Giddens,” *Theory, Culture & Society*, 9(1) (1992), pp. 153 – 161。

④ 参[美] 曼纽尔·卡斯特著：《网络社会的崛起》，夏铸九、王志弘等译，社会科学文献出版社 2003 年。[美] 曼纽尔·卡斯特著：《认同的力量》，夏铸九、黄丽玲等译，社会科学文献出版社 2003 年。[美] 曼纽尔·卡斯特著：《千年终结》，夏铸九、黄慧琦等译，社会科学文献出版社 2003 年。

⑤ 参 Roland Robertson, “Globalisation or Glocalisation,” *Journal of International Communication*, 1(1) (1994), pp. 33 – 52。

⑥ 一个例子是罗伯逊关于全球化的代表性著作被翻译成了中文。参[美] 罗兰·罗伯森(Roland Robertson)著：《全球化：社会理论和全球文化》，梁光严译，上海人民出版社 2000 年。

一个缺憾。[①] 本文主要拟以其宗教社会学理论为中心，特别是其对于宗教与全球化问题的论述，来对他的思想进行一个大致的讨论，以起一种抛砖引玉的作用。

一、宗教文化：社会学的诠释

在《宗教的社会学诠释》一书的开始，罗伯逊即指出该书的三个重要特点：（1）对理论问题的特别关注，有时甚至滑入哲学、神学或方法论的领域。罗伯逊所谓的理论主要指“辅助理论”（para-theory）或“社会理论”（theory of society），也即是通过反映人类社会的本质和过程而形成的，而且它关注一组特别问题发生的广阔背景以及传统智慧在处理这些问题时的含义。（2）将宗教等同于文化，将宗教信仰、符号和价值作为论述的起点。更积极地讲，它是处理在社会—文化体系中宗教趋向和其他趋向在意义问题上的关系，特别是社会学家外在的或内在的哲学旨趣。（3）宏观社会学的方法：其主要的参考是社会或社会背景。从一定程度上讲，这意味着对韦伯和涂尔干命题的忠诚，或者说是对经典命题的现代诠释——比如系统中的个人宗教性和系统自身的整体宗教性之间的关系等。[②]

1. 宗教文化的一般理论

与一般对宗教的功能或本质定义不同，罗伯逊提出一个“宗教文化”的概念，作为自己宗教社会学理论的起点。“宗教文化是基于经验的与超经验的现实区分而形成的信仰和象征（以及直接产生于它

---

① 罗伯逊作为一个出色的社会学家，还编了很多相关的著作。而且，这些著作都是主流社会学领域理论探讨的核心命题，如现代性、帕森斯的理论等。如 Roland Robertson and B. Holzner (eds.), *Identity and Authority: Explorations in the Theory of Society*, Oxford and New York: Blackwell and St. Martin's Press, 1980; Roland Robertson and B. S. Turner (eds.), *Talcott Parsons: Theorist of Modernity*, London: Sage, 1991; Roland Robertson and B. S. Turner (eds.), *Theory of Modernity: Parsons' Perspective*, Tokyo: Koseisha Koseikaku, 1995; Roland Robertson, M. Featherstone and S. Lash (eds.), *Global Modernities*, London: Sage, 1995。

② Roland Robertson, *The Sociological Interpretation of Religion*, Oxford: Basil Blackwell, 1970, pp. 3 - 4.

的价值)体系;经验的事物从属于非经验的事物”。“宗教行为是肯定经验与非经验的区别事实的行为”。①

与此相应,罗伯逊也不直接界定宗教的类型,而是提出“宗教活动取向”(orientations to religious activity)的概念。这有两个坐标:社会的与文化的;目的性的与工具性的。二者交叉作用,形成四种宗教的类型。(1) 文化—目的性的:这是一般认为最真切的宗教参与。在其中,宗教观念本身即被认为是有价值的,并被看作是参与相关活动的主要理由。(2) 文化—工具性的:在这里,宗教观念被用作操作性的目的。宗教符号被一些人或群体用来作为说服其他人从事某些行为的工具。(3) 社会—目的性的:在这里,内在的满足来自于同具有类似想法的人的群体或协会,而与那些人实际上“喜欢”什么没有直接的关系。(4) 社会—工具性的:在这里,参与群体或组织的事物是为了超越群体或组织的个人利益和目的,也即满足外在于参与本身。②

宗教活动取向的类型

	文 化 的	社 会 的
目的性的	1	3
工具性的	2	4

关于宗教与社会之间的关系,罗伯逊同样通过坐标关系来表示。这一方面是宗教文化与世俗文化的关系,另一方面则是文化与社会结构的关系。其具体结构如下图:

宗教与社会关系的坐标

	宗 教	非 宗 教
文化	1. 宗教文化	3. 世俗文化
社会	2. 宗教的社会方面	4. 一般社会结构

---

① Roland Robertson, *The Sociological Interpretation of Religion*, p. 47.
② Roland Robertson, *The Sociological Interpretation of Religion*, pp. 55 - 56.

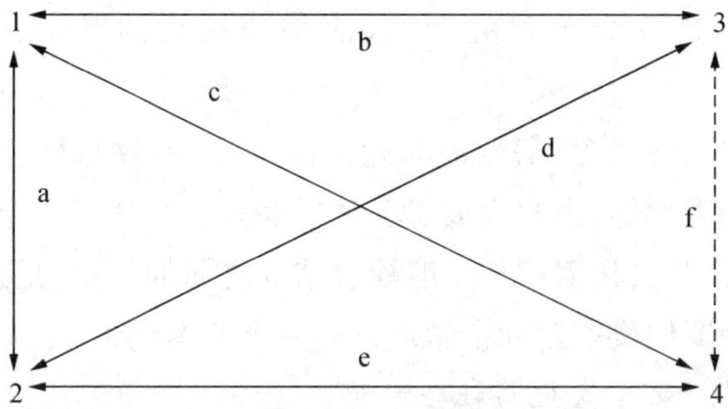

宗教与社会关系图

宗教与社会的关系是交互作用的,其具体体现为六种不同的关系。根据上图,线 a 指宗教领域内部的关系;线 b 指宗教文化与世俗文化之间的关系;线 c 指宗教文化与一般社会结构之间的关系;线 d 指宗教的社会结构与世俗文化之间的关系;线 e 指宗教领域的社会结构与一般社会结构之间的关系;线 f 指宗教领域之外的事物。①

宗教与社会之间的关系类型

	相对组织化的宗教	相对非组织化的宗教
相对分化的宗教	1	3
相对不分化的宗教	2	4

宗教与社会之间的关系是错综复杂的。不同的宗教类型与不同的社会类型相对应。这包含两个指标的内容:相对分化的和相对不分化的宗教;相对组织化的和相对非组织化的宗教。参上图:类型 1 是工业社会的普遍模型。在其中,宗教具有相对清晰的组织界限,被看作是独立于政治、经济等领域的自主领域。类型 2 大多见于集中化的等级制社会。在其中,宗教组织主要体现在国家层面,与经济、政治等领域交织混合在一起。这也可被看作是神权统治。类型 3 相对少见。美国社会中膜拜团体是一个例子。它们独立于社会其他领域,但又通过宗教经典或偶然的集会形成松散的组织。类型 4 主要见于原始社会。宗教活动有规定的参与程序,但没有专门的宗教团

① Roland Robertson, *The Sociological Interpretation of Religion*, p. 66.

体。宗教不是一个单独的领域，而是与社会的其他活动融合在一起。[①]

宗教文化的概念、宗教活动趋向的类型、宗教与社会关系、宗教类型与社会类型等，由此构成了罗伯逊宗教社会学的一个基本框架。其中，宗教作为文化因素与一般社会结构之间的关系，是这一框架的主轴。它是罗伯逊宗教社会学理论的一个基本线索。

2. 宗教系统：文化与社会方面

罗伯逊指出，当我们讲"宗教与社会"时，我们并不是像字面上所表达的，认为根据社会学家的客观观点，存在两个独立的领域：一方面是宗教；一方面是社会。"从社会学的观点看来，宗教是社会的也是文化的。"[②]社会也是如此。

根据华莱士(Anthony F. C. Wallace)关于宗教文化的类型学观点，罗伯逊区分宗教与社会的几种关系：(1) 萨满教的文化：这种类型主要将个人和小群体与自然相联系。社会结构和社会生活圈的经验相对未分化，有一种内在的、无意识的宗教和社会经验的混合。(2) 公社宗教文化：在这一类型中，宗教和社会混合在一起，不存在竞争性的关系。宗教符号镶嵌在社会结构中。文化与社会环境密切联系。具体社会—结构环境中的仪式行为强化了宗教和社会环境之间的系统关系。(3) 奥林匹亚型宗教文化：在整个社会结构和宗教群体之间缺乏关联，是这一类型最突出的特点。由于没有系统的神学，宗教只存在于与神的分散联系中。宗教领域和社会领域没有内在的联系。(4) 一神教文化：在这一类型中，宗教领域和社会领域之间存在一种持久的问题关系。[③]

宗教—社会关系在几大世界宗教中的体现：(1) 儒教：宗教信仰完全从属于社会结构的分散性事实。世界本身被认为具有一种内在的神圣和谐。这是通过天意来实现的。因此，哪里有超然的领域，那里就必然有现实的生活。神圣和世俗之间没有一种基本的张力。

---

① Roland Robertson, *The Sociological Interpretation of Religion*, pp. 68 - 69.
② Roland Robertson, *The Sociological Interpretation of Religion*, p. 80.
③ Roland Robertson, *The Sociological Interpretation of Religion*, pp. 83 - 84.

（2）佛教：现实被认为是虚妄的，真正的境界是达到所谓的涅槃。因此，佛教基本上是采取一种逃离世界的态度。（3）伊斯兰教：社会被包含在宗教里面。世俗的事物被包含在神圣的信仰中。因此，穆斯林的宗教生活是屈服，而不是皈依。（4）基督教：宗教领域和社会领域之间是一种积极的张力关系。理想的基督徒将此看作一种考验信仰的方式。[①]

经常所谓"宗教—社会"关系问题，最好被当作是"文化—社会结构"的关系问题。宽泛地讲，当我们说文化与社会结构相分化时，我们是指，有一个自我意识到的、客观的界限：一方面是我们对社会一般的认识和期望（文化）；另一方面是在一个既定的社会中社会关系和社会经验的实际框架。[②]

为了从一个跨社会的视角分析宗教的格局，两个变量显得特别重要：（1）这一格局的僵硬程度；（2）社会中宗教观点的范围。后者相对于前者较好理解。它主要指，在数量上宗教观点究竟有多少，以及是否有一个或一些宗教群体相对于其他宗教群体而占有主导性的地位。我们可以用垄断性的/竞争性的指标来表达。对于前者，则可以用僵硬性/灵活性的指标来表达，意指宗教特殊主义的信仰强度。一个主要的表现，即宗教信仰在政治投票中的重要程度。[③]

关于垄断性—灵活性宗教格局在社会层面上的体现，一个突出的例子即法国。在其中，罗马天主教占有主导性的地位，宗教的差别是社会观点差别的重要基础，但没有明确的法律或习惯有损于少数群体的地位。竞争性—灵活性的一个突出例子是美国。在那里，有三大主要传统：新教、天主教和犹太教。每一传统内又有很多的区别，特别是新教内部。而且，在不同的派别之间，还有各种联系机制，如为适应美国社会而产生的跨宗派组织等。竞争性—僵硬性的类型包括像荷兰和黎巴嫩这样的社会。社会基于宗教分成几大部分。这不仅体现在个人层面上的宗教选择，而且尤其体现在基于宗教差别

---

① Roland Robertson, *The Sociological Interpretation of Religion*, pp. 85 - 89.
② Roland Robertson, *The Sociological Interpretation of Religion*, p. 94.
③ Roland Robertson, *The Sociological Interpretation of Religion*, p. 101.

的政党组织和经济组织。垄断性—僵硬性的例子体现在西班牙、葡萄牙及拉美社会。天主教在其中占据主导性地位，少数派则处于明显不利的地位。①

3. 宗教文化：资源与结果

我们需要防止关于宗教文化与社会结构关系的两种趋向：一是经常将宗教文化的因素和主题解释为社会的、心理的以及其他环境的象征符号，而忽视了这些因素得以出现和维持的条件问题。另一种倾向集中于对信仰和符号出现与维持问题的社会学解释，而忽略了作为代理的人类的创造性、反思性和表达性；因此，我们必须注意社会经验和社会结构有意识的宗教象征。第一点是为了防止将宗教文化的所有方面消解为“符号”，无可避免地将它们看作“谈论社会的方式”，从而不仅忽视了促使这些“符号”兴起的因素，也忽视了宗教文化所隐含的价值。第二点是针对那些没有认识到以下问题的人，也即一旦被接纳，宗教文化是可利用的。②

关于社会地位影响宗教信仰和价值，一般的观点是，经济上越不平等的社会，越容易产生宗教基础的伦理道德体系。社会中那些对不平等最为敏感的人，也最容易发展和坚持具有强烈道德感的宗教教义。但是，那些实际上受剥削最重的人并不是对不平等感受最深的人。在一个等级社会，个人在体系中的不平等地位有着一贯的传统。它们是相对“紧张”的体系，具有明确的、垂直分化的成员身份。在这些社会中，如西欧的封建体系或印度的种姓制度，倾向于给既定的事物提供一个全面道德—宗教标准的宗教文化体系。相反，在具有相对“宽松的”、开放的社会分层体系的社会，会有更多对社会进行道德评价的“机会”。③

根据查尔斯·Y·格洛克(Charles Y. Glock)对剥夺形式的区分：社会的剥夺主要指名誉和接纳性的问题；有机的剥夺指物理和精神状态方面；道德的剥夺兴起于，当个人对报酬感到满足时向更高

---

① Roland Robertson, *The Sociological Interpretation of Religion*, pp. 101 - 102.
② Roland Robertson, *The Sociological Interpretation of Religion*, pp. 156 - 157.
③ Roland Robertson, *The Sociological Interpretation of Religion*, p. 160.

地位的需求；心理的剥夺与道德的剥夺类似，但它更关注生活的一般意义。[①] 约翰·威尔逊(John Wilson)则区分了教派的不同形式：基督复临派以千禧年主义的信仰为特征；感化派强调个人拯救基于相对简单的教义；灵知派强调快乐、健康和幸福，它以神秘的教义取代世俗的科学解释，并对心理的、宇宙的、生物的进程以宗教的解释；内省派强调成员灵性的拥有以及脱离对社会的直接关注。[②] 剥夺形式和信仰形式之间有一定程度的相关关系：道德的和心理的剥夺可能会吸引人们加入灵知派或内省派。社会的剥夺，如果导致教派信仰最可能与感化派相联系，也即强调对世界进行宗教性道德的需要。有机的剥夺也可以在相同的处境中找到出路。经济的剥夺可能倾向于基督复临派或感化派。最后，这些联系的发生依赖于教派的流行和可获得情况。[③]

宗教文化影响社会结构以及个人和群体意向和行为，体现在两个重要方面：(1) 在社会转型时期，当宗教观念是文化系统的一个重要部分时，我们必须尽力弄清宗教在卷入的变革中之意义。(2) 在具有多种不同的宗教—文化模式的社会里，特别是当宗教文化的一般影响比较明显时，必须弄清楚这些模式共存所造成的社会差别。在这两个例子中，宗教文化相对独立或不独立的地位都将处于问题的中心，因为宗教的以及看来非宗教的因素对于观察者来说，都比在静止的或缺乏其他宗教的社会里都更明显。[④]

二、意义：文化权威与个体化

罗伯逊指出，近年来社会理论家所关注的现代社会的两个重要方面：一是既定文化与社会制度运作之间的关系本质；二是个体存在的模式。第一个问题主要基于既定文化的权威性与合法性的衰

① Roland Robertson, *The Sociological Interpretation of Religion*, p. 168.
② Roland Robertson, *The Sociological Interpretation of Religion*, pp. 168 - 169.
③ Roland Robertson, *The Sociological Interpretation of Religion*, p. 169.
④ Roland Robertson, *The Sociological Interpretation of Religion*, p. 170.

落；第二个问题则内在于一般意义上社会与现代生活的联系方式。第一个主要是文化权威的问题；第二个则是个体认同的问题。再进一步总结，我们可以将此视为意义的问题。这是近年来社会变迁过程中一个极为突出的问题。[①] 如果说上一节是罗伯逊宗教社会学的一个基本框架，这一部分则是其宗教社会学理论的一个内在灵魂。相比而言，这里更多体现了宗教与社会变迁之间的关系。同时，这也更接近宗教社会学的主旨。[②] 这可以通过三个方面的例子来展示：入世神秘主义、公民宗教和皈依问题。

1. 入世神秘主义

神秘主义所反映的一个重要哲学命题在于冥想与经验世界之间的关系。这不仅体现在18世纪，而且对古希腊以及新柏拉图主义的哲学家来说，都是一个中心问题。因此，神秘主义不仅仅是一个宗教社会学的命题，也是政治社会学、科学认识论和方法论的一个重要命题。这样，我们就很容易理解神秘主义特别是在德国处境中，与一些经常出现的命题之间的联系，如理性与现实、主观与客观等。[③]

路德是这一命题的主要提出者。这一相对德国的传统将神秘主义限制在现世中，或者说入世神秘主义以一种极度尖锐的方式指出了主观和客观之间的矛盾。将神秘主义限制在世俗的、社会的框架内，是18、19和20世纪很多德国知识分子思考社会文化、认识论和本体论问题的背景。路德弱化的神秘主义，将神秘主义带入现世，并为其创造了关注社会后果的基础。这主要表现为社会运作的道德后果和冥想的认识论意义。[④]

其中，韦伯对这一问题的讨论具有特别的意义。韦伯与这一命题的关系最好被理解为：他集中于一个路德式的问题，却采取一种

---

① Roland Robertson, *Meaning and Change: Explorations in the Cultural Sociology of Modern Societies*, Oxford: Basil Blackwell, p. 3.

② 这里所隐藏的含义在于，社会学主要关注的是社会的变迁，宗教社会学则关注宗教的变迁或者宗教与社会变迁之间的关系。理论框架是分析问题的概念结构，变迁则是社会学思想的灵魂。

③ Roland Robertson, *Meaning and Change*, p. 105.

④ Roland Robertson, *Meaning and Change*, p. 112.

削弱的加尔文主义的观点。[①] 韦伯对神秘主义问题的关注集中在两个方面：一是它在教会—教派类型中的位置；一是它作为拯救类型的一个核心成分。[②] 韦伯关于宗教的类型学分析预示了宗教与世俗世界、本体与现象之间的张力。考虑到入世在很大程度上作为一种宗教趋向比出世较少拯救特征，入世宗教可被看作是出世宗教的一个补充。[③]

入世神秘主义是基于入世禁欲主义的一个变量；出世禁欲主义是基于出世神秘主义的一个变量。入世神秘主义是一种注重现世的自我实现方式。禁欲主义基于出世的背景，也即甚少关注现实需求的自我实现方式。[④] 入世和出世是分析问题的一个更基本的指标。现世的趋向认为，日常世界是经验发生一个不可避免的部分；出世的趋向认为，日常的表面世界是经验发生可避免的部分。关于拯救的需求，前者倾向于禁欲主义；后者倾向于神秘主义。然而，对于前者，神秘主义可作为一种补充；对于后者，禁欲主义可以作为一种补充。[⑤]

禁欲主义对终极价值的追求坚持一种对自律的信仰；神秘主义则是坚持一种人的主观性的完满实现。禁欲主义和神秘主义作为个人拯救的两种趋向：一个是入世的，一个是出世的。[⑥] 入世禁欲主义具有一种对自律的规范性坚持，以保证积极接受现实世界之偶在性的价值信仰与终极实在之间的关系。出世神秘主义坚持通过融入出世领域来实现自我的圆满，从而尽可能贬低现实的偶在性特征。入世神秘主义作为一种具有现世倾向的自我实现方式，坚持现世和终极实在之间的联系。出世禁欲主义坚持自律的必要性，以尽力降低现世偶在性的影响，从而通向最高实在的领域。[⑦] 宗教禁欲需要神秘主义，因为自我和出世领域之间必定有一些关系。神秘需要禁欲主义，因为神秘状态的产生需要一定程度的自律。[⑧]

在现代社会，个人化的程度日益增加，也即个人与社会和文化环

---

① Roland Robertson, *Meaning and Change*, p. 120.
② Roland Robertson, *Meaning and Change*, pp. 122 - 123.
③ Roland Robertson, *Meaning and Change*, p. 126.
④ Roland Robertson, *Meaning and Change*, pp. 128 - 129.
⑤⑥⑦ Roland Robertson, *Meaning and Change*, p. 129.
⑧ Roland Robertson, *Meaning and Change*, p. 130.

境的分离，以及社会与文化领域的分离。禁欲主义和神秘主义的结合、入世和出世的结合可被看作是理性化过程的一个方面。禁欲主义和神秘主义的结合反映了行动者在社会需求和个体需求之间的一种持续性的悖论关系。[①] 在广泛的社会化和个人化背景下，禁欲神秘主义可被看作是联系社会需求和个人需求的桥梁。相对于社会的"完满"和个人的"完满"，禁欲神秘主义采取一种积极的态度。它允许对社会"完满"的一般化努力与对个人"完满"的分散的、特殊的努力相结合，并在象征的意义上联系起来。这样的结合和联系是可能的，是因为它对社会贡献的解释，允许甚至在很大程度上是鼓励自我实现的目标。[②]

西方思想史的一个永恒性主题在于冥想与世俗行动主义之间的关系。这正是黑格尔和马克思在 19 世纪一直想克服的矛盾。相反，韦伯则希望保护绝对性和存在自由的空间，以免受工具理性的影响；同时，他也关注社会稳定的利益，以维持社会参与的责任伦理。在黑格尔的绝对精神观念中，社会的特殊性和普遍性之间的矛盾可以通过国家作为社会的代理来解决，这可被看作是社会反思的一种方式。英语世界的黑格尔主义者、列宁、曼海姆都从不同的形式和角度对这一问题进行了探讨。韦伯和齐美尔则代表了另一个传统，也即个人主义的传统。人类的自我反思和自由主要落实在个人层面上。后者自然也是一个哲学评价的问题。但特别是就齐美尔而言，它更是基于一个社会学诠释的命题，也即日益增长的个人化进程，以及与之相伴的社会分化作为一种生活方式和个人主义作为一种生活方式。[③]

这样的分裂可被概括为入世禁欲主义和入世神秘主义之间的区别。教会—教派的主题必须处理社会功能化的苦行主义问题。它涉及如何参与社会世界的问题。神秘主义的主题（包括个人的、次社会的神秘主义和集体的、超社会的神秘主义）必须处理，相对于生活作

---

① Roland Robertson, *Meaning and Change*, p. 130.
② Roland Robertson, *Meaning and Change*, pp. 139 – 140.
③ Roland Robertson, *Meaning and Change*, pp. 142 – 143.

为一个整体,包括最高实在的本质,如何诠释社会世界。①

2. 公民宗教:个体化与社会化

在现代社会,一方面,个人之作为个人越来越与国家社会相分离,尤其是与传统所谓的国家分离。另一方面,个人与国家关系的分化在 20 世纪急速上升,这可以从其活动和行为在政治领域的范围和规模看出。其结果是独立和依赖关系的混合体。参照涂尔干的说法,现代国家的发展与个人主义的崇拜是两个相反相成的过程。涂尔干自己的主题涉及社会的"国家化"与个人的个体化之间的互相丰富。齐美尔同样认识到了这一问题,却采取了不同的解释方式。齐美尔认为,这两个过程并不是在社会发展中独立形成的。在他看来,社会只是形式,它基于生活经验的累积。②

贝拉关于公民宗教的宽泛论述几近完全排斥性地表达了个人与国家社会之间的关系。换句话说,贝拉关注的是个体身份与社会权威之间的平衡问题。对于贝拉的整个论述来说,"契约"的概念表达了社会与上帝之间的一种关系;其对"审判时期的美国公民宗教"的讨论,核心则在于个人—社会关系。在解析美国处境中的关系变化时,公民宗教主要是作为个人与社会之间关系的一个基础、一个参照点以及一种特殊形式的合法化。在贝拉看来,这些似乎是公民宗教的主要社会功能。实际上,也确实是。关于公民宗教的宽泛观点,涉及它相对于历史、其他社会和最高存在的解释性、评判性意义,也可被看作与个人对社会忠诚的本质和条件,以及国家社会对其成员的合法性期待的问题密切相连。③

公民宗教的形成,可被看作是为了给在西方社会工具苦行主义的制度化所造成的空虚提供一种基础,无论其是共产主义的、社会主义的、资本主义的或新资本主义的,从而与齐美尔、韦伯关于个人拯救的主题相联系。这一制度化进程在很大程度上是世俗的——因为苦行主义已经越来越独立于其历史宗教的背景。贝拉的公民宗教主

---

① Roland Robertson, *Meaning and Change*, p. 143.

② Roland Robertson, *Meaning and Change*, p. 149.

③ Roland Robertson, *Meaning and Change*, p. 162.

题正是为了对抗这种宗教基础的丧失，因为它实际上是为给工具苦行主义寻求一个宗教的基础，将世俗的、工具倾向的行动主义置于社会运作及其存在理由的之宗教意义的更大背景中。换句话说，现代的公民宗教主题否定了不可避免的世俗化主题，同时它也似乎否定韦伯、齐美尔个人拯救需求主题的经验地位，或者更抽象地说，关于生活方式的个人主义方法的需求。①

参照四种个人—社会关系的类型：②

(1) 社会主导，个人为次，法国是典型。

(2) 个人主导，社会为次，美国是典型。

(3) 社会和个人呈现有问题的分离，德国是典型。

(4) 个人与社会相对混合，英国是典型。

公民宗教在不同个人—社会关系类型中的体现：在社会主导、个人为次的类型中，公民宗教的提倡以社会问题的仪式为中心，而且极易发生在社会实体的有效性面临风险之时。在个人主导的类型中，公民宗教的提倡，多是发生在集合亚群体的尤其是个人主义的需求以迎合整个社会之时。在个人和社会相对分离的类型中，公民宗教不是一个“自然的”现象。社会意识的感觉，或是通过将个人的某些类型看作是社会的体现，或者是试图超越个人和社会的更高级别。在第四种类型中，公民宗教同样不是一个经常出现的问题。但其原因在于，二者之间几乎不存在什么张力。个人与社会混合在一起，以致几乎不存在所谓社会自我意识的问题。社会自我意识的问题只发生在与其他社会的关系中，这种环境不需要公民宗教的关注。社会的自身机制就解决了公民宗教的社会团结功能，但倾向于将“社会现状”与“宇宙的本质”相区别。③

公民宗教问题所处理的一个核心主题是：自宗教改革以来，现代社会特别是所谓全球的新资本主义社会，同时进行着一个社会“拯救”的制度化和个人拯救的制度化过程。这两个过程互相纠结在一

---

① Roland Robertson, *Meaning and Change*, pp. 165 - 166.

② Roland Robertson, *Meaning and Change*, p. 167.

③ Roland Robertson, *Meaning and Change*, p. 171.

起，并在接下来的时代特别是18世纪越来越急速和明显化。制度化或者说内在化的进程，包含一种很大程度上的世俗化结果。“拯救”逐渐让位于“圆满”。根据韦伯的范畴，这一双重制度化的进程将个人置于一种矛盾的地位：对社会的合理贡献是可能的，但是将个人自我实现的合理追求与道德要求的名义结合起来则是不可能的。①

3. 皈依与文化变迁

在高度强调个人变迁的今天，很多的关注点都集中在“自我实现”问题上。这样，一方面是奉献给个人的资源，一方面是客观的文化变迁的一般轨道，两者之间就会产生一定的问题。②

根据齐美尔的观点，个体化与客观的文化进程相冲突。这因于两个领域日益增长的自主化过程。个人越关注自我圆满和实现，就越要求文化更多的客观化。文化越客观化，个人就越难从文化中实现他们自身的目标。这就导致了一种矛盾：文化的资源越来越丰厚，但却不易将自我实现和文化的变迁结合起来。其极端的结果是两个领域各自的自我丰富和发展。③

对皈依现象的知识兴趣与对社会文化观点相对性的关注密切相关。对皈依问题的兴趣开始于20世纪初期(对皈依的心理学研究)，身份构成和转化的问题在20世纪60—70年代开始引起人们的注意。有一个明显的趋势，认同的问题分散地与皈依的进程相联系。皈依和认同的问题与合法化、意义和真理的问题密切相关。比如，身份的自我认识被引入合法性和正当性的讨论，后者就会变为一个关于生和死的问题。就其最完整范围来讲，身份定义了个人的全部，身份的危机是一件非常严重的事情。因此，对身份的关注与相对主义和合法化危机密切相联系。④

宽泛地讲，我们将“皈依”看作一个问题领域。一方面对它与文化的交互关系给以特别关注，另一方面承认皈依的内在更新概念在

---

① Roland Robertson, *Meaning and Change*, pp. 178 - 179.
② Roland Robertson, *Meaning and Change*, p. 186.
③ Roland Robertson, *Meaning and Change*, p. 187.
④ Roland Robertson, *Meaning and Chang*, pp. 189 - 190.

现代—历史环境中的实用意义。从人类学的概念讲，内在更新的概念镶嵌于人类关注的母胎中。[①]

从社会学角度思考皈依的两个视角是：第一，入会仪式在人类生活中的重要性；第二，灵性指导的自我形象和体系在人类社会中的重要性。就其最分散的含义讲，入会仪式必须处理如何将个人置于一个宽广的秩序中，保证他在其中可以有效地与秩序或次秩序最基本的规则相协调。因此，入会仪式就其最广泛的含义讲，既包括原始社会拥抱宇宙的仪式（在其中，个人入会仪式包括宇宙和当地社会的再生），也包括现代社会的所谓社会化概念。灵性指导的自我形象和系统包含一个宽泛的主题，自主性的文化模式、灵性治疗和自我功能的理论和技术等。这两种皈依的模式在经验和概念层面是相互重叠的。入会仪式就其现象学—人类学含义讲，集中于重新开始生活的观念。灵性指导的自我形象和系统是入会仪式一个历史和进化后果。[②]

弗洛伊德的革命标志了一个从信仰治疗到分析治疗的转变。它暗含的是从权威社会到管理性社会的转变。在过去的传统中，信仰的治疗关注的是通过使个人信仰一种社区—文化背景来治疗和治愈；分析治疗不关注治疗和治愈，而是个人力量的传授，也即抵抗文化"强迫性"的能力。这就使现代人格包含了一种反文化的特征。[③]个人越关注他们自身的功能自主性，文化就越难以一种传统的权威方式来影响个人的生活和行动。信仰在个体层面上越少强调，文化就越少被看作一种信仰的方式。[④] 现代人慢慢地接受了一种皈依的观念。这一过程包含一个脱离"威斯利模式"或浪漫的"闪电爱"模式的"弗洛伊德阶段"。这是一个双向的过程。在17和18世纪，内在心理脱离外在的文化需求成为可能。新教基要主义和理性主义是这一过程的两个主要派别。浪漫主义是一个利用了这一心理自由的动向。弗洛伊德的分析展现了一种纠正过于屈从浪漫主义（及作为其

---

① Roland Robertson, *Meaning and Change*, p. 198.
② Roland Robertson, *Meaning and Change*, pp. 198 – 199.
③ Roland Robertson, *Meaning and Change*, pp. 208 – 209.
④ Roland Robertson, *Meaning and Change*, p. 209.

继承者的存在主义)所导致的失误的趋势,并对日益多元的文化环境给以特别的关注。①

三、宗教与全球化

就目前而言,罗伯逊宗教社会学的一个主要贡献,无疑在于其关于宗教与全球化问题的开拓性研究。② 在这里,我们主要从三个方面展开论述:(1) 全球化与宗教变迁的基本理论;(2) 宗教政治化与政治宗教化的命题;(3) 从世俗化到全球化的范式转变。

1. 全球化、人类和宗教

罗伯逊指出,任何严肃的对于宗教信仰和活动在全球层面上的社会科学讨论,都必须包含一个对于现代全球环境出现的基本关注。更具体地说,如果这一问题的提出在于解释新近世界范围的宗教基要主义复兴、新兴宗教运动的广泛发展(包括在传统教会和宗派中的解放神学运动),以及现代世界大部分地区政教关系张力的扩大和激

① Roland Robertson, *Meaning and Change*, pp. 209-210.

② 罗伯逊在这一领域的主要成果包括:Roland Robertson, "Religion, Global Complexity and the Human Condition," in International Cultural Foundation, *Absolute Values and the Creation of the New World*, Vol. 1, New York: International Cultural Foundation, 1985. Roland Robertson, "The Sacred and the World System", in Philip E. Hammond (ed.), *Sacred in Secular Age*, Berkeley: University of California Press, 1985, pp. 347-358. Roland Robertson, "The Relativization of Societies, Modern Religion, and Globalization", in Thomas Robbins, William C. Shepherd and James McBride (eds.), *Cults, Culture and the Law*, Chicago: Scholars Press, 1985, pp. 31-42. Roland Robertson, "Globalization and the Future of Religion: Problems in Thinking Religion Globally", in Chauau Academic Research Institute (ed.), *Conflict and Cooperation between Contemporary Religious Groups*, Tokyo: Chuo Academic Research Institute, 1988, pp. 11-30. Roland Robertson, "Modernity and Religion: Towards the Comparative Genealogy of Religion in Global Perspective", *Zen Buddhism Today*, Vol. 6 (1988), pp. 125-133. Roland Robertson, "Community, Society, Globality and the Category of Religion," in E. Barker et al. (eds.), *Secularization, Rationalism and Sectarianism: Essays in Honour of Bryan R Wilson*, Oxford: Clarendon University Press, 1993, pp. 1-17. Roland Robertson, "Religion and the Global Field", *Social Compass*, 41(1) (1994): 121-135. 其中以下文引用最广,也最重要。参见:Roland Robertson and JoAnn Chirico, "Humanity, Globalization, and Worldwide Religious Resurgence: A Theoretical Exploration," *Sociological Analysis*, 46: 3 (1985), pp. 219-242。另外,他还主编了关于这一主题的著作。参见:Roland Robertson and William R. Garrett (eds.), *Religion and Global Order*, New York: Paragon House, 1991。

化，我们至少必须提出一个可行的分析全球作为一个社会文化现象之轮廓和进程的理论框架。[①]

“人类关注”是罗伯逊关于宗教和全球化问题理论的一个核心命题。“人类中心二元论”包含两个方面：一是社会—系统功能性；一是个人和关系的存在（生活世界）。既然是人类中心的，其框架必然是围绕着人类；它是以神为中心的二元论的历史转化。这包括四个方面的相对化过程。其中，两个是社会的相对化（超越社会化）；两个是个人的相对化（超越个人化）。所谓相对化是指这样一个过程，也即社会文化或社会心理实体在一个更大的范畴背景中的定位，这样相对化的实体相对于同一大背景中的其他实体就更具自我反思性（这并不是指它们实际上是“建构性”的自我反思性）。自我的相对化指自我性在一个更宽泛、更基本的人类框架中的定位，社会的相对化指具体的社会在一个世界性的社会复合体中的定位，从而审视单独的社会在多大程度上展现了“社会质量”的原则。它们都还有一个次级的相对化过程：一个指涉具体社会与人类范畴之间的关系；一个指涉自我与全球社会复合体之间的关系。[②]

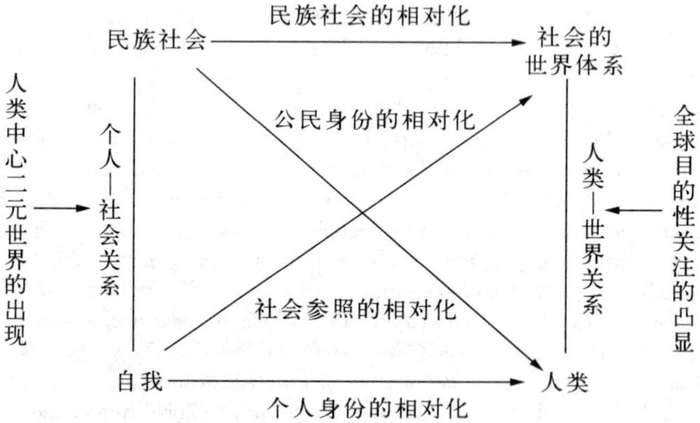

人类凸显的路线

① Roland Robertson and JoAnn Chirico, “Humanity, Globalization, and Worldwide Religious Resurgence,” p. 219.

② Roland Robertson and JoAnn Chirico, Humanity, “Globalization, and Worldwide Religious Resurgence,” pp. 233 - 234.

罗伯逊这一命题的重要意义在于对现代性框架下宗教与社会关系的超越。现代性是以民族社会为基本分析单位的。全球从两个层面超越了这一关系：个人和人类。这就奠定了其分析全球化和宗教变迁问题的理论基础。全球而不是社会成为主要的概念。全球化带给社会理论以及宗教社会学理论的一个主要变化在于，以民族国家为范围的社会不再是变迁的主要场域，我们必须寻求一个更大的单位。这就是全球、世界社会、人类等。

当前的全球化背景有两个特征强化或至少是引发了宗教或半宗教的关注。一方面，全球化意味着脱离"社会生活"的安全，从而引起了"世界社会秩序"和人类的真正意义的问题。前一问题主要与社会的相对化相关；后一问题则与个人的相对化相关。另一方面，社会中的全球化进程有着深远的意义。全球化的进程不可能不导致社会中的张力或不满，或者可以说有来自社会背景的反对或反抗。随着全球化的进程，社会和社会中的个人都面临定义自身社会身份的压力。在集体社会的层面上，当有人希望用政治—宗教的术语来表达时，就会有一个半宗教的趋向——他们的社会最终代表什么，其神圣性何在？①

日益增长的对世界社会秩序合法性和人类前途的关注，引起了所谓"世界公民宗教问题"。两个最突出的表现，一是解放神学的问题，一是日益增长的对"世界神学"的兴趣。②罗伯逊指出：

> 社会性公民宗教关注和世界公民宗教问题的出现，构成了分析宗教在全球化进程中地位的关键。其核心特征包括：一方面是神学和宗教的政治化，另一方面是政治的"神学化"。全球化进程本身导致了宗教和半宗教的问题。神义论和末世论问题，或者是老的神义论和末世论问题所引发的新问题，都高挂在

---

① Roland Robertson and JoAnn Chirico, "Humanity, Globalization, and Worldwide Religious Resurgence," p. 238.

② Roland Robertson and JoAnn Chirico, "Humanity, Globalization, and Worldwide Religious Resurgence," p. 239.

全球话语的议程上。宗教位于全球化进程的中心，乃因于包含人类和社会间关系的普遍主义趋向以及对普遍主义倾向的特殊化反应所导致的宗教或半宗教问题。在后者，基要主义的内在社会发展以社会整合的潜在需求为轴心。在何种程度上，潜在的或实际的宗教—政治精英对全球化进程的反动是继承性的，这需要每个个案的具体考察。一些基要主义者最近试图诠释和控制他们各自社会的社会文化认同，这可被看作是反动性的——表达对全球化进程不满的场所。在问题的另一端，其他基要主义运动可被看作是仅仅提供了——如果经常是很武力性的——相对于全球普遍主义的新的独特社会认同形式，通过或多或少“反文化”的相对多元主义形式。①

罗伯逊关于全球化与宗教变迁的命题，首先是一个理论问题，其次才是对现实变迁的分析。或者从另一个角度讲，罗伯逊是从理论角度来思考现实变化的。而且，这里不仅仅是一个理论与现实孰先孰后的问题，而是一个分析视角的问题。回到本文第一节的开始，我们可以发现，罗伯逊的整个宗教社会学理论是从一个社会学元理论的角度所做的思考。他关于宗教与社会关系、个体化与社会化的论述，都是如此。宗教与全球化问题的讨论自然也不例外。这是罗伯逊宗教社会学的一个整体特征。

2. “宗教政治化”和“政治宗教化”

罗伯逊关于全球化与宗教变迁的一个核心主题在于宗教与政治的关系。② 而且，就全球化与宗教变迁的主题本身而言，这也是一个核心的问题。这是因为宗教在公共领域特别是政治领域的参与，成为全球化背景下宗教变迁最突出的现象。所谓全球宗教复兴和宗教

---

① Roland Robertson and JoAnn Chirico, Humanity, Globalization, and Worldwide Religious Resurgence, pp. 239 - 240.

② 罗伯逊关于政教关系的论述，另参见：Thomas Robbins and Roland Robertson (eds.), *Church-State Relations: Tensions and Transitions*, New Brunswick and Oxford: Transaction Books, 1987。

政治，常常也被看作是一体的两面。[1]

"政治化"包括两个方面的含义：第一，表面上的宗教群体对政府问题关注的升温，以及明确宣称宗教信仰的人与世俗意识形态观点和方案合作的膨胀。第二，政治化进程更分散的一支是指对宗教和神学信仰自主性的否定。对于一些人来说，这意味着将宗教信仰和实践置于世俗意识形态或经验之上；对于另一些人来说，则指宗教信仰和实践必须具有意识形态的后果。前者包括选择一种基于外在于宗教意识形态的特殊的宗教信仰，或者至少是通过政治意识形态或政治经验的标准来诠释已经存在的信仰。后者包括，为表面上因于宗教信仰的社会生活组织寻找政策和方案。[2]

"这并不意味着，我们突然看到了一个不同寻常的宗教政治化，而是经过一段政教分离观念（特别是在美国）的流行时期后，宗教在过去的十五年里急剧地被政治化。"[3]因此，这可被称作是"再政治化"。问题的另一方面则是政府的"宗教化"。这同样包含两个方面的内容：第一，现代国家卷入了人类生活的"深层"问题，比如关于堕胎问题的讨论、性、隐私、道德、人类的命运等。第二，参照涂尔干的概念，国家组织的社会在不同层次上成为了敬拜和"深层"认同的目标。[4]"在一定程度上，政治化和宗教化是相互强化的过程，因为政府越是具有'宗教性'，就越会导致表面上的宗教行动者政治活动的扩张。"[5]

---

① 关于全球宗教复兴和宗教政治的代表性研究，参见：William H. Swatos, Jr. (ed.), *Religious Politics in Global and Comparative Perspective*, New York, Westport and London: Greenwood Press, 1989; Emile Sahliyeh (ed.), *Religious Resurgence and Politics in the Contemporary World*, New York: State University of New York, 1990; David Westerlund (eds.), *Questioning the Secular State: The Worldwide Resurgence of Religion in Politics*, New York: St. Martin's Press, 1996; Peter L. Berger (ed.), *The Desecularization of the World: Resurgent Religion and World Politics*, Washington, D. C.: Ethics and Public Policy Center; Grand Rapids, Mich.; W. B. Eerdmans Pub. Co., 1999。

② Roland Robertson, "Globalization, Politics, and Religion", in James A. Beckford and Thomas Luckmann (eds.), *Changing Face of Religion*, London: Sage, 1989, pp. 11-12.

③ Roland Robertson, "Globalization, Politics and Religion," pp. 13-14.

④⑤ Roland Robertson, "Globalization, Politics and Religion," p. 14.

世界成为一个单一的空间，促使宗教运动对这一发展以及它们在其中的地位做出解释——“给其以宗教—神学的意义”。这可能采取消极的方式。全球趋向的宗教和半宗教运动，以不同的方式触及“世界秩序”的问题。它们希望给整个现实世界及其全球背景以意义，就像政治杠杆的作用一样。在这个过程中，它们利用手段，使宗教成为一个全球化的同时也是充满竞争的范畴。它们利用“宗教”，就像其他非全球趋向的宗教运动一样。同时，它们几乎完全是政治的，因为它们与民族国家和国际关系的现实进行斗争。[①]

全球化包含并促使了社会和个人身份的“相对化”。随着政府组织的社会和现代个人在全球意义上被一般化，这在很大程度上促使了对“特殊化身份”的寻求。全球化同时包含“普遍主义的特殊化”和“特殊主义的普遍化”。[②]

概括起来说，在目前的全球环境中，宗教和宗教运动被迫协调特殊社会的需求和宗教普遍主义。它们对个人的吸引力，同时为作为公民的个人依附于民族社会和个人对他们自己的主观能动性的肯定所驱动。这至少间接地强化了他们的“人类”感。总而言之，“现代世界的全球化促使和推动宗教传统和具体的宗教运动适应全球人类处境的四个组成部分（也即社会、个人、社会体系和人类），并将这一处境看作一个整体（即便这可能意味着对自身特殊性的否定，或者只将其中的一个、两个或三个看作是重要的）”。[③]

3. 从世俗化到全球化

罗伯逊命题的最终意义在于宗教社会学研究范式的转变，也即从世俗化到全球化的转变。[④] 罗伯逊这一命题的基础在于，两种范式之间在社会学背景方面的不同。具体讲来，世俗化及作为其基础理论的现代化主要基于以民族国家为范围的社会，全球化则是全球社

---

① Roland Robertson, “Globalization, Politics and Religion,” p. 18.

② Roland Robertson, “Globalization, Politics and Religion,” p. 19.

③ Roland Robertson, “Globalization, Politics and Religion,” p. 20.

④ 参见：Roland Robertson, “From Secularization to Globalization,” *Journal of Oriental Studies* 26：1(1987), pp. 28－32。本文系用日文发表。由于语言方面的障碍，笔者暂不能阅读。所幸该思想在罗伯逊的另一文章中有系统的论述。具体参下文。

会、世界社会、人类等。

罗伯逊指出，在20世纪的大部分时期，社会学家不同程度地都受“方法论民族主义”的影响。[①] 其典型的表现即以民族国家为范围的社会作为主要的社会学分析单位。然而，随着全球化的进程，这一状况逐渐发生了变化。而且，宗教作为全球化的一个重要因素，在其中扮演了关键的角色。“社会学(包括宗教社会学)在很大程度上是整个全球化进程的一个产物或表现。”社会学强烈地将以国家为框架的社会作为终极焦点的倾向是矛盾的。到现在，关于社会性的全球前提已经通过所谓“制度化的社会主义”具有一个重大的全球的、跨社会的基础。“宗教在提升社会的观念方面(再次也是矛盾地)扮演了一个重要的角色。”[②]

具体到宗教社会学领域，20世纪的大部分时期宗教社会学的主导性问题即“世俗化”。这与19世纪末20世纪初历史学家、社会科学家及其他领域的学者所论述的从前现代社会向现代社会的转移是一致的。参照滕尼斯的理论，我们可将此称为“社区—社会范式”。[③]“关于世俗化的详细讨论，完全以社会为分析单位而进行。”[④]换句话说，社会学家们完全集中于以国家为界限的社会是推动还是限制了宗教的发展。“宗教适应社会”实际上是宗教史和宗教分析长期以来的一个主要思路。然而，“在我们所生活的时代，不‘从全球视角思考’已变得不可能”。[⑤]

无论是世俗化理论的提倡者还是反对者，他们都在同一个范式框架内思考问题，也即关注“宗教”作为一方和“社会”作为另一方二者之间的张力。[⑥] 如威尔逊(Bryan Wilson)认为，“社会化进程”，也

---

① Roland Robertson, “Religion and the Global Field,” in Roland Robertson and Kathleen E. White (eds.), *Globalization: Critical Concepts in Sociology*, Vol. Ⅴ, London and New York: Routledge, 2003, p. 147. 原文出处为：Roland Robertson, “Religion and the Global Field”, *Social Compass*, 41 (1)(1994), pp. 121 - 135。

② Roland Robertson, “Religion and the Global Field,” pp. 150 - 151.

③ Roland Robertson, “Religion and the Global Field,” p. 151.

④ Roland Robertson, “Religion and the Global Field,” p. 152.

⑤ Roland Robertson, “Religion and the Global Field,” p. 153.

⑥ Roland Robertson, “Religion and the Global Field,” p. 154.

就是从社区向社会的转变，即被看作是世俗化命题的中心。[①]

"社会学家（或其他领域的人）越是将全球化当作一个明确的有兴趣的话题，那么，即便是对宗教没有兴趣的社会学家，也越来越被迫去关注全球—人类处境之意义的问题。"[②]只要社会学家将问题限制在社会的或亚社会的问题上，这些世俗人类科学就可以避免类似的问题。然而，这些科学大部分确立于一个特殊的全球化时期，也即19世纪末和20世纪初。在这一时期，以国家为界限的社会被当作是全球场域的组织和行政单位。与这一思潮相应，"世俗化的命题完全是在一个社会的框架内被考虑的"。[③] 对世俗化命题的持续兴趣由此可被看作是"社会范式"存在的一个证明。

所谓"从世俗化向全球化的转变"，一个特别的含义在于"从关注社会或地区是变得更多还是更少宗教性，到对日益全球化的世界之特征和后果的兴趣"。[④]在这里，宗教社会学的核心命题，不再是宗教在社会现代化的进程中将发生什么变化的问题，而是宗教在全球化的进程中与相关主题之间的互动关系，如意义、认同等。而且，回应前文的论述，全球化所导致的社会秩序变革引起了诸多宗教或半宗教的问题。全球范围的宗教复兴和政治化成为了全球化背景下宗教变迁最突出的现象。这不仅仅是对世俗化的超越，在很多方面也是对世俗化命题的否定。

"社会参考框架已经主导了宗教社会学如此之久，以致我们几乎将其看作是永恒的。但在我们生活的时代，如此思考已经变得很不现实。社会模式的潜在衰落，已经引起了很多关于宗教的关键假设的疑问。"[⑤]与整个社会科学的范式从现代化到全球化的转变相适应，宗教社会学自己的范式也将发生从世俗化到全球化的转变。

---

① Roland Robertson, "Religion and the Global Field," pp. 154 - 155.

② Roland Robertson, "Religion and the Global Field," p. 157.

③④⑤ Roland Robertson, "Religion and the Global Field," p. 158.

结　语

总结全文的论述，罗伯逊宗教社会学的基点在于宗教文化的概念以及围绕此而建构的一套理论体系，其核心是宗教文化与一般社会结构之间的互动关系。从变迁的角度看，罗伯逊宗教社会学的核心命题在于个体化与文化权威之间的关系。从一个更广阔的范围看，这可以归结为文化社会学视野中的意义问题。然而，受经典宗教社会学家的影响，罗伯逊将宗教看作其中的核心问题。这两个方面的理论积累为罗伯逊关于宗教与全球化的理论奠定了基础。罗伯逊关于全球化和宗教变迁的分析，基于现代性框架下的社会在两个层面的相对化过程。其结果即人类关注的凸显。这超越了以民族国家为范围的社会概念，而发展为一个全球性的概念。同时，相对化的过程创造了全球宗教变迁的社会学基础，其所导致的秩序变革也造成了许多宗教或类宗教的问题。全球宗教变迁的一个核心主题是宗教的政治化和政治的宗教化。其所隐藏的含义在于，与世俗化理论的私人化命题不同，全球宗教变迁的一个突出现象在于，宗教在公共领域特别是政治领域的参与。所谓全球宗教复兴和宗教政治，经常是一体的两面。罗伯逊命题的最终意义在于宗教社会学研究范式的转变，也即从世俗化到全球化的转变。其背后所反映的是宗教变迁之社会学基础的变化，也即从现代化框架下的社会到全球化框架下的人类的转变。

到目前为止，罗伯逊及其后继者贝耶关于宗教与全球化的命题，在中文世界仍没受到足够的注意。[①] 特别是与全球化作为 20 世纪 90 年代以来社会科学主导范式的地位相比，其在宗教社会学这一新型学科中的状况就更值得人们关注。几年前，笔者有幸开始接触这

① 目前一项重要的研究，是吴梓明教授和李向平教授主持的“全球地域化的互动：中国社会基督宗教比较研究”项目。具体参吴梓明、李向平、黄剑波、何心平等著：《边际的共融：全球地域化视角下的中国城市基督教研究》，上海人民出版社 2009 年。

一命题，并集中全球宗教政治的问题进行了系列研究。[①] 而且，全球宗教政治的发展，又与目前国际关系的一些重大问题联系了起来。这其中穿插交错，引起了很多相关的问题，如宗教与认同、宗教与恐怖主义、宗教与治理等。通过几年的研究，笔者深感，全球化作为一个宗教社会学的新范式实在有很多的潜力可挖，也特别值得中国学者关注。以往我们对中国宗教问题的研究，总是比较强调中国宗教和社会的特殊性。殊不知，世界其他地方也正发生类似的现象，如宗教复兴、民族—宗教冲突、宗教管理和宗教政治等。中国作为一个大国，同样需要在学术的领域超越自己的国界，进一步“改革开放”。中国的宗教问题需要在同世界其他地区的比较研究中进一步明晰化。“全球地域化”正是我们所强调的重点，也是一个对未来的展望。

刘义，上海大学历史系副教授，宗教与社会研究中心执行主任，美国乔治城大学伯克利宗教、和平与世界事务中心博士后研究人员(2010—2011)。主要研究领域为宗教与全球政治。

---

① 在与吴梓明教授合写关于中国宗教社会学研究的述评中，我们已经提到，中国的宗教社会学研究需要重视全球化的视角，中国学者需要认识中国宗教和世界宗教趋势之间的关系。具体参吴梓明、刘义：《中国大陆宗教社会学研究的现状与反思》，《辅仁宗教研究》第 13 期(2006 年夏)，第 131—156 页。笔者目前在这方面的研究成果，可参刘义：《全球化背景下的宗教与政治》，上海大学出版社 2011 年。

基督教神学多元论模式批评

——以日本宗教与伊斯兰教为中心

小原克博

20 世纪晚期以来，多元主义一直是基督教神学领域讨论最多的话题之一。与其他宗教相比，为什么多元主义对于基督教来说如此重要呢？原因很清楚。首先，尽管西方社会的绝大多数人过去都是基督徒，但现在西方宗教的多样性已经成为一个不容忽视的显著事实。这是社会世俗化与信奉其他宗教信仰的外国移民不断涌入共同作用的结果。其次，西方列强过去在殖民者的基督教绝对权威观念影响下造成的不公正殖民统治、对其他民族的“教化”引发越来越多的批评之声。由于这些原因，在 20 世纪 60 年代，人们尝试从神学角度重新考察基督教与其他宗教之间的关系。今天，这一努力被称为“宗教神学”。

本文将首先概述宗教神学领域内已有的讨论，然后再讨论其中的一些问题。为了更好地进行宗教神学或者跨宗教对话，人们一般使用三种类型模式：排他主义、包容主义和多元主义。提倡宗教多元主义的人常将排他主义和包容主义作为批评对象，认为它们是必须被取代的旧观念。本文批判地分析宗教多元主义的历史进化观，并以事实证明，即使被归为具有排他性或包容性的宗教或运动，也有某些值得肯定的因素。

宗教多元主义涉及不同宗教之间的关系，但这并不一定意味着它以价值中立的立场平等对待所有宗教。尽管人们在世界各地都能看见宗教多元化社会，在基督教世界的历史语境中宗教多元化才逐渐发展成为规范。因此，在探讨宗教多元主义问题之前，首先探讨宗教多元主义的起源——“基督教世界”，然后再考察国际社会宗教多元主义的有效性和局限性。

一、基督教世界和伊斯兰世界

一般而言，“基督教世界”这一概念起源于拉丁文“*Corpus Christianum*”。在中世纪的欧洲，基督教世界几乎是天主教会的同义词。但是，即使在系统的教会制度建立之前，人们认为这个词语把教会描绘为“基督的身体”，从这一角度来看，我们可以说该词源于《圣经》。在早期宗教迫害后，基督教已经成为罗马帝国的官方宗教，在这一进程中，其地位已经从“迷信”上升为“宗教”。就此而论，可以说“基督教世界”是被政府认可并拥有其自主管辖制度的教会的别称。尽管随着时间的推移基督教的地理区域不断扩张，然而在 17 世纪以后，当社会开始世俗化时，教会逐渐失去其社会影响力。从 18 世纪到 19 世纪，世俗化进程非常迅猛，以至于真正意义上的“基督教世界”就像中世纪的欧洲一样，已经从地球上消失。

然而，有趣的是，尽管“基督教世界”在欧洲的地位大幅度下滑，通过与外部世界的接触，被长期遗忘的基督教身份重新焕发出生命力。导致这一复兴的不仅仅是对非西方世界的深层了解，更为重要的是，它包括为实现“教化”非西方世界的官方目的而出台的殖民政策。欧洲列强试图“教化”的对象之一就是“伊斯兰世界”。

到了 19 世纪，欧洲被伊斯兰人口占据的地区开始被称为“伊斯兰世界”。在这里，“伊斯兰世界”一词与“欧洲”一词形成对照，并且在许多情况下，前者常被赋予极其负面的意义，以此来凸显后者的价值。19 世纪也出现了许多宗教运动，比如在泛伊斯兰主义的倡导者阿富汗尼(al-Afghani，1838—1897)领导下，通过赋予正面价值来扭转“伊斯兰世界”负面形象的宗教运动。在随后几年里，出现了像赛义德·库特布(Sayyid Qtub，1906—1966)等伊斯兰教主义者领导的新运动，其目标在于纠正西方知识分子对“伊斯兰世界”历史所持有的片面、偏激观点，重建穆斯林对自己的历史的理解(Hada，2005：

192—196)。伊斯兰世界与西方世界之间的这种张力从未缓和过，一直持续到今天。至少有一点很清楚：现代欧洲对自身的了解及其对伊斯兰世界的认识是紧密联系在一起的。对于这种情形如何促使人们重新重视一度在欧洲的自我界定中逐渐丧失重要性的基督教特质，工藤庸子这样解释：

> 当欧洲倡导"文明的使命"的时候，人们想当然地认为"文明"指的是"基督教文明"。如果让我来说明大概的情况，伊斯兰教作为"宗教狂热"、"独裁专政"和"野蛮"的温床这一特定形象，是在19世纪早期——大概在拿破仑侵略埃及的时候——开始逐渐盛行起来的。"基督教文明"与上述伊斯兰形象形成对照，被赋予一个更高的地位，并与一种新的种族意识形态相结合，最终顺利地融入到殖民主义者的话语之中。(Kudo，2003：129)

不必提及十字军东征我们就都知道，过去一神宗教之间有不少冲突。尽管如此，现代以后，在建立一个新的世界秩序的过程中，出现了一种不以共存为目标的世界观，为了顺应这种观点，"基督教世界"的概念被重新提起。鉴于这一历史背景，"基督教世界"显然不能被理解为描述一个特定地理区域的价值中立的术语。尽管我们可以说"基督教世界"阻碍了不同宗教之间，尤其是亚伯拉罕诸教之间的共存，事实却可能是"基督教世界"的形成是其自身拒绝与犹太教和伊斯兰教形成一个"一神教联盟"的结果。

甚至在今天，在广义上我们可以把基督教仍保有社会影响力的地区称为"基督教世界"。然而，甚至在这些地区也存在世俗化、宗教多元主义的社会，人们不再像过去一样，只从基督教的角度认识自身。相反，与更加世俗化、更富宗教多元主义的其他地区相比，西方基督教世界似乎因为自己比其他宗教占统治地位的社会更加宽容而骄傲。认识到这一点之后，接下来我会着重讨论宗教神学的中心结构，以此来阐明西方基督教世界的多元主义现实，并探讨这一神学理论是否适用于其他宗教。

二、宗教神学的类型及其主要观点

在深入探究三种类型之前，我先简要介绍每一种类型并给出一些实例。对于“救赎”的方式，这三种类型都有自己独特的理解方式。排他主义者认为只有通过自己的宗教才能实现救赎，而包容主义者则认为尽管最终的救赎来自自己的宗教，通过其他宗教也能实现救赎。与此相反，多元论者坚持认为一切宗教都能平等地拯救人类，排他主义和包容主义因其缺乏对其他宗教的宽容应该受到谴责。毋庸多言，“排他主义”和“包容主义”的称呼是拜多元论者所赐，很少有人或团体将这些词当作正面称号来描述自己对于其他宗教的理解。这一事实表明，排他主义和包容主义实际上是以多元论视角为出发点的贬义词。我还想指出，尽管这些范畴中所使用的“救赎”理应是适用于所有宗教的普遍思想，但实际上它主要反映的是基督教的救赎观。

如果我们照此分类，许多特别强调伊斯兰教价值观的伊斯兰运动就会被归入排他主义范畴。特别是一些诸如哈马斯的伊斯兰教组织拒绝在巴以冲突问题上做出让步，这就是典型的排他主义。尽管如此，我认为这里有一个关键问题：如果我们无条件地认为我们与哈马斯这样的组织无法沟通，并因此使他们陷入孤立之境，那么为什么要进行跨宗教对话，宗教神学存在的理由是什么呢？当然，我们绝对无法接受哈马斯的暴行，但如果我们要解决涉及其信徒的冲突，就必须深化对他们的了解，了解他们的历史背景和意识形态(Tamimi，2007)。对于哈马斯的起源——穆斯林兄弟会来说也是如此。按照多元论模式，我们可以把创建了穆斯林兄弟会意识形态基础的库特布列入排他主义者范畴。即便如此，我的问题是：“库特布为何确定西方世界处于蒙昧状态?”如果库特布的看法影响了今天许多伊斯兰主义者，我认为有必要透过宗教神学角度来探讨他见解的意义。毋庸多言，理解事物是一回事，而证明其正确性又是另一回事：我们应该清晰地界定两者。

事实上，大多数多元论者都是自由学者和信徒，参加他们主持的集会的也可能主要是持自由思想的人们。认同启蒙运动价值观（例如包容和相对论价值观）的人们能够轻松愉快地相互交流，这再自然不过了。但是，我们不能避繁就简，而是应该探索如何与那些被认为难以交流的人们进行沟通。有着西方自由思想的人们常常认为排他主义者落伍、跟不上时代。然而，我们应该抵制这种说法，关注排他主义者所反对的西方和现代价值观的特点。如果我们不能确定这些因素，就无法与他们进行可靠的沟通。

尽管人们认为宗教多元主义在促进跨宗教对话方面行之有效，事实上这只在西方世界奏效。例如，我们不能将多元主义当做中东地区的理想对话模式，在那里人们常常认为多元论者对自己的宗教缺乏了解和自信，因而也就容易逃避其他宗教具有的具体的、排他的观点（Abu-Nimer et al.，2007：14—15）。多元主义同时也遭到了佛教团体的尖锐批评。在论及宗教多元论者所倡导的范式转换时，一位佛教徒学者写道："这样一种自负的言论几乎让我无语。我能说的只是：世界上最宽容的宗教竟然将宗教多元主义凌驾于'终极神圣现实'，让它遭诅咒吧！"（Hakamaya，1990：126）

这样激烈的反驳足以要求当今社会批判性地思考迄今为止只在西方神学界广泛讨论的多元主义模式是否适用于非西方世界。为了更好地讨论这一问题，本文在考察伊斯兰教和日本宗教观点的同时，批判地分析宗教多元主义模式及其世界观基础。

为了分析多元主义模式的相关问题，必须更深层次地考察三种类型——它们都清楚地反映了理解基督教和其他宗教的基督教模式。首先，我将从基督教视角讨论基督教与其他宗教的关系，这一讨论主要关注救赎问题。事实上，这些类型同样适用于非基督宗教，并且已得到运用。不过，在非基督宗教里几乎看不到严格意义上的多元论者，这一点令人深思。

三、排 他 主 义

排他主义者认为基督教与其他宗教存在本质上的区别。为了强调区别，他们通常倾向于使用二元对立的词汇，比如善与恶、光明与黑暗、生与死等。传统的传教工作通常强调基督教的绝对性，排斥其他宗教，并要求非基督教社会服从基督教。

天主教会向来持有“教会之外无救赎”这一观念，但天主教绝对不是被归入排他主义的唯一基督教教派。然而，我们应该注意，自从梵蒂冈第二届大公会议（1962—1965）以来，许多天主教神学家们已经不再坚持排他主义。事实上，现在不少保守的新教教会比罗马天主教会更加排斥非基督宗教。在冷战期间，许多保守派新教徒对反对共产主义表现出了很大兴趣；自从冷战格局瓦解后，他们的传教兴趣转向了伊斯兰世界。此外，某些基督教教派，包括美国最大的基督教教派——美南浸信会——将使犹太人皈依基督教纳入其传教政策目标中，因此遭到犹太团体的指责。近年来，人们开始批判为了实现促进宗教皈依这一隐秘目的而进行的人道主义援助活动。

尽管主流教派和自由神学家反对排他主义，某些教派仍然以各种方式坚持排他主义。这些教派的神学特征如下：

（1）排他主义者认为基督教与其他宗教之间存在差距，并且这种差距无法弥合。换句话说，他们认为基督教的上帝的启示比其他任何宗教启示或真理更加优越，再者，基督教启示与其他宗教启示之间不同的认识论将两者归入不同的范畴。这一教会主义观点强调教会是上帝神启接受者的权威地位。

（2）排他主义者的观点以《圣经》的权威性为依据。排他主义者们经常引用的《圣经》章节有：“除他以外，别无拯救；因为在天下人间，没有赐下别的名，我们可以靠着得救。”（《使徒行传》4：12）；还有“我就是道路，真理，生命。若不借着我，没有人能到父那里去”（《约翰》14：6）。排他主义者认为即使用最自由的圣经诠释，耶稣的独特性及其生命、受难和复活的普遍意义也不能被相对化。换句话说，他们仍然漠视进入现代以来累积起来的大量《圣经》知识，并在大多数情况下恪守《圣经》的字面意义。20世纪初的基督教原教旨主义者将这一《圣经》解释传统一直传递到今天的保守派手中。

（3）至于救赎，排他主义者非常强调基督论。他们信奉基督中心论：只能依靠基督而非任何其他的神获得救赎。在排他主义者的神学认识中，与他们对《圣经》的幼稚解读相比较，以基督为中心的救赎论的结构相对复杂。确切地说，他们经常求助于卡尔·巴特(Karl Barth)倡导的以基督为中心的救赎论，把它当作神学推论的基础。

(4) 对于排他主义者们来说，与非基督教徒对话的最终目的就是向他们传达福音。“所以你们要去，使万民成为门徒。”(《马修》28：19)这一富有代表性的使命促使他们从事传教活动。

四、包 容 主 义

尽管广义上的排他主义者的历史几乎与基督教历史一样悠久，直到最近自觉的包容主义者才登上历史舞台。梵蒂冈第二届大公会议上发布的宣言《在我们的时代》宣称天主教不排斥非基督教中真实和神圣的东西，从此开辟了跨宗教对话的新时代。20 世纪 60 年代以来，新教教派发起的一系列促进跨宗教对话活动主要由世界基督教教会联合会(World Council of Churches)领导。尽管世界基督教教会联合会更好地了解非基督宗教所做的努力是包容主义者反对排他主义者的产物，他们确实稳固建立起一套跨宗教对话的方法论。然而，在促进跨宗教对话的时候，他们并没有同等关注所有宗教：由于欧洲成员国的影响和其他原因，世界基督教教会联合会更感兴趣的是与伊斯兰教而非其他宗教的对话。天主教会对待跨宗教对话的态度也是如此。

包容主义者的神学特征如下：

(1) 包容主义者坚持认为，救赎既可以从非基督宗教中获得，也可以从基督教中获得，但这应该归功于基督教上帝的普世力量。换句话说，在包容主义者的神学认识中，他们想当然地认为只存在一个上帝，只是这个上帝在不同宗教里被冠以不同的名称而已。

(2) 和排他主义者一样，包容主义者也根据基督论来解释救赎。排他主义者的解释是认识论的，包容主义者的解释则是本体论的。换句话说，排他主义者认为，如果觉察不到耶稣基督的赐福，人们就不能获得救赎。而包容主义者从本体论角度出发，认为即使人们没有觉察到上帝的赐福，但人们已经通过上帝对全人类的赐福而获得拯救。普遍意义上的救赎论即来源于这种思想。

(3) 包容主义者的确也认可其他宗教中的真理，但他们认为这样的真理只是基督教徒们所掌握的权威真理的一部分，或者是一种不完整的形式。对他们来说，只有基督教中才存在终极真理，基于这个原因，基督教比其他所有宗教更加优越。非基督宗教的价值取决于它们的真理在多大程度上与基督教真理一致。这意味着基督教与其他宗教之间存在重要差别，但这一差别并不导致排他性，而是被包容的、等级式的关系所取代。次要的信仰位于该等级的低端，所有信仰都受到处于等级顶端的一个复杂而非凡的实体——基督教——的控制和监督。

五、多 元 主 义

多元主义在排他主义与包容主义之后出现，它批评前两种类型中所固有的观念，即基督教优于其他信仰。在宗教神学领域，引导现今多数讨论的是多元论者和包容主义者。多元主义者过去的讨论包含以下常见观点：

(1) 宗教多元主义是不会也不应该被任何单一宗教所取代的永恒现象。

(2) 每一种宗教都包含独特的真理。尽管如此，并不是所有宗教都具有救世意义。

(3) 没有宗教具有最终的、绝对的或普适的真理。

(4) 对于基督教徒来说，耶稣具有特殊意义，但人们不应该把这种特殊性与排他的优越性和超越性联系起来。

尽管多元论者们共同持有这些观点，有一个问题仍然存在争议。多元主义应该源自一个起源，还是两个或多个起源呢？多元论者的一个代表人物约翰·希克(John Hick)提出了“实在者”(“the Real”)的概念，并坚持认为“实在者”是超越了任何宗教神祇的“救世主”

(“the One”)。在他看来,“多元主义”意味着存在许多通往“救世主”的不同道路,从这一意义上说,每种宗教只代表全部真理的一个有限部分,并因此相互补充(Hick, 1985)。包括印度神学家雷蒙·潘尼卡(Raimon Panikkar)在内的人认为,多元主义不需要统一,因为多元主义本身就代表了最终现实的结构(Panikkar, 1981: 29)。马克·海姆(Mark Heim)也批评希克的多元主义观点是一个建立在西方价值观上的元理论,并认为我们必须接受多元主义救赎和多种正义(Heim, 1995: 6—7, 30)。

六、审视多元主义模式:取代论

学界已经指出多元主义所固有的许多问题,在宗教神学领域内关于类型的问题也被反复讨论过(D'Costa, 2009)。有些人认为前面描述的三种类型不能客观反映复杂的现实,因此需要更多类型。例如,尼特(Knitter, 2002)修改了传统的三种类型,并试图提出第四种类型。为了简明起见,这里不进一步讨论这个问题;我仅强调基督教徒使用三种类型来考察自己与其他宗教之间的关系时,意识到跨宗教对话重要性的大多数自由神学家是赞同多元主义的。就像前面所提到的那样,多元论者反对相信基督教更具优越性的排他主义和包容主义。

只要这一多元主义模式用于基督教的自我反思和自我批评,它就是一个有用的神学范畴。然而,尽管多元主义模式的目标是平等对待所有宗教,但是这个模式最终把不同宗教放置于一个等级式发展框架中:对于非基督宗教,包容主义优于排他主义,多元主义优于包容主义。对于这种观点,我们要非常谨慎。

因为所有这些类型都反映了基督教对自身的认识和对其他宗教的认识,所以从对比宗教的角度看,这些类型可以有效地运用于救赎论。但是,当我们给这些类型进行排序时,就会出现一个严肃的问题。简单而言,就是取代论的问题。取代论认为新观点取代旧观点,并且让旧观点失去本身具有的重要性。这个过程类似科学界的范式转换。例如地心说被日心说替代是一个重大的范式转化，一旦日心说理论建立了，地心说论就成为无用、迷信的观点。科学界旧的范式被新的范式完全取代是常有的事。可是宗教界新的范式的出现并不意味着旧范式的消失：它们经常共存。与科学领域不同，在宗教领域，我们不能断定新观点总比旧观点优越。

然而基督教从一开始就倾向取代论。我们可以从犹太教和基督教的关系中看出这种倾向。从《新约》的《希伯来书》和其他章节可以看到，“犹太教”或“古以色列”这个概念被“基督教”或“新以色列”的概念取代。犹太教圣经被称作“旧约”，人们认为“新约”取代了“旧约”。尽管基督教认为旧约和新约都是圣典，我必须说两者在救世论方面具有等级之分。这种基督教取代犹太教的论点可能是欧洲社会反犹太主义的原因之一。因此我们可以说取代论不仅影响神学讨论，而且还影响全社会。有鉴于此，我们不应忽略多元主义模式内含有的取代论。不用说，取代论也对排他主义模式和包容主义模式产生影响。

另外，多元主义模式的倡导者是否意识到取代论的问题？我们可以说，起初他们并没有意识到这个问题。可是最近在回应各方对多元主义的批评时，多元主义者的代表保罗·尼特(Paul Knitter)提出了新的类型。他的论点试图解决传统多元主义理论的一个基本问题，即多元主义将自身置于等级中第一位的问题。尼特提出四种类型：替代模式、完成模式、相互模式和接受模式，并努力赋予每个模式具体的神学意义。简单而言，替代模式、完成模式和相互模式分别与排他主义、包容主义和多元主义对应。尼特在回应多元主义无异于相对主义和帝国主义这一指责时，指出接受模式指接受自然的多样性和差异性。以乔治·A. 林德贝克(George A. Lindbeck)的《教义的本质》(*Nature of Doctrine*, 1984)中的语言的不可通约性方法论为基础，尼特提出了这些类型。尼特的尝试是当今宗教神学的成就之一，值得人们关注。

但是，尼特提出的模式能克服取代论的问题吗？在其结论中，尼特鼓励以行动为基础的合乎道德的跨宗教对话，主张无论信徒依赖这四种模式的哪一种都能加入这样的对话(Knitter, 2002: 245)。尼特反复提到的一个术语是“跷跷板式平衡”，大概是指我们讲到诸如和平、正义、环境等人类普遍关心的问题时，如果对他提出的四种模式都有所了解，那么宗教之间的争斗就能解决。但是，我认为他的观念是另一种形式的多元主义。尼特的类型不同于传统的多元主义模式，基本上不存在孰优孰劣的问题。但是尼特的逻辑迎合了那些接受四种模式（动态）等效的自由主义者，我怀疑这种逻辑是否能鼓励那些压根就不愿意坐上跷跷板的人（排他主义者）和坐上跷跷板、重量压倒另一端的人（包容主义者）。尽管尼特巧妙地用新类型回应了对多元主义的指责，不可否认的是，取代论这个问题依然存在。

接下来我要讨论过去一直被多元主义否定的包容主义和排他主义的积极意义。

七、再谈包容主义

基督教包容主义的最核心特征是发现其他宗教的真理，同时将这些真理吸收进基督教中。我们也能在很多非基督宗教中看到这样的包容主义。很多日本新型宗教赞成宗教融合，并在教义中夸耀说自己的宗教杂糅了各种宗教传统。换句话说，它们在本质上是包容的。以起源于日本神道教的新型宗教大本教（*Oomoto*）为例，它认为“每个宗教都有相同的根源”。一些大本教信徒认为他们的神与真主安拉是同一个，并且非常同情穆斯林。

鉴于包容主义具有培养对其他宗教正面兴趣的渠道，简单拒绝包容主义的思考方式并不明智。包容主义让我们认识到每个宗教的信徒只有用自己宗教的语言和理论（即每个宗教都有不可通约性）方能意识到本教与其他宗教的关系。由于这些原因，我们应当把包容主义看作是理解其他宗教的基本手段。

最近几年，佛教界也开始讨论宗教神学提出的问题，我认为他们可以参考包容主义的思考方式。例如，克里斯汀·柏斯·吉卜林格（Kristin Beise Kiblinger）指出：尽管一些佛教研究融合了比较宗教的观点，但是很少有人从佛教观点研究宗教神学中的排他主义、包容主义和多元主义模式。以此为基础，吉卜林格努力研究最与佛教语境兼容的包容主义的意义(Kiblinger，2005：2)。

我们可以说日本神—佛教的融合有助于建立日本神道教的神和佛教的神的相互关系。这种融合背后的思想体系基础是“显示理论”(*honji suijaku*)，它在中世纪早期出现，以佛教为中心，认为佛陀作为最原始的神选择以神道教的形象示人(*buppon shinshaku* 范式)；中世纪后期，这个理论出现逆反，变成以神道教为中心，认为神道教的神是最原始的神，只是也同样选择以佛祖的形象示人(*shinpon butsushaku* 范式)。在多神论和一神论世界，区分原始神及其化身并且将两者关系理论化是常见的意识形态。尽管“显示理论”存在不足，但不乏积极因素。我觉得这个理论从佛教中心论和神道教中心论发展而来，为两种宗教相对友好的共存关系提供了良好的基础。

明治时期，作为全国现代化政策的一部分，日本政府禁止神佛教融合，而是推进神道教和佛教的分离。结果，佛教失去了神佛教融合提供的理论支撑，突然陷入一种低下地位。佛教不得不和包括基督教在内的其他宗教竞争，以证明自己对于国家意识形态的服从。因此，前现代时期发展的包容主义或者神佛教的融合被另一种包容主义形式替代，即现代时期与国家意识形态的融合。如果在分析时纯粹赞成多元主义，完全拒绝所有的包容主义，我们将无法全面理解国家与宗教的复杂关系。

八、再谈排他主义

传统的多元主义模式对“排他主义”这个词和其他称法持否定态度。为了避开这个恶名，我们在一般语境下应小心谨慎使用这些术语。分析具体问题时，我们应避免将“排他主义”用作一般或客观的术语：相反，我们应使用描述每场独特的宗教运动的主观性词语。这是因为广义的“排他主义”概念或者其他称法常使分析者忽略宗教神学的细节问题。有鉴于此，我们可以认为“排他主义”在抵制压迫、反抗暴力统治和文化侵略方面发挥了重要作用。

在基督教方面，现代主义催生了基要主义，促使人们努力探讨，甚至有时候去追溯信仰的基本准则。其他宗教在面对现代化和世俗化的冲击时，或者很多情况下面对殖民统治时，也开始追问信仰的基本原则。如果我们要批评并且指明以西方价值观为基础的现代性问题，我们就不应该仅仅将排他主义者重新发现并拥护的信仰的基本准则的努力视作前现代的，正如安东尼奥·内格里（Antonio Negri）和迈克尔·哈特（Michael Hardt）曾经雄辩地指出的：

> 基要主义的反现代化努力与其说是前现代的工程，不如说是后现代的项目。我们首先要从基要主义拒绝把现代性当作对抗欧美霸权的武器来认识其后现代性。在这点上，伊斯兰基要主义确实是典范。（Hardt & Negri，2001：149）

尽管我们不能机械地把基要主义等同于排他主义，但在广义上许多被定义为排他主义的人能够被看作是基要主义者，他们明确反对自由的现代价值观。尽管上面引文中提到的“伊斯兰基要主义”被描述成批评西方现代性的一个后现代实体，但是由于大部分多元主义者都持有现代价值观，传统的多元主义模式对“伊斯兰基要主义”的观点却几乎一无所知。因此主要来自非西方社会的许多思想家提出的下面这个问题就一点都不足为怪：尽管有着聪明的伪装，但最终多元主义模式难道不是西方强加的剥削性观点吗？（Knitter ed.，2005：28）过去，非西方国家被视作西方文明的受益者。基于这个事实，我们可以得出结论：早在多元主义模式建立之前，取代论已经与帝国主义和殖民主义一起在西方文明中根深蒂固。充满悖论的是，如果我们要证明多元主义模式比取代论好，我们就有必要详细考察常被多元主义认为最无价值、最过时的模式——排他主义。

重新认识排他主义并不意味着要为它正名。只要排他主义涉及任何形式的暴力，它就永远站不住脚。然而，很多时候，正如巴基斯坦的塔利班和巴勒斯坦的哈马斯证明的，找到某些组织（如恐怖分子和武装组织）并将它们驱逐出境通常不能彻底解决问题。暴力集团对它们参与的持续暴力事件和冲突并不负全责。我们寻找暴力的起因时,只注意引起暴力的外部因素是错误的。我们需要认真分析结构性暴力,找到促使暴力集团选择采取暴力行动的内在因素。如果我们仅仅将某些集团贴上暴力标签并试图用武力去消灭它们,我们就没有机会分析它们选择暴力行动的动因以及如何防止暴力冲突再度发生。

在上节"再谈包容主义"中,我提到了现代日本的宗教与国家的包容关系。这里我简略地说一下排他主义群体如何应对民族主义的兴起。德国纳粹主义的兴起催生了反抗力量,例如认信教会(Confessing Church)。被传统多元主义模式认作排他主义的代表人物卡尔·巴特对纳粹主义进行最严厉的神学批评,这也绝非巧合。尽管以极强的适应社会变化能力著称的自由神学的倡导者以及认为家庭、种族和国家是上帝的特别创造的"创世秩序神学"的倡导者们很容易服从国家意识形态,但是卡尔·巴特和其他正统神学家及认信教会的信徒以最尖锐的方式批评国家"绝对主义"的神学问题。《巴门宣言》(Barmen Declaration, 1934)是这种批评的代表。

那日本的情况又是如何呢?绝大部分日本基督教徒曾经被现代国家意识形态同化。不过我们应该记住,在这些基督教中,比起自由的新神教研究者们,忠于圣经、笃信正统基督教义的信徒(排他主义者)相对而言对民族主义更有免疫力。

多元主义者经常批评排他主义过时,但正是这种排他性使他们免于卷入席卷全国的民族主义浪潮。排他主义的这一特点值得肯定。尽管宗教神学的主要兴趣是关注宗教问题和宗教间关系,我们应该非常清楚的是,一些表面看来是非宗教教义的,例如位于宗教领域之外的教育敕语和国家道德规范,也拥有类似宗教的力量:严重影响和限制宗教,甚至摧毁宗教的根基。

结　　论

以上,我已经讨论了包容主义和排他主义的现代意义。当然,这些类型依然存在问题。包容主义者和排他主义者最应该注意的是如何避免陷入盲目地证明自己的教义是正当的或者认为自己的观点绝对重要的陷阱。只有当他们能意识到“其他”观点存在时，才能避开这样的陷阱。

我用的“其他”这个词不仅仅指除我们以外的其他人，还指不能被预测、无法控制以及不受我们随意支配的任何事物。在这种意义上，我们可以说上帝是一切“他者”的根源。那些忽视上帝和人类的“他者”特征的人一直处在并最终陷入绝对主义的危险中。换句话说，不能接受“他者”的“他性”的人容易认为自己更具优越性。为了避免这种危险，我们需要发现道德立足点，在大量相对的价值观中建立平衡。基于此，以漠视他者的取代论为基础的多元主义模式不能充当宗教间对话的最终目标。

多元主义内在的问题不仅涉及宗教研究，而且影响人们理解具体政治和文化形势的能力，还影响到一个人的世界观是否推动或阻碍对现代性的探索。因此，在这篇文章的结论部分，认识现代日本形成时期基督教拒绝与之对话的“其他”团体是很有意义的。

日本明治时期早期，民间宗教被排除到宗教范畴之外，并受到压制。民间宗教无法参与宗教对话，仅仅被当作需要被基督教取代的迷信，甚至更糟糕的是，他们从一开始就被基督教忽视。只有像佛教那样的宗教信仰，即使与基督教对抗，也被认为有资格被称作“宗教”，允许与自认为是“宗教”典范的基督教对话，现在很多被称作“新灵性”的日本风格的信仰都能在民间宗教中找到历史根源（Shimazono, 2007：59,65），然而它们很少被看作能够进行宗教间对话的团体，也没有作为宗教神学的主题得到认真研究。

从跨宗教对话的“皇家道路”来看，民间宗教或许无足轻重。然而我们需要额外注意的是，“故土”（*patria*）这一与人民生活的土地密切相关的词与这样的民间宗教紧密相连。对于一个为了生存要求分隔个体故土的现代国家，作为故土的载体的民间宗教受到了最严重的威胁。明治时期早期，日本政府以可能扰乱政府和维新政策为理由，禁止包括传统日本盆舞在内的民间宗教，这就是明证。

当现代日本基督教对民间宗教漠不关心、轻率地把民间宗教归为“非宗教”的迷信时，基督教失去了与扎根本土的故土进行各种联系的机会。这种情况反过来最终提升了故土的地位，使它们成为国家或超验的“想象社会”(Anderson，1991)。由于日本对第二次世界大战前的所作所为感到后悔，第二次世界大战后基督教得以改善与政府的关系，只是其方式是“反国家”、“不爱国”的。当然，只要基督教一直在世界上充当先知的角色，基督教的这种态度是有充分的圣经依据的。但是，即使在战后时期，并且直到今天，日本的基督教继续维持与政府的交恶关系，因此无法找到与故土进行对话的机会。

或许很多基督徒会羡慕或轻蔑地看待日本近年来的精神繁荣。如果这种繁荣的精神叙事不只是激发人们对于商业利益的兴趣，还能唤起人们对于含有本土精神的故土意识，我认为我们可从精神叙事中找到日本神学家们研究的主题，宗教神学也可从中找到关注点。如果我们要把到目前为止看似与传统宗教神学如影相随的西方中心论的取代论有效地相对化，我们必须在非西方社会语境中重新阐释宗教神学——换句话说，将宗教神学与具体背景下的神学结合起来。只有这样做，我们才能找到建立跨宗教对话的方式，建立摆脱取代论陷阱的宗教神学。这篇文章之所以探讨现代日本的逻辑以及基督教和其他一神教宗教背后的逻辑，目标之一就是找到这种方式。

在日本，这项任务包括寻求实现宗教间对话的多种方式(考虑那些类型)，反省地追溯历史，以便找到并考察被剥离出“宗教”概念的传统。如果我们不重视这项工作，急匆匆去讨论“后现代性”和“后多元主义”，我们可能会提出令一些自由主义者满意、但本质上却是一种新形式的取代论。历史上，现代日本的“宗教”概念一直在演变，其中一个极端是国家道德规范和帝国政府体系意识形态被当作秩序的原则，甚至超越“宗教”。另一个极端则是反对民族秩序原则、被当做“迷信”遭到压制的“民间宗教”。通过重视现代时期被忽略的这些因素，研究宗教政治，我们能够重新审视现代日本，也能重新认识全球社会中仍在探索自己的现代化模式的国家和地区。

参考文献：

1. Abu-Nimer, Mohammed et al. (2007), *Unity in Diversity: Interfaith Dialogue in the Middle East*. Washington, D. C.: United States Institute of Peace Press.
2. Anderson, Benedict (1991), *Imagined Communities: Reflections on the Origin and Spread of Nationalism* (New Edition). New York: Verso.
3. D'Costa, Gavin (2009), *Christianity and World Religions: Disputed Questions in the Theology of Religions*. Malden: Wiley-Blackwell.
4. Hada, Tadashi (2005), *Isram sekai no sozo* (Creation of the Islamic World). Tokyo: University of Tokyo Press.
5. Hakamaya, Noriaki (1990), *Hihan Bukkyo* (Critical Buddhism). Tokyo: Taizo-shuppan.
6. Hardt, Michael and Negri, Antonio (2001), *Empire*. Cambridge: Harvard University Press.
7. Heim, S. Mark (1995), *Salvations: Truth and Difference in Religion*. New York: Orbis Books.
8. Hick, John (1985), *Problems of Religious Pluralism*. London: Palgrave Macmillan.
9. Kiblinger, Kristin Beise (2005), *Buddhist Inclusivism: Attitudes Toward Religious Others*. Burlington: Ashgate.
10. Knitter, Paul F. (2002), *Introducing Theologies of Religions*. New York: Orbis Books.
11. Knitter, Paul F. ed. (2005), *The Myth of Religious Superiority: A Multifaith Exploration*. New York: Orbis Books.
12. Kudo, Yoko (2003), *Yoroppa Bunmei Hihan Josetsu: Syokuminchi, Kyouwakoku, Orientarizumu* (Critical Introduction to the European Civilization: Colony, Republic and Orientalism). Tokyo: University of Tokyo Press.
13. Panikkar, Raimon (1981), *The Unknown Christ of Hinduism*, revised edition. Maryknoll, New York: Orbis Books.
14. Shimazono, Susumu (2007), *Supirichuariti No Kouryu: Shinreiseibunka To Sono Syuhen* (The Rise of Spirituality: The Culture of New Spirituality

and its Surroundings). Tokyo: Iwanami-shoten.
15. Tamimi, Azzam (2007), *Hamas: Unwritten Chapters*. London: Hurst & Company.

小原克博,日本京都同志社大学教授,一神教研究中心主任。著有《宗教政治——日本社会与一神宗教世界的相遇》(2010)。(张凤梅译)

宗教多元主义的逻辑与印度文化

迪利普库马尔·莫汉达

我们所有人,无论有着何种信仰,都一样是印度的子女,并且拥有平等的权利、特权与责任。

——贾瓦哈拉尔·尼赫鲁(*Independence Day Message*, 15 August 1947)

本文旨在以印度为例,阐释宗教多元主义的逻辑。本文由三个部分组成,首先在"我与他者"的语境下讨论宗教多元主义的逻辑,其次在丰沛的印度文化多元主义和宗教多元主义的实践中对多元主义本身进行追本溯源,最后阐明这一逻辑在当下印度的重要性。作为一名哲学学者,我的方法主要但不完全是观念性的。今日印度之文化圈,甚爱培育一种针对西方的批判性开放态度以及一种特殊的文化身份,这种身份主张调和"对立面",诸如印度和西方、宗教与科学等。

对世界上的主要宗教之历史的研究表明,所有的宗教均来源于人类对绝对的神圣实在(reality)直接或者间接的体验。除此之外,这类体验也被理解为神秘体验。当通过语言来阐明这类神秘体验时,社会文化环境以及历史观念当中的符号以及象征是有所助益的。当其以一种意志力的形式呈现时,这种神秘体验则有多种形态,诸如礼拜、仪式、神圣侍奉等。所有的宗教传统都与认知的、情感的以及意愿的因素相关,上述三者则与三个基本实体相互联系,即个体、世界以及超越实在。除了认知与意愿的方面,人们在任何宗教信仰中皆有着情绪化的诉求，这种诉求使他们将信仰视为一种特别的宗教生活方式，这便是“终极关怀”。这里的问题因此是：如何克服不同信仰之间的明显冲突？是否有一种哲学的模式可以使我们应对这样的挑战？准确地说，这便是宗教社会学与宗教哲学所面对的问题。多元主义的逻辑在这里意义重大，它提供了一种关于宗教多元性的解释，同时又没有将任何宗教视为不充分的或者次等的而损害他们。它在宗教的语境中开启了一个“我与他者”之理解的新领域。

宗教的多元性，简而言之，意味着一种多样性的事实。但是宗教多元主义的意义则更深于此。它更多地是一种面向宗教多样性的“积极实践”与参与。“多元主义寻求培育这样一个公共领域，在这个公共领域中，我们都将会遭遇到彼此……与一个多元主义社会的邂逅，并不寻求获取共识，而是奠基于建立相互之间的联系。”①所有的宗教作为纯粹的精神，着眼于一个崇高的目标，并且诉说着一种训练个人内心与身体的道德戒律，以及通过爱的纽带、手足情义、怜悯和共鸣等方式，使人们互相团结。就这个意义而言，宗教与纯粹理性并无冲突，后者寻求在互相对立的观点和立场之中实现和谐的途径和手段。但是我们所面对的挑战是学会如何与现代社会中的多元主义共存。为什么每个国家中的宗教多样性的特征，不应当在这个互相依存的世界中被视为一种劣势而应被视为一种优点呢？

不幸的是，当下我们所处的正是一个原教旨主义者以及恐怖主义者以宗教之名广受注目的时期，而这两者拒绝了纯粹的理性、宽容、现代的进步观念以及自由之思想，并进而推崇所有的知识都可以从他们的宗教圣典中找到，这种想法很显然牺牲了宽容与多样性。他们很渴望加强小团体的身份，而不是一个完善发展的社群精神。在这样的世界图景中，印度的多元文化以及哲学的精神对整个世界来说是重要的。它所推崇的是，当启蒙的真谛撞击那个密不透

① Daina L. Eck, *A New Religious America*, San Francisco: Harper, 2001: 383.

风的宗教教义之墙时，当你身处宗教信徒的狂迷包围之中时，或者当你恰恰是这种狂迷的敌人时，一名哲学家有责任发出异议之声、展开批判以及再思考。他承认对于一个问题而言，许多基于不同立场的回答皆是可能的。并且这将会一直为印度文化的多元主义铺设一条道路，开辟一片空间。我认为，奠基于强有力的文化多元主义之上的印度宗教多元主义是一个鲜活的例子。本文将尝试说明这一点。

一、文化多元主义与印度

几个世代以来，印度始终相信人类的灵性和理性。真正的灵性是指宗教可以通过爱与手足之情，使人们互相联系的一种真谛，将一个人的觉悟传递给其他人，为将他者视为一体提供了可能性。当权力政治统治了灵性，宗教藉由灵性的伪装，促使一个团体对抗另一个团体，并且将人们区分为“我们”和“他们”。不仅如此，通过神职人员制，宗教同时成为了剥削的一个主要源头，并且在一个多种宗教共存的社会里，宗教有时候甚至会在产生社会不和谐的同时，成为在一个多种宗教并存的国家(就像印度这样一个国家)中推动“持续发展”的绊脚石。然而，事实是，我们生活在一个互相依存的世界中，(但)这一点会经常被傲慢地忽视。

就宇宙论之层面而言，我们都是“上帝”的子女，这昭示了一种真实的灵性。忘记我们真正的灵性本质，我们将会以“文明冲突”之名，拼死为了信仰而争斗。在当今世界，一些西方学者认为在基督教世界与伊斯兰世界之间必有一战。但是在真正的灵性之光的照耀下，这种主张仅仅是国际政治中一次“耸人听闻”的实践。在这种情境下，这种实践根植于一种二元划分逻辑的排他性信仰之上。这种对宗教的生活方式进行划分的心理学基础，是视自己的信仰是高于他人的，且是唯一真实的。然而，随着信息科学技术的进步，当今世界在很大程度上变成了一个地球村，而我们也越来越依赖于彼此，这不仅是为了可持续的发展，更是为了我们自身的生存。我们确实有着由于滥用自然资源而造成环境恶化的共同担忧。[①] 所有的宗教教导都强调限制对环境的开发利用,以及在整个世界公共体中展开多方合作是我们生存的关键。谁又能否认,源于宗教的政治性误用,是阻碍我们发展与幸福的一个主要原因呢?

我们忘记了同一个真理,同一种光明是可以以不同方式,从许多盏灯中散发出来的。政治家首先制造了一种恐惧的气氛,尤其是在社会中的弱势群体当中更是如此,然后,他们以拯救者的姿态出现,并且以安抚大众为手段,轻易获得了政治权力。他们不相信真正的灵性,这种灵性试图通过"债务蓝图"(debt-blueprint)的方式解决"我与他者"的对立,这一努力是为了实现社会生存,并且提倡尊重基于多元主义的宗教民主。这正是印度宗教的一个现实,我们看到一种对纯粹灵性和纯粹理性的融合——一种通过理性化以及调和精神价值的方式来消弭明显对立的观点。印度的文化,就此而言,是一个真正的灵性与纯正的理性的例子。

宗教对抗且排他性的观念,是建构在一种"某事或者是正确,不然就是错误"的逻辑之上的。任何在这些互相排斥的立场取中立立场的可能都被排除了。这种逻辑将宗教的世界理解为"我与他者",或者"我们与他们",又或是"水与潮汐的划分主义"的关系。如果"你或者你们不站在我或者我们这边,那你们就是反对我们"。从历史的维度来说,"印度一直以来都是一片充满对立观点的大陆。这可能是因为印度人拥有一种针对身份认同的基本观点"。不同的观点与宗教生活方式的共存,似乎是在印度这片土地上针对不同的可能性所展开的一种实验。它不仅仅是容忍甚至是接受了他者。在经典的印度哲学中,反对者的角色是受到高度尊敬的,并且理性的观念在形塑

---

① 值得一提的是,恩格斯曾经对人性有过警告,与西方占主导地位的宗教人类中心主义思想(这种思想认为人类具有控制和利用包括自然在内的他者的权利)相左的是,他说道:"让我们不要对我们对自然所取得的胜利感到沾沾自喜。这是因为我们对自然所取得的每一个胜利,都会遭致它的报复。这是真的,每一个胜利,在第一阶段都会带来我们想要的结果,但是在第二和第三阶段,情况就变得有些不同了,那些未曾被预见的影响非常容易使我们在第一阶段所取得的成果付之流水。"(*Dialectics of Nature*, Moscow, Progress Publishers, 1974: 180)

印度文化的方面扮演了一个十分关键的角色。它所宣扬的是一种社会关系中的责任或者债务的模式，而不是权利的模式。在印度，一个崇高的人类社会意味着一种“我能给予他人什么”的模式，而不是“他人能给我什么”的模式。

印度是一个多元主义的国度——这表现在它的服装、食物、语言、宗教、地理和观点中。亨廷顿在他的《文明的冲突》中将印度视为一个单纯的印度教文明的国家是具有误导性的。[①] 它所实行的宗教多元主义在政治场域中甚至都是鲜活的。印度有过两名非印度教徒的总统，一位是锡克教徒，另一位则是穆斯林，它还有一位副总统是穆斯林，当下，它有着一位穆斯林副总统和一位信仰锡克教的总理。伟大的孔雀王朝的阿育王，尽管是一名佛教徒，但他总是力图在诏书以及精神的层面上尊重宗教多元主义。他的石刻诏书中的第 12 块石板揭示了其不仅仅只面向某一特定的宗教共同体。阿育王所使用的“律法”(dharm)一词，具有亲和性与清晰性，并传达了亲善、慈爱、尊重他者观点和生活方式以及非暴力的含义。“对我而言，更重要的是，(我们)可以从中看到所有信仰的真谛能够在这片国度上繁荣兴盛——这是我的一个特殊愿望，(我希望)所有的宗教或者其追随者都应该了解其他宗教教义的精髓，并以此完善自身——我希望藉由我国政府中的不同部门的努力，每个人以及持有不同信仰的信徒间的互相尊重与宽容可以实现，而那盏至高的道德之灯也将会被点亮。”[②]在阿克巴(Ākbar)统治时期(1542—1605)，由国家来保证“没有人将会因为宗教的原因而受到侵犯，是一个被明确确认的责任，任何人都被允许追随任何一个能够使他感到满足的宗教”。[③] 甚至顺世派(路伽耶，Lokāyatas)——不可知论者以及无神论者也为印度的文化贡献良多。就闪米特人的宗教团体而言，一个规模很大的基督教

---

① Amartya, Sen, *Identity and Violence*, Penguin, 2006：64；近年来，我们发现了这种威胁的一些新的形式。阿帕纳·珊(AparnaSen)的《艾耶夫妇的旅程》(*Mr. and Mrs. Iyer*)或者曼尼拉特纳姆(Maniratnam)的《孟买》(*Bombay*)是那些反映我们这个时代之残忍现实和社会状况的启示性电影中的两部代表作。

② 我从 EngTr 之中节选了一部分。

③ Amartya, Sen, *Identity and Violence*, Penguin, 2006：64.

社团早在公元4世纪就把印度当做他们的家园了。一些犹太人在“耶路撒冷”陷落之后就定居于印度，琐罗亚斯德教则是自8世纪以来就开始活跃于印度的土地上，至于穆斯林，也是在伊斯兰教兴起几百之年后就来到了印度。泰戈尔把印度称为“一个朝圣之地，是多重文化细流的交汇之地”。各种宗教的细流与不同的文化支流汇聚在这伟大的印度文化的海洋之中。所有这些文化(支流)都为一种混合的印度文化的发展作出了贡献。印度文化的巨流既充满了同化的活力，也不断在“给予”和“汲取”，这是一个自远古时代以来与不同文化支流相持续交融的动态过程。这一和谐以及融合的伟大精神赋予了其自身以活力。

认为印度的宗教多元主义主张“所有的真理都是相对的，世上并没有绝对的实在”的看法是不正确的。实际上，多元主义的逻辑承认存在多种达至同一实在的可能途径，而每一条路径，就其自身能够获知实在而言都是充分的，因此，印度文化中各种宗教的和谐共存并不意味着相对主义。这一基于各宗教间和谐共存之原则的态度，是“真正的世俗主义”的基石，但它对宗教并不构成贬损，在今日之多元主义的社会中，我们不能简单地忽视它。尽管这一态度为宗教教派提供了空间，它并没有允许宗派主义之存在。不仅印度接受了多元主义这一事实，它同时也为其土地之上的多元文化主义敞开了大门。这一精神，可见于“梨俱吠陀”的祷文：“让所有神圣的思想从不同的方向涌向我们吧。”(*Rgeveda*：1.89.1)

实际上，我们的确可以从吠陀经典当中看到这一融合和认可多元主义的历史过程。雅利安文明融合了前雅利安、武神(Asura)、罗刹、达罗毗荼人以及其他当时存在的文明。印度文化的源流包括对其他文明之理解，在这个基础之上，这种理解发展为不仅仅尊重自身的信仰，同时也尊重他者的信仰。我们不能否认在印度的文化遗产中所存在的永不止息的辩论，它们是清晰或者不清晰的，是静态或者动态的。这或许可以与今日的“行为艺术”做一番比较，其特征是创新性与开放性。开放性与非终极化(unfinalizabiliy)是任何文化得以保持其活力和生命力的必要条件。这一开放性的原则在印度哲学中被推崇为“理念中的自由”。反对的声音所扮演的角色在印度哲学中是非常重要的，并且它的拥护者从未对持不同意见者的观点表示过不尊重；相反，这些反对之声试图在尊重对手之余（即使对方是少数派），用逻辑驳倒不同意见者的观点。这一尊重他者的方法论是印度文化民主的核心元素。这一辩论的文化逻辑使绝大部分的印度人民对传统在尊敬之余也会强调不完全依附于它。这使得他们在保持活力的同时，也可以从关起门来的教条主义的思考中解脱出来。

但是，与印度文化相关的另一个特点是，不像它的参照物西方那样，在其历史上的前殖民时代，印度从未更多地强调政治因素，而是聚焦于社会问题。由政治主导社会领域（这一趋向）是自殖民时期开始才变得越来越明显的，这也越来越危害到社会最初的和谐生存之道。具有相当程度文化异质性的印度人民相聚于印度这片土地上，在印度不停变化着的社会——历史观点的语境中，多元主义的概念被理解为一种可能的文化模式。除了关于权力集权化的元叙述之外，大部分的印度人民习惯于与不同的文化保持一种和谐的共生关系。历史地看，一种极端的文化从未被广泛地接受和实践。与此相反，形式各异的多元化是存在之真谛。印度文化的全息图为我们呈现了一副多样且富有创新性的图景。多元存在中所具有的离心力是明显的。自远古以来就存在着众多崇拜仪式，比如夜叉（Yakùa）、娜迦（Nāga）、乾达婆（Gandharva）、阿普莎拉（Apsarā）、紧那罗（Kinnara）等很可能就作为社会存在之无限的共生性的一个结果被神话了。就此而言，著名的佛经《义释》（*Niddesa*）就列举了一些关于非主流的低位神的文化论述。另一篇公元3世纪的佛经《大孔雀明王》（*Mahāmayurī*）也应被提及，当时混合了印度教与佛教的信仰正在迅速发展。而在今天，当我们需要考证印度文化中的多元主义时，我们也必须承认历史中多元宗教发展的时期是与权力精英们所倡导的文化一元论的官方说法平行发展的。

二、宗教多元主义与印度

印度文化多元主义的背景促进了宗教多元主义的繁荣。宗教多元主义，就像前文所提示的那样，可以假设在一个特定的历史背景中被解释为一个人就自然及社会环境所做出的回应，由此，不同的信仰（比如说不同的宗教）包括无神论在内，都可以被视为针对不同的自然和社会环境所做出的回应，同时，既然每种信仰对相应的信众来说都是有意义且重要的，它们都试图以自己的方式来理解现实。而现实是所有人的关怀所在，他们之间明显的矛盾和不同，就可以被归结为由他们不同的社会——文化以及历史的处境所造成的。就宗教多元主义的特定语境而言，我们更多地是与“他者”交谈而不是论及“他者”。与“他者”的互动由此变得有意义了。并且，这也使得我们将他者视作另一个可能的自我；这是一个交互性而不是替代性的逻辑，因此是具有可操作性的。

这样一种交互性，并不以“分离”作为其首要的逻辑。它引入了对话，使我们可以以不同的思考方式倾听不同的文化，这也反过来创造了一种更多地向他者学习的氛围。就此而言，这是一个融合的例子。它并没有宣扬一种抽象且忽视多元性的团结。这是一个心理学意义上个人参与的例子，也是一个由第一人称的意识延展至那被称为“他者”的例子。他者的非传统的方式和方法与我的是一样好的，差异之处仅仅是其在不同社会——文化以及历史语境中所产生的效果。所有的方式和方法之实现的条件都是同等充分的。多元主义的逻辑，因此不能是二元的价值观，而是多元的价值观。所有与宗教的生活方式相关联的“应该”都是在一定情境中才能成立的，并且具有一定的文化特殊性。因此，一种相对主义和非排他主义构成了这个宗教意义宣言的特征。它所使用的语言是象征性的。这种在宗教语境中的多元主义的“我与你”的理解原则并不允许我们将“一方视作与另一方相对立”；而（应该）是“一方是另一方的可能显形”——这两者通常是互补的。多元主义的逻辑帮助每一个宗教的信众互相理解，并且与严格且老套的体制化取向所不同的是，它使人们意识到就宗教表达的层面而言，任何宗教都是充满生命力和活力的。

印度文化之宏大的多元主义历史背景，形成了一种对宗教多元主义和多种信仰共存的强有力的支持。除此之外，正如信仰在结构意义上是与自然、人类和社会等俗世之领域的体验同步发展的一样，由于社会和心理环境的变动所做出的相应调整也是可被接受的。没有任何一个熟知世界上主要宗教的历史的学者会忽视这样一个事实：那就是仅有一个组织化的宗教是无法满足所有人类的需求的。这是由我们的需求、兴趣和能力的不同所造成的一个事实。因此，这个世界有着不同的宗教，就像台灯有不同的款式，尽管他们都发出同样的光芒。世界上所有的主要宗教都宣称其根基是一种神秘的体验，并且当这种宗教体验以一种更为明确的形式加以表述时，我们的多元主义的设想暗示，这种表述都获得了概念和象征等的帮助。那些被感知到的神圣体验，唯有采用受到文化背景与历史情境所影响的语言形式时才可以得到表述。就这一诠释的层面而言，其所使用的排他性语言经常是互相对立的。

但是，如果我们铭记宗教多元主义语境中的核心教义——它暗示了一种"超越自我"的方法，并采用了一种就神秘体验而言更合适的非限制性表述——我们就必须承认，没有任何宗教传统是可以以排他性的话语进行阐述的。它传递了一种信息：一个宗教的信众没有任何权利称其他所有宗教为一个错误。多元主义关于宗教的设想推崇一种面向他者的宗教，一种不仅仅关注自身宗教的态度。通过将宗教的道德考虑置于一个更广阔的且非限制性的多元宗教的语境中，它使某个特定宗教的风俗和行为模式相对化了。它表明了一种针对"他者"的直接体验，这种体验非常重要以至于我们很难对它漠不关心。这种关切之情是那个真正的灵性的特点，这种灵性教导人们为了"他者"牺牲自我的利益，并且将"他者"视为自身的一部分。

遗憾的是，在每个体制性的宗教内，几乎没有人可以发现这一真正的灵性，并且可以将心比心，承认他人的宗教与自己所信仰的宗教一样具有正当性。多元主义的话语因此不仅仅是关于异质性或者多样性的，而是一种积极的融入与参与。它强调的是交流、对话与争论，它要求我们与他者对话，而不是谈论他者。它并不排除或者贬低他者，而是宣扬一种在一个互信和互相接受的环境中展开对话，这也是辨喜(Vivekananda)与马丁·布伯(Martin Buber)所设想的情况。对马丁·布伯(Martin Buber)而言,宗教多元主义可以借助宗教间及宗教内的对话来予以加强,这种对话"传递了一种人类精神的真谛,当我们秉持一种尊重的态度倾听他者的声音并互相交流时,这将会在我们之间建立一条纽带"。[①] 每一个人都必须将他人视作与自身一样的存在。但是人类出于欺骗、贪婪和自私而非彼此之间的友爱,常常将他人看作是"它"而不是"他"。这就把人贬低成无生命的物。为了强调这种精神,坎特韦尔·史密斯(Cantwell Smith)有一次曾说过:"我是否是一个基督徒,请问问我的邻居。"

宗教多元主义并不意味着任何非限制性的相对主义。与此相反,这是一种积极的宗教间互动的且充满活力的过程。它不仅仅启发了同一宗教内,同时也促进了不同宗教间的对话,而不是仅仅鼓吹宽容。宽容,就这个意义而言,是一个妄语,因为这个词意味着"因为我是伟大的,所以我容忍你"。它传递了一种主宰他者的意思。谈论其他宗教所存在的问题,实际上,伤害并危及到我们自身的宗教。印度确实是当今世界上一个特殊的具有文化异质性的国度。毫无疑问,这一日益增长的灵性的以及世俗的"他者"对粉状结构(powder-structure)提出了挑战,这种结构时常站在绝对主义和排他性真理主张的一方。因此,我们在宗教的语境中实践多元主义的逻辑和精神是很重要的。

尽管在宗教化的印度大地上有83%的人是印度教徒,7%—8%的人是穆斯林,3%—4%是基督徒,2%的人是锡克教徒,其余为其他信仰者,一般的印度民众相信,对其他的宗教传统进行审视将会改善一个人对自己所信仰的宗教的理解。在宗教的语境中,多元主义为我们提供了一个不仅仅从外部更是从自身学习其他宗教的机会。它告诉我们通过将心比心,我们可以加深自己的信仰,它同时要求我们将我们的方法从"自我中心型"转变为"真理中心型"或者"神为中心型"。在今日世界宗教多元主义的社会语境中,每一种宗教传统都应该在保持自身特点和个性的同时努力吸收"他者"的精神。宗教之独

---

① Martin Buber, *I and There*, New York, 1958: 4.

特性将因为其开放性而得到加强。“基督徒并不会变成一个印度教徒或者佛教徒，而印度教徒或者佛教徒也不会成为一个基督徒。他们会在彼此吸收他者精神的同时保持自身的特殊性，并且根据自身的法则成长。”①

既然所有的宗教都宣扬一条通往神的道路，他们因此都是具有正当性的；他们之间没有高低之分。换句话说，宗教多元主义的逻辑并不宣扬将不同的信仰融入于一个信仰当中；而是推崇不同的信仰共同体“具有亲和性并且面对共同的议题”，他们也分享一个（关于）公义的、调和的以及和平的世界的共同愿景，他们都面临着巨大的压力，并且同样依仗着自身的精神资源来应对这些压力……在一个信仰日趋多元化的世界里，我们始终面临着一个寻求新想法和新手段以维持我们的信仰的问题，而这种信仰必然是为了维系我们与他者之间关系的。② 这一教诲使我们明白了追寻以和平的方式共同生活和工作来获取公平的正义和共同的善的方法的必要性。在当今这个全球化时代，如果忽视了这一目标，任何一个文明社会都不可能获得和平与繁荣。

我们在印度中世纪的历史当中发现了一种真正的多元主义的精神力量，这种精神存在于不同的体制化宗教的边缘处，位于非主流宗教运动中，这些基层运动力图通过爱与奉献的方法来理解他者的信仰。在穆斯林的统治之下，穆斯林苏菲派的宗教生活方式在人们当中获得了广泛的支持，我们也可以发现诸如达罗·悉乔（Dàrà Shikåh）等苏菲派思想家为促进宗教内的互相理解所做的理论工作。在其著作《两大海洋的交汇》（*Mingling of Two Oceans*）中，达罗·悉乔试图展示印度教与伊斯兰教的基本亲和性，他是最早持有这种认识的几位思想家之一，即认为真理并不是某一个特定的或者被拣选的种族的专属财产，而是在所有的时代中，在所有的宗教中都可以

① Swami Vivekananda's *C. W.* Advaita Ashram, Calcutta, 1989, 1. 24.

② S. Wesley Ariarajah, *Not without My Neighbour: Issues in Interfaith Relations*, Geneva: World Council of Churches, 1999: 35.

被发现的。①这就与隶属虔诚派(Bhakti)传统的迦比尔(Kabīr)为一般印度教和穆斯林社群所提供的精神平台非常类似了。对印度的文化历史进行仔细、开放式的阅读就会发现,正是权力政治以神职人员制度的形式将人们以宗教之名加以分离,并且使他们群居化、狂热化和教条化了。每一个宗教,实际上只代表许多通往神圣实在的路径中的一条。没有一个宗教可以宣称其独占了"神圣、纯洁与至善"。我们因此无法在不同信仰追随者间的争吵中获得任何真知。就像迦比尔所说的:"Kà÷i 和 Kàbà 是一样的,就像 Ràm 和 Rahim 也没有什么分别;正如麦子本身是不变的,但是用麦子所做成的美味佳肴却是多种多样的,由同样的泥土所制作的形状不一的陶罐亦有着不同的名字。"②如果迦比尔熟知梨俱吠陀(Rgvedic)的思想的话,他将会用同样的语言这般诉说,就微观的层面而言,某物是一,而从宏观的层面来说,则是有许多。与这一点相关联的是,神有许多名字,因此不同信仰者没有必要为了同一个终极的神圣实在的不同名字而互相争斗。这就意味着,一个宗教的信仰者应该将他者视为亲密的伙伴

---

① Ed. & Tr. Mahfuzul Haq, The Asiatic Society, Calcutta, 1982: 5 (1929).

② 在阿拉伯语中,"Kabīr"一词意味着"伟大"并且这是用来赞美安拉的。但是"Kabīr"一词的词源一直以来是被忽视的。关于迦比尔的降生有着许多传说,但是大多数传说都被他之后的追随者所极大地神化和夸张了。迦比尔被说成是婆罗门共同体中一个童养寡妇(child-widow)的儿子,在他被遗弃在路边之后,这个孩子被迦尸(Kāśi)的一对属于纺织工社团的穆斯林夫妇收养了。迦比尔喜欢以"来自迦尸的纺织工"来介绍自己。在波斯,一个织布工被称为'*jolā*'。关于任何确实的历史证据可以使我们获悉他的儿子卡马尔(Kamàl) 和女儿卡玛丽(Kamàli)的具体情况。据说他们是迦比尔所收养的,但是我们没有任何理由不怀疑这种说法,因为宗教的信徒往往会以非人类的色彩来渲染他们主要的先行者的生活。迦比尔是一个再自然不过的一家之主,他生养小孩并过着有道德的生活并没有什么不对的。迦比尔被伊纳穆尔·哈克·穆斯塔法·沙希德(Muhmmad Enamul Haque)视为遵循契斯堤戒律(Chisti Order)的苏菲派圣徒(参见 Sabysachi Bhattacharya 的 Bengali of Sen's *Kabir*, 2007, p. 3),但是我们不能同意他关于迦比尔之教诲的内容,因为后者在今日已经是可见的了。我们确信迦比尔并不属于任何特定的宗教运动。尽管他投身于现代北印度的巴克缇(Bhakti)运动中,并且担当着领导角色,他仍然与此保持着些微的距离。我们无法在此展开深入的讨论,然而,华克海(J. N. Farquhar, 1920, p. 284)将迦比尔视为印度教与伊斯兰教之间的一个交汇点。对他来说,迦比尔是苏菲派圣人当中的最杰出的一个,并且正是藉由苏菲派,伊斯兰教触及了印度教的精髓。"神并不在圣殿中、不在清真寺中、不在喀吧(Kābā) 或者凯拉斯(Kailāś)中,也不在宗教仪式中或者在宣布抛弃平凡的生活中,但是神是与你同在的,他在人们当中,他就像你的呼吸一样自然。"迦比尔对印度不同宗教之间的团结作出了非常大的贡献。参见 Bengali translation with original Brajabhasha in '*Kabīr*' couplet no 8, p. 29。

而不是竞争对手并以此来滋养人类的道德。这也说明了，若对其他宗教恶言相向，我们就会损害自己的宗教。再次强调一下，安拉-罗摩（Allah-Ram）、卡里姆-克赛巴（Karim-Keśab）、哈里-契斯堤（Hari-Hajrat）是同一个神圣实在的不同名字，正如由黄金打造的不同的装饰品究其本质而言是一样的，由泥土所烧制的不同形状的泥罐终究都是泥土一样，会众祈祷（Namàj）与普迦祈祷（Pujà）仅仅只是两种不同的面向同一实在的崇拜方式罢了。[①] 所有的宗教都是同一条大河中的不同支流，就像迦比尔所说的那样。[②]迦比尔在这里似乎与莫拉维·贾拉鲁丁·鲁米（Maulānā Jālāluddin Rumi）一起高举着宗教多元主义的火炬，在《精神要义之韵律诗》（*Masnabi*）中，莫拉维·贾拉鲁丁·鲁米写道："一样的光亮，灯却有千盏。"（Light is the same, lamps are many）迦比尔对于宗教多元主义的理解不仅得到了穆斯林的拥护，同样也得到了印度教经典文本的支持。鲁米在《精神要义之韵律诗》以及迦比尔在《巴佳卡》（*Bījak*）中所提到的论点与梨俱吠陀中的格言"真理是相同的，而有智慧的人以不同的方式对其加以表述"（Rgveda：1.164.46），或者薄伽梵歌（Gitā，4：11）中所提到的"无论谁朝我走来，通过无论何种方式，我都将会达至他；所有互相竞争的道路，最终都将归向我"[③]是一致的。有趣的是，作为一个穆斯林，拉法·可汗（Daraf Khan）创作了著名的梵语作品《伟大的母亲河恒河》（*Ganga-stutra*），这成为婆罗门在日常祷告所经常背诵的名篇。[④]图尔西·萨哈比（Tulsi Sahab）出生于一个婆罗门家庭，但是他对会众祈祷和文学作品的尊重使他在穆斯林社会中获得了崇高的地

---

① 参见 Arunkumar Basu (1999) p. 20 for original Brajabhāsha and Bengali tr；亦可参见，Sen (1995) part 3，couplet no 2，p. 137；安拉（allah）一词是 *al*（明确的含义）以及 *ilah*（指代神）的结合。在阿拉伯语中，这一神圣的联合由 *tawhid* 一词所表述，其含义是"除了安拉之外，没有任何神的存在"。

② 如果迦比尔熟知妮维蒂朵修女（Nivedita）的思想的话，他一定会表达同样的意思，这是因为他曾经立场鲜明地反对严格仪式化的宗教，这些宗教所推崇的仅仅是伪灵性。

③ 参见：Swami Vivekananda，*C. W.* Advaita Ashram，1989：1. 4。[*Ye yathāmām prapadyntetāmstathaivabhajāmyaham / mama vartānuvartantemanusyāhpārthasarvash//*]

④ 参见：K. M. Sen，*Bharate Hindu-Musalmaner Yukta Sadhana* (in Bengali) Visva-Bharati Publication，Kolkata，1990：34。

位，并备受尊敬。[①] 在歌曲、音乐、艺术与文学作品中都得到了体现，印度文化由于受到不同宗教文化的影响，尤其是因其在整合印度和穆斯林文化中所做的努力而获得了极大的丰富。因此，宗教在很大程度上被印度人民视作一种“纯灵性”的生活方式。就印度而言，很重要的一点是，如果我们可以像尊重自己一样尊重他人的话，不同的宗教生活方式并不必然意味着会产生任何争斗。甚至在今日，大部分人都不支持政府推行宗教社群化，不久之前，印度国大党政府失败的根源（实际上）就可追溯至纳伦德拉·莫迪（Narendra Modi）以政府的名义推行这一举措，在其后的普选中，这遭到了阿塔尔·比哈里·瓦杰帕伊（Sri Atal Behari Bajpai）的公开谴责。印度是一个宗教多元化至今仍在被加以实践的国家。就印度的国情而言，这种真正的灵性也是印度宗教多元主义的象征。

结　语

真正的宗教多元主义的精神启发了我们，唯有当我们的心感知自己如同感知他者一样，并且对别人心存怜悯之心之时，我们才能把自己从伪宗教的虚妄中解放出来。强调自己的宗教比他人要优越是一种幼稚的想法。[②] 然而，在将来，一个潜在的威胁来自于一种邪恶的、采用了早期的神职人员制度但是以一种新的社群政党化政治形

---

① 参见：K. M. Sen, *Bharate Hindu-Musalmaner Yukta Sadhana* (in Bengali) Visva-Bharati Publication, Kolkata, 1990：34。

② 参见艾芙琳安德希尔（Evelyn Underhill）对收入在 *The English Writings of Rabindranath Tagore*, *ed* (Sisir Kumar Das, Sahitya Academi New Delhi, 2001 (1994), p. 493)中题为 *One Hundred Poems of Kabir* 一文的介绍，这篇文章的翻译者是泰戈尔，原作者是迦比尔。这里有必要提到的是，泰戈尔在其名为 *Pariśeùe* 的文集中将其最后一篇诗篇命名为宗教的迷恋（Infatuation about Religion）。根据泰戈尔的说法，宗教狂热是指一种为伪宗教所迷惑并被其所掌控的人。这使得一个人对其他宗教的信徒产生了敌对情绪，这样一个人无法理解对其他宗教心生不敬意味着对自己宗教的不尊重。成为一个无神论者或许更好一些，因为虽然这样的人不承认宗教文本的权威，但是却尊重理性的运用并且希望为全人类的福祉作出一些贡献。唯有当泰戈尔点亮了知识之灯时，他才发现了一条拯救之路。狂热信仰者或许可以与疯子相提并论。根据维韦卡南达（Swami Vivekananda）的说法，狂热信仰者就像一条狗，忠实于自己的宗教，但是如果上帝没有以他们所熟知的特定的文本形式显现在他们面前的话，他们并不认识他，（事实上）甚至一条狗都从未不认得它的主人，就算它的主人的日常穿着发生了改变。

式出现的宗教，这一点在印度显得尤其重要，因此在这一新的形势下，我们(需要)重新倾听阿克巴、达罗·悉乔、迦比尔、达都、那纳克、罗摩克里希纳(Rāmakrishna)、维韦卡南达(Vivekānanda)的教导。我们也需要仔细审视过去曾发生过的各宗教间与宗教内部的争斗与暴乱。我们的希望在于学校中，在于通过学习不同的宗教传统中有关宗教多元主义的教诲以塑造下一代的价值观念。精神性是宗教的真谛，就像纯粹理念是哲学的真谛一样。我希望印度可以在充满活力的多元文化的支持下克服这一明显的斗争状态，并达至繁荣。多元主义的逻辑并不同意“唯有主流的规范、价值和法则才是合理和合法的”。它认为这种主导观念是一种多元主义社会(比如印度与美国)的社会政治思想的“逆向转变”。[①] 就其对宗教多元主义的理解而言，印度对世界文化有着特殊的贡献。

我们不能否认，在当今世界，多元文化主义和世俗主义正遭受着逐渐崛起的宗教原教旨主义的严重挑战。想要系统地使人类的行为和思想趋同的做法是一种非常肤浅的行为，会逐渐摧毁社会的稳定性。如果没有不同宗教共同体之间的互相欣赏和理解，建立在创造性互动基础上的和平以及有意义的共存就不可能实现。放眼全球，所有具有人道关怀的人，尤其是哲学家，都越来越意识到在不同的共同体之间展开有意义的对话的重要性，这是人类进步的必要条件。印度的人文多元主义文化可以为我们宗教间及宗教内的互相理解提供一种方式和方法，以缓和社会中存在的张力，并缓解不同信仰之间尤其是今日印度社会中印度教教徒和穆斯林之间的怨恨和冲突。认为“我的神比你的好”与“我的狗比你的好”并无二致，印度的多元主义文化促使我们谴责这种说法，这种说法不仅可耻而且十分幼稚。导致全球大灾难的多种决定性力量中，印度关于纯粹灵性的人文主义教诲，看上去是这个世界上所有相信爱与和平的人得以生存下去的源泉和希望。这一印度多元主义思潮的意义，曾经为妮维蒂朵

① 参见：Chandrakala Padia and Preeti Singh：Conflicts in Indian Society：A Critical Appraisal of Modernity，*Prabuddha Bharata*，14：12，December 2009。

(Nivedita)修女所表述过，她说："我们今日危机的根源在于世俗和精神的错误二元分法。一个意识到自己与其他人是紧紧连在一起的人，是不会伤害任何人的，这是因为，如果他伤害他人，他也会伤害到自己，他也不会恨任何人，因为如果这样的话，他也在恨自己。"① 的确，世界各大主要宗教都存在多元主义的思想。但是今天更重要的是将它们运用到实践中；否则的话，所有这些都会退化为"政治口号"并且成为"伪宗教"的代名词。

我希望用一个犹太拉比的故事来总结全文。故事是这样的：有一次，一个人问拉比是否能告诉他上帝住在哪里，并且，如果拉比告诉他的话，他就给拉比一枚金币。拉比回答说："这样吧，如果你能告诉我哪里没有上帝，我就给你两枚金币。"这是对宗教多元主义精神的明确认可。② 多元主义为民主的生活铺设了一条有意义的道路。③ 它启发我们变得"纯洁、高尚并致力于无私的事业"。宗教多元主义的精神包含三个元素——承认宗教是互补的而不是对立的；证明没有必要改变宗教信仰；以及在坚守本宗教的同时接纳和吸收其他宗教的长处。④ 印度多元主义文化也为无神论者留下了空间，这些人不

---

① *Complet. Works of Sister Nivedita*, Advaita Ashram, Mayavati, 1967, 3: 425.

② 有必要提到一些主要的世界宗教经典文本中的几句话："一个人想要如何为他人所对待，取决于他如何对待别人。"(*Sutrakritanga of Jainism*)此外还有："那些为你所憎恨的，不要实践于你的邻居身上。这就是整部托拉的真谛，其他的都是注解。"(*Judaism*, Hillel, Talmud, Shabbath 31a)"除非你们每天所期望遇见的，正是你每天都希望你所成为的，不然你们中没有人会成为真正的信徒。"(*Islam*, The Prophet Muhammud, thirteenth of the forty *Hadiths of Nawawi*)"律法的要点是：不要将那些会对你造成伤害的事加诸于别人身上。"(*Hinduism*, *Mahābhārata* 5: 1517)"不要以自己会感到受伤的方式对待他人。"(*Buddhism*, *Udāna-vaggo* 5.18)"这就是我的律法，你希望他人如何待你，你便如何待别人。"(*Christianity*, *Matthew*, 7: 12)

③ 拉达克里希纳(S. Radhakrishnan)将其表述为："什么是民主的生活方式？它包括善的信仰、宽容、尊重那些对立的观点、公义、说出自己想法的力量、实践自我所思、遵循个人的良知而行、坚守自己的责任、生活在一个个体的声音对其具有影响的政府之下、致力于奉献其自身于推动改革或者相关的事业之中，无论这对当权者来说是多么令人厌恶的。"(*The Present Crisis of Faith*, Orient paperbacks, Vision Books, New Delhi, 1970: 43)

④ Swami Bhajananada, *Harmony of Religions*, R. K. Mission Institute of Culture, Golpark, Kolkata, 2008: 34；在这本书的第55页，他说明了在这个新世纪中，人类所面对的四种主要的潮流。科学技术的影响、经济的全球化、启蒙的人文主义、被压迫的人们以权利的自我意识的形式反抗所有形态的剥削、非正义、暴政、残忍和镇压，以及人类之精神良知的逐渐觉醒。

相信任何体制性的宗教或有神论的生活方式，但是他们过着一种基于共识的道德生活并且热爱人类。这使我们没有任何选择余地，唯有遵循马克斯·缪勒（F. Max Muller）所说的，“我们伟大的诗人针对语言学所说的真知灼见其实也适用于宗教——只知道一种宗教的人，其实一无所知”。[①] 印度文化中的多元主义逻辑为不同宗教相互尊重、和平共存、持续发展提供了空间。今天，随着人们思想的不断开放，多元主义逻辑将促进不同宗教间的和谐共处。

迪利普库马尔·莫汉达（Dilipkumar Mohanta），印度加尔各答大学哲学系教授，美国国务院富布莱特访问学者。（谢晓啸译）

① 参见：*Studies in Buddhism*，S. Gupta，India Ltd.，Calcutta，1953：50。

遏制激进保守主义的浪潮

——后苏哈托时期印度尼西亚自由进步伊斯兰的话语与行动[①]

苏拉诺

本文旨在考察后苏哈托时期自由进步主义伊斯兰团体的行动与话语。其中某些团体具有全国的影响力，而另一些团体的影响力则仅达到某一特定区域内的人群。这些团体关注不同的议题，使用不同的手段，并且向不同的人群传递他们的话语与行动。除了这些不同，他们还就激进保守派团体接受了（一种）威胁到民主价值的态度达成共识，这是因为这些团体允许或是使用暴力来释放它们的不满。此外，自由进步主义派伊斯兰团体就反暴力、宗教多元主义以及跨宗教对话的必要性这些问题也达成了共识。他们还推广一种或者许多种话语，也就是民主、反对神权政体、妇女权利、非穆斯林—少数派团体、宗教自由以及进步的观念，查尔斯·库兹曼（Charles Kruzman，1998）据此将这些团体称为自由进步主义派团体。

一、背　　景

1998 年 5 月，印尼在执政长达 32 年之久的苏哈托政权垮台之后

---

① 这篇论文中的某些部分取自我 2010 年发表的"伊斯兰思想的绽放：现代印尼的自由派进步主义伊斯兰团体的话语、活动家与行动"（The Flowering of Islamic Thought: Discourse, Activist and Activism of Liberal-Progressive Islam Groups in Contemporary Indonesia）一文。这项研究是由法国的亚洲当代东南亚研究中心（Institut de Recherche sur l'Asie du Sud-Est Contemporaine）、国家科学研究中心（CNRS）所资助的。参见 IRASEC 的官方网站：http：//www. irasec. com。

出现了一个令人十分惊讶的现象，这就是前所未有的社会政治的自由，尤其是对过去在公共领域被严格限制的激进保守主义派团体而言更是如此。其结果便是这些团体开始蓬勃发展，现在他们已经可以自由地在公共领域表达和阐述他们的观点而不用惧怕被镇压。[①]他们的计划多种多样却具有相似性，从建立伊斯兰教国王职权(Islamic caliphate)、伊斯兰神权国家到在宪法生活中实行沙利亚法。更重要的是，他们不仅仅在政治上反对印尼以建国五原则（即信奉上帝、人道主义、国家统一、民主政治及社会正义五项原则）为立国之本，同时还要求将其建立在对伊斯兰经典逐字逐句、严格且排他性的解读之上。除此之外，有非常充分的证据证明他们绝大多数的领导人从中东地区，尤其是激进的萨拉菲主义的意识形态中获得了启发，并转变了他们的宗教政治理念。[②] 这种被称为萨拉菲的思想是指一种神学和意识形态的基础，即强制推行纯正和原始的伊斯兰教，这也是穆罕默德及其之后的两个世代所一直实践的。激进的萨拉菲主义在这个文本中所指的是伊斯兰教中逊尼派的现代运动，它要求独占性地推行由先知以及其同伴所实践过的纯正和原初的伊斯兰教。基于这样的考虑，他们主张对《古兰经》和逊奈的诠释应该回归到一种严格的、合乎律法的以及排他性的解释。

激进的萨拉菲主义的意识形态，或多或少可以在一些团体中被识别出来，比如伊斯兰捍卫者阵线(PFI)、印尼真主党(HTI)、印尼圣战委员会(MMI)、拉斯卡尔圣战组织(LJ)、伊斯兰祈祷团(JI)、印尼穆斯林兄弟会祈祷团(JAMI)、公正福利党(PKS)、新月星党(PBB)等。就伊斯兰捍卫者阵线而言，它就像宗教警察一样，对一些被他们视为非伊斯兰的地方，比如迪斯科舞厅、夜总会和其他类似场所，进行过激进和暴力的攻击，力图消灭所有在宗教上被禁止的活动，比如

---

① William Liddle, 1991, "Indonesia's Unexpected Failure of Leadership," in Adam Schwarz and Jonathan Paris (Eds.), *The Politics of Post Suharto Indonesia*, New York: Council on Foreign Relation Press, p. 26.

② William Liddle, 1991, "Indonesia's Unexpected Failure of Leadership," in Adam Schwarz and Jonathan Paris (Eds.), *The Politics of Post Suharto Indonesia*, New York: Council on Foreign Relation Press, p. 26.

赌博、饮酒以及卖淫。当从事这些活动时，他们视自己为在印尼实现伊斯兰律法的火炬手。由于他们的做法，伊斯兰捍卫者阵线经常与其他团体发生冲突，包括非穆斯林团体以及自由进步主义的穆斯林团体，后者毫无保留地谴责伊斯兰捍卫者阵线排他性的主张以及激进暴力方式。

自由进步主义的穆斯林团体不仅仅与这些激进保守主义的伊斯兰团体的话语与行动进行强有力的斗争，他们同样提供并且传播一种自由进步主义取向的伊斯兰教导。这些团体包括自由派伊斯兰网络(JIL)、先知使徒会青年知识分子网络(JIMM)、温和穆斯林中心(CMM)、瓦希德协会(WI)、伊斯兰与多元主义国际中心(ICIP)、印尼宗教和平理事会(ICRP)、雅加达帕拿玛地拉大学、伊斯兰教士联合会(Lakpedsam-NU)、印尼传统经学与社区发展协会(P3M)、马利夫学院(Maarif Institute)、艾尔·毛恩学院(al-Maun Institute)以及印尼妇女权利组织拉希玛(Rahima)等。这些团体都位于雅加达，在雅加达之外也有一些其他团体。他们大都是秉承增强"公民社会"这一理念的非政府组织。对他们来说，推动和倡导伊斯兰宗教与诸如民主、人权、多元、思想自由、性别平等、进步观念之类观念的兼容，是实现这一理念的方法。由于他们的努力，上述团体中有一些获得了全国的影响力，但是其他一些团体的影响力则仅限于特定地区与当地的支持者。此外，这些团体关注不同的议题，使用不同的方法并且向不同的观众传达他们的观点与行动。除了这些区别之外，他们在观点上还是非常相近的，都认为近年来印尼的激进保守主义团体采用了一种日益增长的针对民主价值的威胁态度。正当激进保守主义的伊斯兰团体倾向于使用暴力或者强硬的手段来释放他们对政府的怨恨(后者在他们看来是软弱的)，并且反对一切在他们看来非伊斯兰的象征和行为时，自由进步主义的伊斯兰团体共享着关于宗教宽容以及推动一个或者多个主题的观念。[①] 这些主题包括反对神权政

---

① William Liddle, 1991, "Indonesia's Unexpected Failure of Leadership," in Adam Schwarz and Jonathan Paris (Eds.), *The Politics of Post Suharto Indonesia*, New York: Council on Foreign Relation Press, p. 26.

治、推崇民主、女权、非穆斯林的权利以及思想自由与进步。[①] 对这些团体而言,伊斯兰教与民主是兼容的。不仅仅局限于讨论这种兼容性,这些团体还指出了伊斯兰教支持现代话语的方式包括人权、多元主义、性别平等、政教分离以及社会公义等。除了研讨班与讨论之外,这些团体同时也发起了非常务实的活动,诸如针对贫苦大众、农村团体和经学院的"民主教育"。他们也保护少数派和边缘团体免于压迫,这通常是以为这些群体的自由而战来实施的。尽管他们的话语与行动不尽相同,但他们共享着一个以抑制伊斯兰强硬派为主旨的方法:教育与对话是多元文化的印尼推动互相理解的关键。自由进步主义伊斯兰团体更关心实现伊斯兰教的更实质性的途径,后者对他们来说是一整套伦理价值。它是这些团体的政治神学的最根本的信条。他们相信伊斯兰作为一种宗教并没有规定任何与政治相关的理论观点。他们坚持在《古兰经》中并没有一个文本号召穆斯林建立一个伊斯兰国家。与此相反的是,他们争论说《古兰经》中包含了关于善的统治伦理和道德指导,包括如何实现正义、自由、平等和民主。就这个观点而言,一个至关重要的论点是先知穆罕默德的使命不是建一个王国或者国家。他们将穆罕默德的使命与其他先知的使命等而视之,也就是宣扬宗教价值观的美德,并且,实际上穆罕默德以及他的继任者的统治都处于伊斯兰教的精神和伦理框架之下的。

根据夏菲伊・安沃(Syafii Anwar)[②]的观点,自由进步主义的伊斯兰团体普遍认为沙利亚法并不是特别针对政府或者政治体系的。

---

① "自由主义伊斯兰教"一词是由印度裔穆斯林学者阿萨夫・阿里・阿斯加尔・费兹(Asaf Ali Asghar Fyzee)于 20 世纪 50 年代提出并推广的。但是这个词一直要到帕拿玛地拉大学出版了由查尔斯・库兹曼所编辑的《自由主义伊斯兰教:一本参考书》(*Liberal Islam: a Source Book*)一书的印尼文版本之后,才逐渐获得了影响。另一本由伦纳德・宾德所撰写的《伊斯兰自由主义:对发展的意识形态的批判》(Leonard Binder, *Islamic liberalism: a Critique of Development Ideologies*)的印尼文版本则进一步丰富了知识界对这个名字的讨论。

② 夏菲伊・安沃 1953 年 9 月 27 日生于东部爪哇的古突士(Kudus)。他以法学学士的身份毕业于印尼大学,并于 1994 年在同一所大学中获得了政治学的硕士学位。2005 年,他于澳大利亚的墨尔本大学获得了历史与政治社会学的博士学位。他的博士论文取名为"印尼的国家与政治的伊斯兰教:一项关于国家政治以及现代穆斯林学者的研究"。他是印尼两大著名杂志(*Ummat* 和 *Panji Masyarakat*)的前任记者和编辑。参见 http://www.planetmole.org/indonesian-news/indonesians-in-focus-m-syafii-anwar.html。

他们争论说伊斯兰教为其信众提供了根据他们自身的选择建立或者发展一套政治体制的机会与自由。就此而言，诸如多元主义、平等、自由和民主之类的现代话语是最受欢迎的，这里所展现出来的是一种对沙利亚法的理解，即坚持正义是沙利亚法的公共目标之一。相应地，对这些团体的成员来说，沙利亚法并不仅仅内嵌于伊斯兰法律之中，而是一种与活生生的现实相适应与匹配的根本的伦理价值。他们坚持沙利亚法的意义应该是基于一种文本的、包容性的与多元主义的范式之上的。① 除此之外，夏菲伊设计了一个图表，它描绘了自由进步主义派伊斯兰教导(Islamic teaching)的计划。

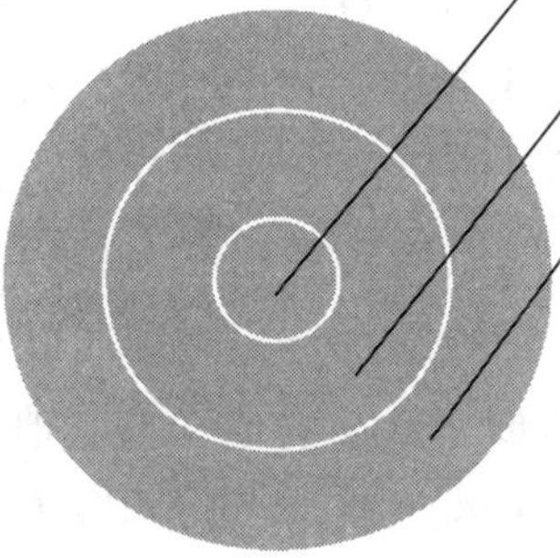

二、关 于 自 由

2002年11月18日，《罗盘报》(*Kompas*)刊登了一篇名为"更新我们对伊斯兰教的理解"的文章，作者是乌利尔·阿巴萨·阿布达拉(Ulil Abshar Abdalla)，他当时是自由派伊斯兰网络的协调员。在这篇文章中，乌利尔尖锐地批判了某些印尼穆斯林对于宗教的理解。他陈述说由于某些团体无条件地接受了一种阿拉伯在公元7世纪所实践过的伊斯兰教，因而反将其化石化了。他们不允许任何的再诠

① Syafii Anwar, 2008, "The Interplay Between US Foreign Policy and Political Islam in the Post-Suharto Indonesia," in *Working Paper Number 3 Sept 2008*, Brooking: The Saban Center for Middle East Policy.

释。根据他的观点,那些团体所倡导的伊斯兰教的解读,导致了伊斯兰教发展的停滞。乌利尔争论说伊斯兰教需要成为一个活的有机体来被人们体验,唯有如此才会成长与发展。他进一步主张伊斯兰教并不推崇神圣的法律,而是发展出一些普遍的原则,它的实施可以根据时间和地点的变化而变化。

令人吃惊的是,一小群保守派穆斯林领导人和积极分子,也就是穆斯林及伊斯兰领袖论坛(FUUI)强烈地谴责这篇文章。他们于2002年11月30日在西爪哇万隆的铝法查尔清真寺(al-Fajar)召开会议,指出由乌利尔的文章可知,他具有明显的煽动性,而且攻击了宗教的基本原则,也就是神(God)、伊斯兰以及先知穆罕默德、穆斯林学者以及普通的穆斯林共同体。基于这个结论,乌利尔应该遭到死刑的处罚。他们认为,根据伊斯兰法律,任何针对伊斯兰教导的侮辱都可以被判处死刑。作为穆斯林及伊斯兰领袖论坛的主席以及那些负责颁布裁决令的人中的一位,艾斯恩·阿里·戴(Athian Ali Dai)就乌利尔的文章回应说:"作为一个穆斯林,我的血液沸腾了。"①然而,这种威胁并没有被严肃对待。

乌利尔及其文章,实际上是自由派伊斯兰网络的成员需要面对的诸多威胁中的一个,这主要是由于他们的话语与行动所造成的。由几名年轻的穆斯林比如鲁斯非·阿斯亚卡尼(Luthfi Assyaukanie)、②乌利尔·阿布达拉、③哈米德·巴斯亚

---

① Akh Muzakki, 2006, "Accusation of Blasphemy", 参见: http: //en. qantara. de/webcom/show_article. php/_c-478/_nr-444/i. html (accessed on 10 January 2010)。

② 鲁斯非·阿斯亚卡尼,1967年8月27日生于雅加达。他在宗教机构里接受了最初的教育。随后在约旦大学学习,其专业领域是穆斯林法律与哲学。他在马来西亚的国际穆斯林大学获得了硕士学位,并且在澳大利亚的墨尔本大学获得了博士学位。参见他的个人网页: http: //www. assyaukanie. com。

③ 乌利尔·阿巴萨·阿布达拉,1967年1月11日生于中部爪哇的巴蒂(Pati),他在当地的马萨里·法拉伊斯兰经学院(Mathali'ul Fala)完成了高中教育。这个学校是由艾哈迈德·萨哈·玛夫德(Ahmad Sahal Mahfudz)所领导的,他曾经于1994—1999年间在伊斯兰教士联合会中任职。乌利尔毕业于雅加达的伊斯兰阿拉伯知识学院(LIPIA),并获得了学士学位。他过去曾担任伊斯兰教士联合会人力资源与发展中心主任,并且曾作为雅加达信息流动研究学院(ISAI)的研究者,以及印尼宗教和平理事会项目的主管。他于2007年在波士顿大学获得了硕士学位,随后前往哈佛攻读博士学位,不过直到现在他仍未完成其博士阶段的学习。参见他的个人网页: http: //www. ulil. net。

(Hamid Basyaib)[1]等于2001年3月在雅加达建立的自由派伊斯兰网络，不仅仅希望推动自由主义的伊斯兰教，同时也希望抑制激进保守主义的伊斯兰话语与行动。自由伊斯兰(Islam Liberal)的称号代表了他们所相信的原则。伊斯兰教强调了个体的自由以及从所有政治和社会的压迫中解放出来。自由主义意味着两件事情：自由和解放。他们相信伊斯兰总是与“自由的”一词相联系，这是因为读者们总是会根据自身的需要对其进行不同的诠释。为了推动对于伊斯兰的自由主义式的解读，他们通过网络建立起自由派伊斯兰网络。这是因为他们希望自由派伊斯兰网络成为各种不同的自由主义伊斯兰团体公开和自由地互动、讨论以及分享彼此观念的一个媒介。简而言之，自由派伊斯兰网络希望成为在印尼尤其是雅加达的众多自由主义伊斯兰团体的联络组织者。

自建立以来，自由派伊斯兰网络已经开展了许多与公共宗教教育相关的活动，此外还推动了自由主义伊斯兰教、宽容愿望以及对于伊斯兰教导的批判解释。这些活动体现了自由伊斯兰的六个主要观点：(1)开放所有领域的“创制”(ijtihad)大门。[2] (2)强调文本的伦理—宗教精神而不是字面意义。(3)相对的、开放的、多元的真理。(4)支持少数派及被压迫者。(5)信仰的自由。(6)神圣和世俗权威以及宗教和政治权威的分离。

自由派伊斯兰网络同样尝试着通过各种不同的媒介来推广这些理念。包括：(1)通过为当地报纸提供周评及采访，并由此形成一个自由主义伊斯兰作家的辛迪加组织。(2)在68H电台开设脱口秀节目。它邀请一些因鼓吹宗教多元主义以及言论自由(社会—宗教议题)而知名的公众人物来做节目。(3)通过翻译和再版的形式出版关于宗教多元主义和自由之类的老作品。例如，自由派伊斯兰网络

---

① 哈米德·巴赛伯，1962年6月3日生于丹戒加兰(Teluk Betung)的一个阿拉伯宗教家庭。他曾在日惹的印尼伊斯兰大学学习。在学习期间，他曾活跃于伊斯兰学生运动之中。在他完成了学业之后，他搬到了雅加达，并成为一名为印尼的期刊和报纸撰写专栏的作者。他为一家伊斯兰杂志工作，并且成为多个机构的研究者。

② ijtihad一般指对伊斯兰教义的推断与诠释。近代以来，该词通常是指对伊斯兰教义与法规的理性再诠释。——译注

已经出版了一些包括文章、采访和他们所举办过的讨论的编著，取名为《印尼自由主义伊斯兰教的面貌》(*Wajah Liberal Islam Indonesia*)以及《自由主义伊斯兰教的理性运用》(*Ijtihad Islam Liberal*)等。(4) 出版了一些 50 至 100 页的小册子，使用了简单且容易理解的语言。这些小册子从自由伊斯兰的角度出发，讨论并回应了许多社会中具有争议的议题。例如，自由派伊斯兰网络出版了一些小册子，涉及关于《古兰经》中的妇女问题以及对传统伊斯兰女性装束(Jilbab，宽大的长衫，足以遮盖女性头顶至身体其他部位的外衣)伊斯兰律法的批判等：这是从自由主义穆斯林的立场出发的。(5) 邮件列表(islamlib@yahoogroups. com)以及网站(http://www. islamlib. com)。(6) 公众战役。自由派伊斯兰网络制作了多个关于多元主义、庆祝多样性和防止社会斗争的公共服务广告。比如，他们制作了一个名为"多彩的伊斯兰教、不要使用宗教作为政治资本"的广告。(7) 讨论会。通过与其他组织合作(大学、学生组织、伊斯兰教经学院等)，自由派伊斯兰网络举办了多次关于自由主义伊斯兰教话语和一般宗教主题的讨论会。这种讨论会每月都会在雅加达的乌坦·卡玉(Utan Kayu)剧院中举办。讨论会也会在其他地方举办，通常是与几个大学的学生协会或者其他形式的印尼青年团体一起合作开展的。

作为对他们的行动和话语的回应，自由派伊斯兰网络不但获得了高度赞许和支持，同时也面临着批评甚至是威胁。那些批评和威胁绝大多数来自于保守主义—激进派的穆斯林，他们采用死亡威胁、法律诉讼、警告以及通过图书、文章进行批评等方法。例如，死亡威胁主要是由穆斯林及伊斯兰领袖论坛针对乌利尔发出的，这是由他在《罗盘报》上发表的题为"更新我们对伊斯兰教的理解"一文所引起的。这篇文章被控诉为对伊斯兰教的侮辱，因此，从他们的观点来看，这篇文章的作者理应遭到判处死刑的威胁。

诺夫瑞恩托尼(Novriantoni)——一名现在的自由派伊斯兰网络积极分子——解释说，对自由派伊斯兰网络的活动和话语进行警告的是几个东爪哇的伊斯兰教士委员会区域委员会。2002 年 10 月 13

日，他们通过宗教建议警告委员会的成员和官员，要他们警惕甚至避免接触自由派伊斯兰网络所推广的自由主义伊斯兰教思想。除此之外，如果有任何委员会成员或者官员由于对此类思想的关切而获得名声，他们将被禁止在委员会中的任何一个等级中谋职。[①]

对自由派伊斯兰网络的法律诉讼来自于印尼圣战委员会，后者因为印尼鹰记电视台(RCTI)和太阳电视台(SCTV)播放自由派伊斯兰网络的题为“多彩的伊斯兰”的广告而起诉了它们。2002年8月，自由派伊斯兰网络通过几家电视频道来推广它的题为“多彩的伊斯兰”的社会广告。该广告产生的原因是要关注阿拉伯之外的土本伊斯兰传统，尽管自由派伊斯兰风俗也表现出同情与亲切的一面，但它希望乌利尔争论说伊斯兰教很自然地在各种文化传统中发展。除此之外，他认为伊斯兰教会根据现有的文化传统而改变其表达的形式。这样的结果便是伊斯兰教显然是多种多样的；我们并没有一个单一的伊斯兰教。[②] 然而，不久之后，诸如此类的广告由于印尼圣战委员会所发起的法律诉讼而被迫停止。[③]

此外，对自由派伊斯兰网络的话语与行动的批评还来自于几个保守主义的穆斯林学者的专著或者论文。哈托诺·艾哈迈德·真兹(Hartono Ahmad Jaiz)在他的题为《自由主义伊斯兰教的威胁》(*Bahaya Islam Liberal*)书中呼吁对自由派伊斯兰网络提起宗教诉讼，因其被指责为是一种针对伊斯兰教的侮辱。[④] 对哈托诺来说，由于自由派伊斯兰网络拒绝伊斯兰律法的规范化，因此侮辱了伊斯兰教。艾德宁·阿马斯(Adnin Armas)也写了一本题为《基督教——东方主义者对自由主义伊斯兰教的影响》的专著，这本书包括他与几名自由派伊斯兰网络积极分子在 islamliberal@yahoogroups.com 这

---

① 参见与 Novriantoni 的 E-mail 通讯。

② Ulil Abshar-Abdalla，*Islam Warna-Warni*，www.islamlib.com/id/page.php?page=article&id=236，12 Agustus 2002.

③ 参见：“Di Sesalkan，Penghentian Sepihak Tayangan Islam Warna-Warni”，*Kompas* 14 Agustus 2002。

④ 哈托诺是以多产和其保守主义倾向而闻名的一名穆斯林作家。他出版了无数专著、小册子、宣传册攻击那些他认为是“异端的”不同组织和个人。

封邮件群里的辩论。与此相似的是，阿典·侯赛尼（Adian Husaini）在题为《自由主义伊斯兰教：历史、观念、偏离与回答》一书中提出了对自由派伊斯兰网络的三个主要纲领的批评。这些批评是：（1）自由派伊斯兰网络对多元主义神学的包容导致了穆斯林信仰的衰退。（2）自由派伊斯兰网络对伊斯兰律法规范化的拒绝是由西方设计的，是对伊斯兰世界的全球性破坏的一部分。（3）自由派伊斯兰网络试图抵挡保守和激进主义的伊斯兰教，这是由美国犹太复国主义者所设计的计划的一部分。[①]

诺威瑞恩托尼解释道，另一个针对自由派伊斯兰网络活动与话语的挑战来自于印尼乌拉玛委员会（MUI）。2005 年 6 月 29 日，印尼乌拉玛委员会颁布了 11 项条令，其中一项条令是禁止世俗化、自由主义和多元主义。这类禁令很明显是为了阻止自由派伊斯兰网络或者其他伊斯兰团体来推广其理念。这些禁令同样也给予那些保守激进派的穆斯林团体以一种合法性来对抗自由派伊斯兰网络的话语与活动。除此之外，在条令颁布几天之后，其中的一个团体以穆斯林的名义并以该条令为保护伞试图攻击自由派伊斯兰网络在雅加达吴丹卡由（Utan Kayu）的办公室。

2010 年 3 月 23 日至 28 日，召开的为期 5 天的伊斯兰教士联合会全国领导人会议在南苏拉威西省的望加锡召开，同样昭示了对自由派伊斯兰网络参与者的挑战。由于与自由派伊斯兰网络紧密联系，乌利尔第一次在竞选伊斯兰教士联合会主席时失败了，因他遭到联合会前任领导人哈欣·穆查迪（Hasyim Muzadi）的强烈抵制。但是，不久之后他在第一轮竞选中确保了他所能获得的支持，并且获得了 22 张选票。他们两人都没有获得足够的选票以进入到第二轮，只有萨伊德·阿吉尔·希拉德（Said Agil Siradj）和史拉末·埃芬迪·尤淑夫（Slamet Effendy Yusuf）这两位获得最多选票的候选人进入了第二轮。萨伊

① 艾德宁·阿马斯和阿典·侯赛尼都是多产且具保守主义倾向的穆斯林作家，他们毕业于马来西亚国际伊斯兰大学（ISTAC-IIUM Malaysia），现在都活跃于一个以雅加达为基地的组织中，也就是伊斯兰思想与文明研究院（INSIST）。该组织的一个主要运动便是对抗自由主义以及“西方化的知识”，参见：http：//www.bt.com.bn/analysis/2008/02/19/from_veranda_of_masjid。

德·阿吉尔之后赢得了竞选并当选为联合会的主席(2010—2015)。但是从这起事件中我们可以发现,由于乌利尔在自由派伊斯兰网络中的活动,他首次遭到了来自联合会现行新规定的严重挑战,这是因为这条规定禁止对伊斯兰教进行自由主义解释的神职人员参加竞选。简而言之,这反映出有一小群保守主义的联合会领导人和乌尔玛不能接受自由派伊斯兰网络的话语与活动。

三、关于多元主义

当下至少有5个伊斯兰教团体正在活动,无论是公开的还是秘密的,其目的都是在印尼建立一个伊斯兰教国家。这些组织包括印尼真主党、印尼圣战委员会、伊斯兰捍卫者阵线、伊斯兰教之家/印尼伊斯兰军(DI/TII)以及印尼伊斯兰宣教理事会(DDII)。通过推动伊斯兰律法作为一种在当今印尼社会解决所有问题的方法,他们试图推动政府将伊斯兰律法融入到政府政策的每一个层面中。在这些团体当中,伊斯兰捍卫者阵线因作为一个激进团体而闻名于世。他们的目标是全面实行伊斯兰律法,其涉及多起针对酒吧、按摩小店和赌场的袭击。他们为自己的行为辩护的理由是警察无力控制赌博和卖淫。[①]《时代》(*Tempo*)杂志一次报道称,1996年3月至2005年8月间,大约有180所教堂被摧毁、烧毁或者强行关闭。[②] 比如,2003年在雅加达以及爪哇其他地方发生的事故都是由激进伊斯兰团体伊斯兰捍卫者阵线制造的,他们在西爪哇攻击并强制关闭的教堂超过24所;阻止信徒进入桑帖木儿(Sang Timur)天主教教堂;在穆斯林居民和基督教贝塔克教堂(Batak)之间制造冲突;以及对阿末迪亚派(Ahmadiyah)穆斯林信徒进行暴力袭击等。

根据夏菲伊·安沃的说法,这个社会中的宗教激进主义可以有三

① Agus Nahrowi, 2006, Religious Pluralism in Indonesia: Helpful and Hindering Aspects, 参见:http://www.pluralism.org/reports/view/37。(Accessed on Pabruary 2010)

② "Perusakan dan Penutupan Gereja di Indonesia (beberapa kasus 1996 - 2005)", Pusat Data, *Tempo*, 参见:http://www.pdat.co.id/hg/political_pdat/2005/08/31/pol,20050831-01,id.html。

种解释。首先，他们有一种根据字面意义解读圣典文本而忽视文本背景的倾向。其次，他们有一种赞同强制执行伊斯兰律法或者律法化的倾向。最后，他们有一种反多元主义的倾向。[①] 此外，由于他们倾向于抵制对话并对他者采取不容忍的态度（除非他人遵守他们制定的规则），伊斯兰激进共同体是很难建立宗教多元主义的。因此，在过去的五年中，“不宽容”成为印尼宗教生活中众多关键且具有挑战性的议题之一。[②]

伊斯兰与多元化国际研究中心（ICIP）是一个致力于推动多元主义和对抗激进保守主义团体宗教和政治计划的伊斯兰教非政府组织。这个团体是由穆斯林知识分子夏菲伊·安沃、苏菲克·哈西姆（Syafiq Hasyim）[③]于 2003 年在雅加达建立的，致力于在当地、马来西亚、孟加拉国、泰国和菲律宾推动多元主义和多元文化主义。伊斯兰与多元化国际研究中心编订了一套供东南亚宗教学校使用的关于宽容的伊斯兰课本。它的一个愿景是在不同文化和宗教团体之间创造和谐关系，并在所有文明之间开展基于多元主义与多元文化主义的讨论。其主要任务是向印尼和全世界的人们传递印尼温和的进步主义的穆斯林理念，并向印尼人民传递国际上温和的进步主义穆斯林思想家的理念。[④]

为了实现上述设想与任务，伊斯兰与多元化国际研究中心开展了诸多活动，包括：（1）将印尼独有的和最新的再诠释作品翻译成英文，并且通过与区域性的出版商合作在各地进行分销。（2）邀请国际进步主义穆斯林学者或活动家对该中心进行为期一到两周的访问，开设公开讲座并与他们在雅加达或者印尼其他城市的同事进行工作会议。

---

① 参见：http://islamlib.com/id/index.php?page=article&id=1020。

② Syafii Anwar, “Political Islam & Democracy in Indonesia” paper presented in “*International Conference Towards A Civic Democratic Islamic Discourse*”, organized by Al Quds Center for Political Studies-Konrad Adenauer Stiftung, Amman, Jordania, 27 – 29 May 2006.

③ 苏菲克·哈西姆，1971 年 4 月 18 日生于中部爪哇的哲帕拉（Jepara）。他在雅加达的印尼国立伊斯兰大学（IAIN）获得神学与宗教学学士学位，并在荷兰的莱顿大学获得伊斯兰学硕士学位。在进入伊斯兰与多元化国际研究中心工作之前，苏菲克曾活跃于印尼传统经学与社区发展协会和妇女权利组织拉希玛。自 2009 年以来，苏菲克一直在德国的柏林自由大学攻读伊斯兰学的博士学位。

④ 参见伊斯兰与多元化国际研究中心的官方网站：http://www.icipglobal.org。

(3) 加强网站宣传：这些学者或者活动家的文章和演讲可被下载；关于穆斯林非政府组织的活动记录的在民主化前更新将被公开；网站提出一个讨论列表，并为穆斯林活动家和学者就他们所面临的问题进行密集的观点交流提供一个论坛；这个网站的地址是 http：//www.icipglobal.org。(4) 与穆斯林经学院的成员开展关于多元文化主义的训练与分享会议。(5) 一个致力于通过穆斯林经学院开展伊斯兰教转型的公开的、远距离的以及网络学习的项目。这个项目为爪哇的 8 名经学院的学生提供上网的机会以及配套的教育、生存技巧以及人文教育。这是个由雅加达的福特基金会所支持的三年项目（从 2007 年到 2010 年）。①

根据夏菲伊・安沃的说法，通过这些活动，伊斯兰与多元化国际研究中心不仅接触到了生活在城市中的精英阶层、中产阶级以及高学历人群，也与生活在农村里的落后的和一般群众取得了联系。实际上，从 2003 年到 2004 年，该中心实施了众多主要面向精英和知识分子社区的活动，这其中包括学者、专家、记者和其他人等。但是自 2005 年以来，尽管仍然保留着面向精英团体的活动，伊斯兰与多元化国际研究中心通过开展针对普通民众、宗教社区、三德立（santri，即虔诚的穆斯林）和其他人的项目从而改变了自己的策略。ODEL 就是个例子，它是一个面向伊斯兰经学院社区的创新型平民化项目。许多印尼的经学院仍然普遍使用传统的教育方法，并且缺乏信息与交流技术的知识和能力。基于此，ODEL 项目并不仅致力于增强这些经学院吸收现代信息与交流技术的能力，同时也为那些生活在经学院周围却因某些原因而无法继续学习的人提供了真切和实际的好处。

此外，夏菲伊解释说，在爪哇几个选定的经学院进行的 ODEL 项目获得了积极的回应，并得到了来自其周围社区的支持。根据每一个经学院的年度报告来看，该项目在当地的参与度是非常高的。有趣的是，尽管出于怀疑伊斯兰与多元化国际研究中心的动机的缘故，一所位于展玉（Cianjur）的保守主义经学院最初拒绝了这个项目，但不久之后，

① 参见伊斯兰与多元化国际研究中心的官方网站：http：//www.icipglobal.org。

这所名为 al-Mushri 的学校却成为所有参与该项目的学校中最受欢迎的一所。伊斯兰与多元化国际研究中心非常高兴地发现许多穿着传统伊斯兰服饰的女性三德立对于获得一个使用电脑和因特网的机会欣喜万分，当时该中心正在向她们展示关于多元主义、国际事务、伊斯兰和西方等宗教课程的教育材料。使用现代的信息与交流技术看上去将会很明显地逐渐改变她们对现代生活发展的心态和看法。

伊斯兰与多元化国际研究中心采用的另一个克服激进主义和保守主义的方法是通过经学院开展的项目增强对于多元主义、善治和区域自治等概念的理解。夏菲伊·安沃认为，这些项目是在几个保守主义的经学院所在的一些西爪哇城市开展的，比如井里汶、苏加武眉、尖米士、打横、万隆和马者连加。在这六所城市中，激进保守主义的伊斯兰团体对发展一种反多元主义的精神以及通过各种努力和行动来推动一个"正在逐渐发展的伊斯兰教律法化"的计划有着强有力的影响。实际上，在这些城市中，绝大多数伊斯兰教经学院对于激进保守主义团体的意识形态和宣传都没什么抵抗力。这些城市也因为那些致力于强制推行非宽容和非民主的态度的激进保守主义团体而闻名于世。这些行为往往针对诸如穆斯林及伊斯兰领袖论坛和反对脱教运动(GAP)等团体。此外，夏菲伊解释说，所有这些城市中的激进保守主义团体都试图通过制造区域自治的规章制度来强制推行伊斯兰律法法制化。因此，伊斯兰与多元化国际研究中心的工作专注于通过建立一个关于多元主义、善治和区域自治的项目，来挑战这些城市中的保守团体所开展的宣传工作。这一项目通过公共讨论、电台脱口秀以及信息交流来开展。所有关于多元主义、善治以及区域自治的信息都是建立在对《古兰经》、穆罕默德言行录、圣训和经典文本的包容性和实质性解读之上的。它同时也做到了与时俱进，与日常生活以及现代社会政治的发展相协调。[①]

① Syafii Anwar, "Political Islam & Democracy in Indonesia" paper presented in "*International Conference Towards A Civic Democratic Islamic Discourse*", organized by Al Quds Center for Political Studies-Konrad Adenauer Stiftung, Amman, Jordania, 27 – 29 May 2006.

至于那些来自激进保守主义伊斯兰团体对伊斯兰与多元化国际研究中心的行动、批评和对立行动，在题为“伊斯兰与多元化国际研究中心模式的宗教多元论”的论文里，阿典·侯赛尼(是一个多产的、保守派穆斯林作家以及印尼伊斯兰宣教理事会积极分子)鼓励穆斯林对伊斯兰与多元化国际研究中心及其宗教多元主义的行动多加留意。这是因为，就像其他自由主义团体一样，伊斯兰与多元化国际研究中心推动摧毁了包括 qath'iy[①] 在内的伊斯兰教教导的话语。对阿典来说，这可以很简单地从伊斯兰与多元化国际研究中心出版的一本具有争议性的英文专著《不同信仰者的神学：印尼进步主义穆斯林的回应》中看出这一点，这本书是 2006 年由亚洲基金会资助出版的。阿典认为，如果我们考虑到所有由伊斯兰与多元化国际研究中心出版的专著，包括这本《不同信仰者的神学：印尼进步主义穆斯林的回应》，我们会发现伊斯兰与多元化国际研究中心关于信仰、伊斯兰、神的所有谬论。因此，阿典拒绝伊斯兰与多元化国际研究中心所推崇的多元主义，因为它对宗教多元性的承认及其对社会生活所造成的影响。此外，阿典强调说，人们必须意识到根据印尼乌尔玛会议 2005 年颁布的命令许多像伊斯兰与多元化国际研究中心那样公开鼓吹多元主义的其他团体显然是被禁止的。[②]

另一个挑战发生时正值伊斯兰与多元化国际研究中心的主管夏菲伊·安沃被激进的伊斯兰团体打上美国中央情报局的标签以及“西方的傀儡”，他当时公开谴责印尼的乌尔玛议会颁布的法令，该法令认为多元主义从宗教上来说不合法，并且将导致国家走向分裂。他收到了电子邮件、短信和电话等形式的愤怒回应和威胁。尽管夏菲伊是一个对清真寺青年运动的发展贡献显著的知名穆斯林知识分子和活动家，雅加达的某个大型清真寺仍然拒绝他前往进行演讲和布道。[③]

同伊斯兰与多元化国际研究中心类似的是瓦希德协会，这是一个致力于在印尼推广宽容和多元主义伊斯兰教的非政府组织。取印尼前

---

① 一些被视为终极教诲的伊斯兰经典。

② Adian Husaini，2006，Pluralisme Agama Model ICIP，参见：www. swaramuslim. net/more. php?id=A5955_0_1_0_M。

③ Alpha Amirrachman，*Indonesian in Focus: M. Syafii Anwar*，in http：//www. planetmole. org/indonesian-news/indonesians-in-focus-m-syafii-anwar. html.

国王瓦希德(KH Abdurrahman Wahid)之名的瓦希德协会成立于2004年9月7日。然而,针对如何筹建这个团体的讨论在2001年8月17日瓦希德网站(http://www.gusdur.net)建立之后就开始了。瓦希德的第二个女儿燕妮·瓦希德(Yenni Wahid)当选为主管。① 而艾哈迈德·苏威迪(Ahmad Suaedy)则被选为瓦希德协会的执行主管。② 建立瓦希德协会的原因是,当时世界和印尼的局势为暴力以及以宗教(伊斯兰教)为名兴起的恐怖主义和激进主义的威胁所笼罩。因此,这就迫使燕妮、苏威迪和像他们一样的年轻其他穆斯林开始发起合作行动,以推动跨宗教和宗教内部对话、国家和伦理对话为名促进宗教多元主义。③

此外,苏威迪解释说,印尼的穆斯林从其品格来说就是多元主义的,这不但体现在其对伊斯兰教的表达上,也体现在与其他宗教的关系上。在中部爪哇和东部爪哇的伊斯兰教是有区别的。比方说,苏丹·哈孟古·布沃诺十世(Sultan Hamengku Buwono Ⅹ,现在是日惹的一名政府官员)认为,就他的信仰与修行来说,他是一个好的穆斯林。但是他的伊斯兰教是与伊斯兰教士联合会的那种经学院文化不同的。在爪哇和爪哇之外,伊斯兰教也是不同的。印尼是多元主义的,但不仅仅是它的伊斯兰宗教如此,这一点同时也适用于它的伦理。因此,印尼为

---

① 燕妮·瓦希德,1974年10月29日生于东部爪哇的绒网(Jombang)。她是一名年轻的印尼伊斯兰教活动家和政治家。她在雅加达的特利萨克帝大学获得“视觉设计和交流”学位,但是毕业后她开始为澳大利亚《悉尼先驱晨报》(*The Sydney Morning Herald*)和《时代报》(*The Age*)工作。作为一名记者,她报道了从东帝汶到亚齐在内的新闻。她和她的团队他们对后公投时期的东帝汶的报道而获得了沃尔克雷新闻奖。当她的父亲被选为第四任印尼总统后,她不得不辞退记者的工作来支持她父亲的事业。她以身为瓦希德的左膀右臂而闻名,并且是一名特殊的通讯官。在瓦希德遭受弹劾之后,她以梅森学者(Mason Fellow)的身份前往哈佛肯尼迪政府学校攻读硕士学位。在2004年,当她从波士顿回国后,即被任命为新成立的瓦希德协会的主管,并且于2005—2007年期间担任印尼共和国的总统顾问,并一直保有这个职位到现在。她同时也以首席秘书的身份积极活跃于国家振兴党中。参见:http://en.wikipedia.org/wiki/Yenny_Wahid。

② 艾哈迈德·苏威迪1963年5月6日生于中部爪哇的加布棉(Kebumen)。1990年,他毕业于日惹的国立伊斯兰大学的法学部。在20世纪80年代,他是伊斯兰与社会研究院(LKiS)的创始人之一。随后于90年代前往雅加达并参加了印尼传统经学与社区发展协会和伊斯兰教士联合会。在2005年,他获得了基金并开始在迪肯大学进行三明治项目(Sandwich Program)研究。参见:http://www.wahidinstitute.org/Agenda/Detail/?id=32/hl=id/Ahmad_Suaedy_Menentang_Tapi_Juga_Menghargai_SKB。

③ 参见:http://www.wahidinstitute.org。

世界提供了一个与主要来自于中东地区的“单一的”伊斯兰教相对立的多元主义的版本，由于这种多元主义的品格，印尼的伊斯兰教并没有获得世界的充分认可。对伊斯兰教多元主义的理解，必须经过全球化的过程，才能取代一个反对多元主义的伊斯兰教。与其他许多目标一样，这个目标是瓦希德协会非常重要的一个计划。[①]

自其建立以来，瓦希德协会恰当地拓展了瓦希德的设想与智识性的原则，这其中包括发展进步主义的伊斯兰教思想、宗教多元主义、多文化主义以及对印尼及全世界的穆斯林的宽容态度。特别是瓦希德协会致力于在西方与穆斯林世界的最高精神与政治领导人之间开展对话。瓦希德协会正在进行一个令人非常振奋的项目，内容包括推动穆斯林和非穆斯林学者以会议、讨论、出版物以及网站（http：//www.wahidinstitute.org）等方式，在伊斯兰和穆斯林社会以及基督教、犹太教、印度教和佛教之间展开交流。瓦希德协会致力于服务学者、研究者和活动家，并投身于建造图书馆和延续瓦希德为之奋斗一生的工作。更重要的是，瓦希德协会同样也关注年轻人的教育工作，为印尼那些关注自由进步主义传统穆斯林思想的具有潜力的年轻人提供发展的机会。在这个项目中，来自全国各地有一定潜力并掌握初步伊斯兰教基本知识的年轻人将会被挑选出来接受为期 5 到 6 个月的密集培训，在此期间，他们会生活在同一屋檐下，学习由瓦希德协会所制定的自由进步主义穆斯林思想的课程。[②]

苏威迪认为，自 2005 年以来，瓦希德协会记录了各种不同的议题和事件，特别是与印尼的宗教多元主义相关的事件。然而，一直要到 2008 年，瓦希德协会才有能力制定一份关于印尼宗教多元主义的全面的年度报告。这类报告是由一个负责全国事务的团体编撰的，尽管没有覆盖印尼的每一个区域。这个团体由分布在 11 个区域的非政府组织协会所组成。这 11 个地区是马鲁古、南苏拉威西、南加里曼丹、中加里曼丹、西努沙登卡拉、西爪哇、中爪哇、东爪哇、日惹、

---

① Ahmad Suaedy, *Indonesian Islam Is Pluralistic in Character*, unanews, May 5, 2009.

② 参见瓦希德协会的官方网站：http：//www.wahidinstitute.org。

雅加达和万丹。然而，这份报告却不仅仅局限于上述区域。瓦希德协会同样通过媒体和个人网络监控记录了发生在这些区域之外的事件。数据的记录采取了一系列不同方法，包括对法律的分析、对犯人和受害者的采访、截选媒体报道、与政策制定者会面、田野调查和直接实地考察。不是所有的方法都是同时使用的，而是根据每个个案的需要来加以选择的。整个流程的下一步是，田野调查者将他们所研究的案例的所有因子都填入表格以方便理解。瓦希德协会也利用这些表格创造了一个案例的数据矩阵来评估每个分类中案例的数目，并且与前几年的数据进行对比。在对印尼宗教生活的规则进行分析之后，这份报告随后将各协会的发现划分为下述三个类别。(1) 与破坏宗教自由相关的案例，同时包括对风俗禁忌以及信仰表达之权利的侵犯，这主要是由疏忽以及故意犯罪造成的。(2) 关注宗教团体与其他团体之间关系的案例，包括宗教非宽容以及歧视的例子。(3) 那些指出在保证印尼宗教自由方面取得进步的案例。根据苏威迪的看法，这类报告折射出在宗教自由话语中时常出现的两个概念，即非宽容和歧视。这两个词语通常被用来判定一个特定国家内的宗教自由是否已经得到了保证。①

举例而言，2008 年度的宗教多元主义报告就被命名为"追踪一个逐渐分裂之国家的足迹"。② 这类报告说明在整个国家里宗教暴力正在增长，相较于 2007 年的 197 起案例，2008 年有报道的个案达到了 232 个。针对宗教自由的暴力行动中，60%的案例是由市民团体造成的，另有 33%的案例则是由国家所造成的。这篇报告说明了国家身份的罪犯中包括当地的行政机关、警察、立法委员、法院以及宗教事务局。市民身份的犯罪者是捍卫伊斯兰阵线(Islam Defenders

① 参见："Executive Summarry", in *2009 Annual Report on Religious Freedom & Religious Life in Indonesia*, see http://www.wahidinstitute.org/files/_docs/EXECUTIVE%20SUMMARY -%20ANNUAL%20REPORT%20RELIGIOUS%20FREEDOM%202009%20WI.pdf。

② 参见：The 2008 Wahid Institute Annual Report on Religious Pluralism in Indonesia, in: http://www.wahidinstitute.org/Programs/Detail/?id=413/hl=en/The_WAHID_Institute_2008_Annual_Report_Religious_Pluralism_In_Indonesia。(Accessed on October 2009)

Front)、印尼乌拉玛委员会(Indonesian Ulama Council, MUI)和宗教和谐沟通论坛(The Communications Forum for Religious Harmony)的成员。相较于2007年而言,2008年所发生的暴力事件的频率和严重性也增加了。报告注意到了政府执法的不力,这就对未来的发展投下了阴影。这份报告认为针对宗教自由的暴力已经采取了身体攻击、突袭、摧毁崇拜场所以及对脱党和异端进行诬告等行为。这份报告记录了发生在2008年的大约50起暴力行动,这是由于印尼乌拉玛委员会针对被他们视为“异端或者叛教”的团体颁布了一些命令所导致的。该委员会针对特定团体的命令通常被用来使暴力和惯习合法化。这份报告批评政府在强硬派的压力之下屈服了,并查封了阿末迪亚祈祷团(Jamaah Ahmadiyah)支派。在2008年6月,政府签署了一个联合部长法令禁止阿末迪亚派传播它的教义。报告认为,这是一个大众可以被动员起来并强迫政府作出违反宪法的例子。如果这样的实践得不到阻止的话,那么政府正在为这个国家未来的解体添砖加瓦。在这份报告中,协会将“莫纳斯惨案”(Monas Tragedy)列为2008年反对多元主义最恶劣的行动,在这起事件中,全国宗教与信仰自由联盟(AKBB)的成员遭到伊斯兰捍卫者阵线成员的攻击,造成70人受伤,这其中包括苏威迪,现任瓦希德协会的执行主管。①

在2009年,瓦希德协会和马利夫学院等联合出版了一本重要且具有争议的专著,名为《伊斯兰教国家的幻象:印尼跨国家伊斯兰主义运动的扩张》(*The Illusion of an Islamic State: Expansion of Transnational Islamist Movements to Indonesia*),这本书将公正福利党、印尼真主党、印尼圣战委员会和伊斯兰捍卫者阵线归入“强硬派伊斯兰教”一列。这本书于2009年5月在雅加达首次出版,瓦希德是其编辑。然而,就其出版情况而言,据报道说,有一些激进伊斯兰教团体威胁一些书店不要销售这本他们共同出资出版的书。几家

---

① 参见:“Cases of Religious Violence Up: Report”, in *The Jakarta Post*, 11 December 2008. 又见: http: //www. thejakartapost. com/news/2008/12/11/cases-religious-violence-report. html。

销售这本书的书店甚至收到了电话威胁，声称如果他们仍然继续销售这本书，将要烧毁他们的书店。于是，许多一开始同意销售这本书的分销商之后向瓦希德协会道歉，因为他们无法再销售这本书了。瓦希德协会的苏威迪说他们不应该惧怕任何威胁。①

四、关于性别平等

随着20世纪70年代末和80年代初的伊斯兰教复兴运动的兴起，印尼的女性穆斯林团体或多或少地开始与她们生活于其中的政治体系及其逐渐发展的意识形态相联系。妇女的观念随着自由化和民主化的逐步演进而发生了改变。梅加瓦蒂·苏加诺(Megawati Soekarnoputri)于2002年参加总统竞选，成为作妇女对国家做出贡献的最好象征。虽然这应该被视为是一个积极的潮流，但印尼的女性穆斯林团体现在正在进行着的斗争仍然昭示了一些突然出现的问题，尽管这一切都在一个正在日益变强的自由主义的政治氛围中发生着。对这个国家的民主化过程中女性穆斯林行动主义的检视既展现了她们的成功，也描绘了她们在力图使自己的声音被听见时所遭受的挫折。虽然女性穆斯林团体在非常异质化的政治和社会框架下工作，但是一个强烈的信息已经传达给了公众：对深受父权制影响的宗教保守主义的摈弃，这种宗教保守主义正在逐渐侵蚀妇女的权利。②

就女性穆斯林团体在印尼摈弃保守主义并发展和提倡性别平等而言，拉希玛(Rahima)是一个非常好的例子。根据瑞切尔·莱纳多(Rachel Rinaldo)的说法，拉希玛将自己视为妇女权利团体中的一分子，并与世俗妇女团体以及代表不同宗教的进步主义团体一起合

---

① 参见："Wahid Book on Islamic State Under Threat", in *The Jakarta Post*, 25 May 2009。

② Claudia Derichs, "Snapshots: Women Struggle for Change in Post-Suharto Indonesia", 参见：http://www.kas.de/doc.kas_10256-544-2-30.pdf#page=10。(Accessed on 22 Pebruary 2010)

作。[①] 拉希玛是一个致力于根据伊斯兰的、现代的和民主的观点提倡男女平等的非政府组织。这个组织于2000年8月建立，它的成立是为了适应推广和提倡伊斯兰教中的妇女权利的需要。[②] 现在，拉希玛的主管是艾迪提纳·多伊·艾利达尼（Aditiana Dewi Eridani），[③]她于2007年替代了前主管法哈·西茨克（Farha Ciciek）。[④] 拉希玛的名字来源于阿拉伯文al-rahim，意思是神圣的仁慈。它同样也指代神的99个"最优美的尊名"（al-asma al-husna）中的一个。基于此，拉希玛意味着以一种爱和仁慈的精神来颂扬人类。拉希玛从2001年2月开始活动。自那时起，拉希玛就不懈地与针对伊斯兰法律所做的狭隘解读进行着斗争，并且试图保护印尼的妇女权利。一般而言，所有拉希玛的行动可被归为四个主要的类别：（1）通过培训、讨论会和研讨班的形式展开伊斯兰教视野中的妇女权利的教育。（2）通过出版公报、期刊和专著的形式开展公共宣传运动。（3）研究以及出版指导文件。（4）关于图书馆、网站等的信息服务。[⑤]

与其他那些专注于参加一个又一个会议的团体不同的是，拉希

---

① Rachel Rinaldo，2008，*Pious Islam & Women Activism in Indonesia*，参见：http：//gencen. isp. msu. edu/documents/WP291. pdf。（Accessed on January 2010）

② 但是，根据法里德·马特奎因（Farid Muttaqin）的说法，拉希玛是由印尼传统经学与社区发展协会妇女分会（fiqh al-nisa）的积极分子所建立，但之后由于反感其主管马斯达尔·马苏迪（Masdar F. Mas'udi）而退出该组织。一个众所周知的事实是，马斯达尔曾是一个著名的女权运动的支持者，但是他随后却娶了第二任妻子。马斯达尔指出，在古兰经中没有任何一句条文禁止娶两位妻子，与此同时，他的妇女分会的员工却认为"多妻"是一个暴力抵制妇女的重要因素。Farid Muttaqin，"Progressive Muslim Feminists in Indonesia from Pioneering to the Next Agendas"，Master of Arts（MA），Ohio University，Southeast Asian Studies（International Studies），2008. 参见：http：//etd. ohiolink. edu/view. cgi?acc_num=ohiou1213212021。

③ 艾迪提纳·多伊·艾利达尼，1967年生于雅加达。她在三宝垄的迪波内戈罗大学学习法律，并于1991年毕业。到2001年前，她一直为印尼传统经学与社区发展协会工作，随后就前往了拉希玛。参见：http：//en. qantara. de/webcom/show_article. php/_c-307/_nr-32/_p-1/i. html。

④ 法哈·西茨克1963年6月26日生于摩鹿加群岛的安汶。她从印尼国立伊斯兰大学和日惹的加贾马达大学分别获得了学士和硕士学位。在学习期间，她参加了反对针对妇女行使暴力的行动并于1982年创建了一个关注妇女和宗教问题的论坛。她与其他妇女活动家一起建立了妇女儿童发展研究院（LSPAA），随后她前往雅加达并加入了"善知识"（Kalyanamitra）以及印尼传统经学与社区发展协会。参见：http：//www. ern. pendis. depag. go. id/DokPdf/ern-v-05-eng. pdf。

⑤ 该项目参见拉希玛的官网：http：//www. rahima. or. id。

玛倾向于在基层工作。拉希玛致力于将他们的信息传递给乡村地区的人群、伊斯兰经学院等。拉希玛同样与非穆斯林组织展开了紧密的合作。最初,拉希玛的关注点是培训以及向当地穆斯林团体和经学院传递关于伊斯兰教中的妇女权利的信息。然而,由于越来越关注印尼的性别议题,拉希玛随后将其网络拓展至一个更为宽广的领域,包括其他伊斯兰教的妇女运动、大学团体(通常是与性别研究中心 PSG 以及其他世俗的妇女非政府组织一起合作)。[①]

另一个拉希玛的项目是为那些可以在社会中扮演推动妇女权利这个重要角色的女性宗教学者提供培训的机会。在多个伊斯兰教育机构里,比如伊斯兰大学、伊斯兰学校和伊斯兰经学院中,能够接触到主要的伊斯兰教导,并且受过教育的穆斯林教师的数目正在增加,但是这些女性仍然缺少与当局讨论伊斯兰教的机会。穆斯林学者的话语权是由男性所把持的。通过这个项目,拉希玛支持女性宗教学者利用她们自身伊斯兰学者的身份来倡导妇女权利。拉希玛同时也鼓励她们以及其他普通女性参与到伊斯兰律法内容的讨论与批评中。自 1998 年苏哈托的集权政体崩溃之后,政治改革给予了区域政府以新的力量。在某些区域中,伊斯兰法律是以区域法律规章的形式加以实施的,这被称为伊斯兰律法的法律化。这些规章加强了宗教保守主义,并且将妇女边缘化了。如伊斯兰教律法中第十三章关于亚齐达鲁萨兰特区(Nanggroe Aceh Darussalam)伊斯兰律法执行的第 11/2002 号文件,规定穆斯林必须穿着伊斯兰服饰。这通常被用来强迫穆斯林妇女穿着传统的覆盖身体的长袍。拉希玛为此组织了抗议,并通过发起讨论会的形式对这种建立在父权和性别偏见之上的规章制度进行批判,以抵制这类伊斯兰律法的影响。拉希玛争论说,这种伊斯兰律法通过对伊斯兰教进行父权式的解读而使妇女处于从属的地位。就这一点而言,拉希玛提供了一个参与对话的模

---

① 参见:Dewi Candraningrum, "Perda Shariah & The Indonesian Women", a paper presented at the conference on "*New Arbitrary against Women in Indonesia: Perda Sharia and Women's Rights*", 11 November 2006, held by SOAI and MATA Asien in Blick, Bremen, Germany. 亦可参见:http://www.asienhaus.de/public/archiv/PaperPERDASHARIA.pdf。

式，这个模式肯定了妇女在智识方面的能力，同时也挑战了对妇女之能力低人一等的看法。此外，拉希玛的成员也积极地组织针对印尼部分地区仍在实行的一夫多妻制的抗议活动。[①]

此外，除了进行基层工作，拉希玛还建造了一个图书馆，出版图书、杂志和期刊并提供网络信息服务。如《拉希玛之声》(*Swara Rahima*)是一份拉希玛使用大众话语传播关于女权主义和女权领导信息的杂志。这份杂志是凝聚一群关心妇女和潜在活动家读者的一项重要工具。比如说，在某期杂志上，《拉希玛之声》刊出了一篇对著名的女权主义者西蒂·穆斯达·穆利亚(Siti Musdah Mulia)的采访。在这篇采访中，穆斯达指出，在历史上，任何实施伊斯兰律法的国家都是通过压制妇女权利来达到其政治目的的。穆斯达认为，使用伊斯兰教的象征来获得合法性是一个政治上的缺点。国家可以通过社会和经济的发展来获得合法性，这是因为这两者可以改进人民的福利。对于穆斯达来说，由于妇女缺乏组织，并且始终为父权价值所压制，因此她们成为了我们常说的"软柿子"。此外，穆斯达解释说，就一般意义上的伊斯兰教，尤其是伊斯兰律法而言，它已经很明显地被误用以歧视女性。[②]

五、关 于 民 主

在蒙娜·阿布扎(Mona Abuza)所引用的一篇名为"后苏哈托时期的伊斯兰教和国家"的文章中，罗伯特·赫夫纳(Robert Hefner)写道，自20世纪80年代末期以来，印尼民主和多元主义理念的最大受众群体是革新派的穆斯林民主分子，而不是世俗的民主主义者。在穆斯林世界里，唯有印尼的知识分子如此具有活力和自信地采纳

① Farid Muttaqin, "Progressive Muslim Feminists in Indonesia from Pioneering to the Next Agendas", Master of Arts (MA), Ohio University, Southeast Asian Studies (International Studies), 2008. 参见：http://etd.ohiolink.edu/view.cgi?acc_num=ohiou1213212021。

② 参见："Kontroversi Perempuan Dalam Shariah Islam", in *Swara Rahima*, No. 2, 1 August 2001, p. 17. 亦可参见：http://www.rahima.or.id/SR/02-01/Index.htm。

并运用民主、公民社会、多元主义等概念和法律原则。[①] 他的评论是基于印尼伊斯兰教在前民主化时期运动中扮演的角色所做的。当苏哈托的集权政体仍然依靠其获得的荣誉时，两个全国最大的穆斯林组织——伊斯兰教士联合会和穆罕默迪亚(Muhammadiyah)——已经在他们年轻和进步的领导人，如已逝的阿卜杜勒拉赫曼·瓦希德(Abdurrahman Wahid)和夏菲伊·马利夫的带领下准备好在伊斯兰教的文本基础上推动一种民主的概念。他们争论说，伊斯兰教必须是这个国家民主发展以及公民社会建立的基础，他们为伊斯兰教支持人权、多元主义、性别平等、自由等概念指明了道路。在他们对超过7千万追随者产生重要影响的论题中，民主的价值是深深地内嵌于伊斯兰教当中的。除了开展研究之外，他们同时也参与到非常具有实践性的针对乡村的、低教育水平的以及通常是非常边缘化的人群的“民主的教育”之中，后者通常没有任何关于民主意义的理解和实践经验，或者甚至于不懂得参与到民主的治理当中。[②] 此外，长久以来，伊斯兰教士联合会和穆罕穆迪亚都非常清楚地陈述了他们对于“以半岛为基础建立国家”的主张，以及对雅加达宪章的抵制。

马利夫学院是艾哈迈德·萨菲伊·马利夫(Ahmad Syafii Maarif)教授[③]于2003年2月28日建立的，他曾经担任印尼第二大穆斯林团体穆罕默迪亚的领导人。马利夫学院现在的执行主管是法

① Zachary Abuza, 2003, Militant Islam in Southeast Asia: Crucible of Terror, Boulder, 68.

② SAPC, 2004, *Islam in* Asia, US - House representative: US Government Printing Office, p. 17.

③ 艾哈迈德·萨菲伊·马利夫，1935年5月31日生于西爪哇的萨坡·古突士(Sumpur Kudus)，他是一个著名的印尼知识分子。他之前是印尼第二大穆斯林组织穆罕默迪亚的领导人，后成为马利夫学院的创始人，并领导且影响了先知使徒会青年知识分子网络。今天，萨菲伊除了在日惹师范学院担任高级讲师之外，也致力于以演讲人和作家的身份推动伊斯兰教。他关于迈达尼社会的报道散见于印尼的媒体上。参见：http://en.wikipedia.org/wiki/Ahmad_Syafi'i_Maarif。

扎·瑞兹·乌尔哈奇(Fajar Riza ul-Haq),[①]他于2008年接替前任执行主管拉加·朱利·安东尼(Raja Juli Antoni)。马利夫学院的主要任务是推动跨宗教对话以及跨文化与跨文明之间的对话以促进合作。它同时也通过传播民主的设想与对话以增强公民社会。这个组织的宗旨是成为一个致力于推动伊斯兰、人本主义和印尼特征(Indonesian-ness)等价值理念的非盈利性和非政府性文化机构。这点是基于萨菲伊·马利夫之社会和智识的设想之上的。

马利夫学院有许多活动和项目,包括调查研究,出版杂志和书籍,建设服务于马利夫学院网络的数据库,推动该学院研究者的角色,建设城市间、大学间大学生的网络,提供讲座、会议等。众所周知,这些马利夫学院的项目和活动都是与穆罕默迪亚的社会需求紧密相连的,尽管两个组织并不存在组织上的关系。作为一个广为人知的印尼第二大温和派穆斯林团体,穆罕默迪亚的使命是推广伊斯兰思想、伊斯兰使命以及社会服务。通过马利夫学院,年轻的穆罕默迪亚成员在萨菲伊·马利夫的指导下,努力推动伊斯兰思想的改革,并启发和增强印尼的温和派穆斯林元素。

马利夫学院的计划是多样的。首先,马利夫学院希望增强那些关注民主议题的伊斯兰教非政府组织的角色,特别是那些与穆罕默迪亚有着文化上联系的非政府组织。马利夫学院同样希望与所有以穆罕默迪亚为基础成立的组织和网络建立伙伴关系,以获取长期的成果。这些组织的存在,在不同的层面上影响了以穆斯林为基础的组织的观念与政策。其次,马利夫学院也希望通过使宗教团体参与民主、社会议题等公共政策的方式,拓展跨宗教对话及合作的范围。由马利夫学院、印尼主教会议、印尼教会联合体和其他宗教团体所推动的"社会底层运动"在回应民族议题时的积极角色,是加大跨宗教合作之力度与广度的核心所在。[②]

---

① 法扎·瑞兹·乌尔哈奇,1979年2月1日生于西部爪哇的苏卡布米(Sukaumi)。他在梭罗穆罕默迪亚大学获得学士学位。在上学期间,他是穆罕默迪亚学生联合会索洛分部的领导人。2004—2007年期间,他曾在日惹的CRCS-UGM学习,并最终获得硕士学位。

② 参见马利夫学院官方网站:http://www.maarifinstitute.org。

自2007年以来，马利夫学院每年都会寻找致力于推动民主和人权的领导人。这些被挑选出来的领导人将会获得马利夫学院的奖励。马利夫学院的前任执行主管拉加·朱利·安东尼就指出，这份奖励的颁布将会考虑为人权以及民主的实质性进步作出贡献的社会的以及伊斯兰的人选。萨菲伊·马利夫认为马利夫学院必须以一种具体的方式保卫国家的民主，而不是假以无力的借口。他认为他已经对现在的领导人更多地关注名望而避免实质性的政策心生厌烦。与此同时，就萨菲伊·马利夫的观点而言，一个领导人必须是一个致力于服务于人民之需求的人。马利夫学院的现任执行主管法扎·瑞兹·乌尔哈奇补充说，这个奖项致力于增进和奖励当地的领导人，也就是那些在基层工作并推动了人权、正义以及民主的领导人。法扎指出，在遴选过程中会将提名人为国家的多元主义理想所作的社会工作的多元特性纳入考虑中。①

如2008年度的马利夫学院奖项，就特别颁给了那些为积极的民族主义理想贡献良多的个人，因此为今日缺乏建设性治理的印尼提供了一些领导人的范本。三个获奖人分别是西西里亚·汉达亚尼(Cicilia Handayani)、哈桑奈(Hasanain)和艾哈迈德·塔夫塞(Ahmad Tafsir)。汉达亚尼来自东爪哇的勿里达，他在自己的村庄中成立了跨宗教的教育机构，这个村庄由于印尼共产党的缘故而被孤立起来。哈桑奈是龙目岛西努沙登加拉省的努尔·哈拉曼(Nurul Haramain)伊斯兰妇女经学院的管理人。在他的鼓励下，当地427所伊斯兰学校制定了一份绿皮书计划，并开展了针对30公顷之广的贫瘠山地的再植被工程。塔夫塞是穆罕穆迪亚三宝垄分部的首席秘书，由于其不懈地传播进步主义话语之决心而获得嘉奖，为了达到前述目的，他公开投身于的跨宗教的社会工作中，并处理了各种与边缘团体相联系的议题。

另一个由马利夫学院组织并与福特基金会进行合作的实践项目

---

① 参见："The Jakarta Post", *Institute's Annual Award*, 03 Pebruary 2010. 亦可参见：http://www.thejakartapost.com/news/2010/02/03/institute's-annual-award-underway.html。

是在 2005 至 2008 年开展的“杰出治理项目”。这个项目是在三个省份中的三个地区内实行的，他们是楠榜、日惹以及中部爪哇。跨宗教的领导人同时也扮演着监控该项目进度与成果的观察员的角色。根据萨菲伊·马利夫的说法，这个项目的目标是发现当地如何高效且实际地为当地群众工作的充分证据。该项目使用了三个类别来衡量及评估当地政府行使公仆职能时的成功与失败。这三个类别包括透明性、可靠性以及效率，它们是产生善治的前提。萨菲伊解释说，这个项目在取得巨大成功后于 2008 年 8 月结束了。这是与始终监控着这个项目进度的跨宗教的领导人所扮演的突出且至关重要的角色无法分开的。他们确实对这个项目具有明显的影响力。①

根据法扎·瑞兹的说法，萨菲伊·马利夫个人以及马利夫学院的项目并没有对与其对立的伊斯兰原教旨主义者的批评完全免疫，特别是当他们获知印尼乌拉玛委员会根据伊斯兰律法谴责多元主义是一种被禁止的意识形态时更是如此。例如艾琳娜·汉多诺(Irena Handono)是一名“反对脱教运动”的女性成员，在回应关于波索大屠杀的议题时，曾通过穆斯林原教旨主义的网站(http://www.swaramuslim.net)，②谴责萨菲伊·马利夫在面对宗教多元主义时的知识分子取向。马利夫学院理想中所强调的民主与多元主义价值观时常被视为对伊斯兰教导的背叛，而且他们的行动常被看做是受西方—非穆斯林取向的计划的一部分。③

结　语

当下的自由主义伊斯兰教团体实际上是针对印尼所发生的保守

① Ahmad Syafii Maarif, 2008, Waging Peace Through Interfaith Dialogue & Cooperation: An Indonesian Experience, Paper Presented at the 2008 Magsaysay Awardees' Lecture Series, Magsaysay Center, Manila, 2 September 2008. 参见：http://www.rmaf.org.ph/Awardees/Lecture/LectureMaarifAhm.html。

② Irena Handono, "*Kabut Syafii Maarif*", in: http://www.swaramuslim.net/more.php?id=5407_0_1_0_M. (Accessed on 3 April 2010)

③ 通过电子邮件的方式与 Fajar Riza 取得了联系。

主义转向的一个回应，这是因为随着1998年苏哈托总统的垮台，印尼迎来了前所未有的社会和政治自由，特别是对过去在公共领域被严加控制的激进保守主义伊斯兰团体而言更是如此，结果是他们现在可以更加自由地在公共领域表达和阐述他们保守主义的话语，并且有时候甚至可以从事激进活动。

考虑到他们现在的情况与处境，自由主义伊斯兰团体，相较于他们的上一代而言，大都改变了不少或者说前进了一大步。首先，就他们的组织来说，不但在数量上同时在质量上都增长了不少，也就是说他们变得更加有组织性了。他们真正意识到与那些具有类似需求的团体展开合作的必要，无论是在印尼还是在全球的范围来说都是如此。例如，自由派伊斯兰网络自建立以来，便提出这样的主张，也就是说在印尼甚至是东南亚扮演一个在自由主义的伊斯兰团体中的联系网络组织者的角色。马利夫和瓦希德协会曾共同出版过一本重要且具有争议的专著，题为《伊斯兰教国家的幻象：印尼跨国家伊斯兰主义运动的扩张》，将公正福利党、印尼真主党、印尼圣战委员会、伊斯兰捍卫者阵线归入一个称为"强硬派伊斯兰教"的类别。

其次，关于他们所关心的议题，自由主义伊斯兰团体现在关注新兴的甚至是更为特定的议题。令人惊讶的是，不是所有的议题都直接与宗教相关，有一些则是与生活中的其他领域比如社会的、经济、文化、政治等有关。比如说拉希玛就关注一些新兴的社会问题，例如艾滋病、女性移民工人、妇女人口走私和个人安全、同性恋、混合婚姻等。

第三，至于方法，自由主义伊斯兰团体不但关注开办仅仅面向精英和受教育观众的研讨班和讨论课，同时也会深入基层，开展一些实际的、致力于解决与底层百姓生活密切相关的问题。自由主义伊斯兰团体也受益于现代先进的媒体，如网络、电视广播、印刷业、图书出版业等，他们通过这些方式来宣传他们的话语。相应地，他们的活动的影响范围也变得更加宽广，涉及的人也将越来越多，包括那些生活在乡村和边远地区的人也将受益于此。

第四，考虑到来自于激进保守主义穆斯林的各种形式的对抗与挑战，自由主义伊斯兰团体成功地战胜了他们，并且几乎都是以和平的方式实现的，这包括辩论与讨论、冲突调节、图书与文章甚至是法律诉讼。通过上述这些努力，自由主义伊斯兰团体得以延续到现在，并且继续在印尼推动自由进步主义的伊斯兰教话语。他们的存在，以现在的政治民主的观点来看，似乎将为印尼的伊斯兰教之美好的未来增添许多期望。这种期望由于自由主义伊斯兰教团体对于伊斯兰教历史和教义之不懈的重新诠释和理解——这是为了使其适应当下这个世界的形势和处境，以及他们所处之社会的生活现实——的努力而显得具有合理性。

苏拉诺(Suratno)，印尼雅加达帕拉马蒂纳大学哲学与宗教学系讲师。主要研究领域包括恐怖主义、全球化、宗教多元主义、种族与自由群体、当代印尼伊斯兰教等。(谢晓啸译)

埃及的“伊斯兰—世俗”混合管理模式

帕金娜·厄尔·萨尔克韦

在穆斯林世界，宗教是改变政府特性、政府—社会关系以及公共领域特征的主要决定因素。一方面，不同类型的政教关系显示了语境与观念的多样性；另一方面，推动宗教参与政治的是政府或社会内部非常活跃又有影响力的政治人物，使其在政府或反政府机构中发挥不同作用。

宗教政治化是就宗教与政治的宽泛意义而言的。宗教参与政治影响着人们生活的诸多方面，既包括公共领域，也包括私人领域，形式不一，背景各异。把宗教作为政治工具还会引发危机与紧张。世俗主义政治化也是如此，政教分离只是服务于统治者目的的政治手段而已。伊斯兰主义和世俗主义都被政府用来作为政治控制的基本工具。本文在探讨宗教与世俗主义时，并不关注这两个概念的理论层面，而是关注它们在政治领域的功能，即政治体（主要是政治权威）在使用伊斯兰主义和世俗主义时在方法和政策上有哪些不同，以及伊斯兰和世俗观念是怎样影响政府与社会的关系的。

在我们这个全球化的时代，严格明确的二分法已经式微。把穆斯林世界的政权形式划分成世俗政权或伊斯兰政权是一种简单化的做法，未能深刻理解我们身处的这个后现代的时代，以及全球化进程激发的世俗与神圣的交融。很少有哪些体制能被明确说成是宗教的或世俗的，大多数都属于世俗主义与伊斯兰的混合体。我们要研究的埃及就是其中一个重要典型。宗教在使系统合法化方面所发挥的作用造成了系统性质的模糊。在穆斯林国家间进行对比就可得出下列结论：政治主导着宗教，尽管后者能对前者产生影响。把伊斯兰主义和世俗主义作为政治控制的基本工具是穆斯林国家管理社会的主要趋势。一方面，穆斯林世界在制定公共政策时宗教是个必须强调的重要变量，尽管手段和形式各异；另一方面，不同类型的政教关系又都取决于一种占据主导地位的形式：政治对宗教与世俗主义直接或间接的控制。本研究所关注的主要问题是：埃及政府是怎样有选择地利用世俗主义和伊斯兰主义，使之相互补充，来加紧对社会的控制，并维持其统治的？这一问题的答案将能够揭示埃及政权的混合性，这种由伊斯兰—世俗关系塑造的特性使得政府身份变得错综复杂。

一、伊斯兰—世俗混合管理模式：阐释框架

过去那种把穆斯林世界的管理体制划分成伊斯兰和世俗的二分法必须被重新审视，以适应现代化和全球化进程中产生的复杂的新现实。后伊斯兰、后世俗的说法更符合地球村中宗教与世俗的复杂辩证关系。

全球化的文化层面体现在两大群体的全球性辩论之中：一方倡导公共生活的世俗化，另一方则宣称"宗教的去私人化"过程正在进行。世俗主义主张普世有效性，但宗教却在社会政治领域作为重要的因素重新崛起，甚至包括世俗主义的发源地西方。曼佐尔说过，只有当它转变成一种神圣观念和价值时，"世俗主义学说才会替代世俗主义过程"。作为一种对进步的信仰，世俗主义受到宗教在政治领域复兴的挑战（宗教通过各种媒介发挥作用，成为政治领域一个重要的变量）。伊斯兰世界深受这些颇具争议又相互作用的趋势的影响。穆斯林学界认为这种争论先是对现代化的回应，后来又受到全球化的影响。①

---

① S. Parvez Manzoor, "Desacralizing Seularism", *The American Journal of Islamic social sciences*, Vol. 12, No. 4, pp. 556 - 557.

伊斯兰范式并不接受宗教与政治的完全分离。与此相应，穆斯林历史显示了伊斯兰与政治间的不断互动。伊斯兰不仅是一种崇拜宗教，而且是一种立法宗教，处理穆斯林在买卖、婚姻、继承、犯罪与惩处方面的日常生活。因此，当提到“伊斯兰是一种宗教政治”，政治——如艾娃（Al Awa）所说——是就沙里亚（Shari'a，伊斯兰教法）而言。在伊斯兰教中，只有极少数文本意义明确恒定，大多数文本都是模棱两可的，可以由法学家进行不同的解读。这里，伊斯兰法学对于塑造和改变政治观念起到非常重要的影响，政治变成伊斯兰法学家推理的领域。只有启示文本中的主要价值如正义、咨询、自由等必须被尊为理论上绝对正确，但在实践中也是相对的。因此，“伊斯兰是宗教政治”的说法表示政权以伊斯兰为参考框架，但在政治领域接受各种各样多元的观念。① 应用沙里亚并不意味着要建立一个宗教政体。没有哪个政权是完全按照沙里亚（古兰经和伊斯兰教规）的主要原则来建立的。如何选择统治者、怎样使统治者称职以及被迫离职、由哪些人来组成司法机构、在没有明确成文法的情况下谁来立法等问题，对于思考伊斯兰公共利益的人都是开放的。穆斯林必须依靠理性来组建他们的政治机构。伊斯兰正在鼓励发展与神圣领域无关的可以付诸实践的政治构想。②

另一方面，世俗主义并非是一种统一的理论，其“大理论”③的地位因运用时产生的差距和发生的变化而受到挑战。此外，在现实世界，在本土和全球化背景下政府自身性质的转变也尤为重要。理想政府与现实政府间的差异必须要澄清。国家对待宗教并不是持中立立场，尤其是对待组织化宗教。公平对待每个人并不意味着要把他们的信仰抛开不管，而是要公正地把他们的信仰考虑在内。不少学者提出宗教在公共政治领域的“调适”或“结构多元主义”的说法（尤其是在民主社会）。他们的观点基于两个命题：一是对传统的私人

---

① راشد الغنوشي، هل في الإسلام نظام للدولة أم مرجع للقانون؟، http://www.aljazeera.net.

② المرجع السابق،.

③ S. Parvez Manzoor，opcit，p. 557.

与公共领域分开的批判；一是宗教传统能够对公共领域作出有价值的贡献。所有这些思想趋势[①]都强烈批判自由"分离主义者"的观点，并为更好地应对宗教与社会之间复杂的关系提供政治理论。其中一个较严厉又影响深远的对自由主义的批判涉及两个二分法：公共 vs 私人，世俗 vs 宗教。自由主义那种把公共与私人、政治与道德、世俗与宗教分开的做法被贝德尔(Bader)描述成"不公正、排外、一无所获、适得其反或弄巧成拙"。这种区分在现实世界不可能实现。另外，那种假装中立和将宗教排挤出公共领域的做法也忽略了历史上宗教对公共领域所作的贡献。在最近的文章中，哈贝马斯表达了宗教有权使自己不仅在公共领域而且在政治领域被听到的观点。后世俗社会具有三个被认可的明显特征：(1) 社会越来越世俗化，但同时宗教团体具有很大影响；(2) 宗教团体能产生出令人满意的动机和态度；(3) 一种相互学习的愿望在宗教心理与世俗心理间出现，为"公共意识的现代化"创造了可能，二者都认为社会的世俗化是个相互学习的过程，[②]宗教的存在可以在不同程度上被宽容。这种世俗与宗教共存又互动的混合制管理与公共领域的混合化已成为全球化时代联系越来越紧密的世界里一种主导和普遍现象。

西方学界越来越提倡宗教态度与世俗态度的兼容，但在穆斯林世界，更准确地说二者在现实世界的共存主要是受到全球化的影响。因此，有必要寻求一种分析方法来研究伊斯兰主义和世俗主义之间的复杂互动。"后世俗观念"认为"公共意识由世俗传统和宗教传统两部分构成，二者相互滋养、相互转化"。持宗教观点的人努力把他们的宗教信仰转化成世俗、普通、易于被大众理解的语言。全世界都接受的民主观念(即使是理论上)认可一种共同的人类价值体系，称

---

① such as Steven, Smith, Wolterstorff, Perry, Glendon, Novak, and Bader. See more; Furseth, Inger; Repstad, Pål, *Introduction to the Sociology of Religion: Classical and Contemporary Perspectives*, Ashgate Publishing Limited, 2006, p. 92. http://site.ebrary.com/lib/bue/Doc?id=10211315&ppg=91.

② Elsa González, José Felix Lozano, Pedro Jesús Pérez, "Beyond the Conflict: Religion in the Public Sphere and Deliberative Democracy", *Journal of Moral, Legal and Social Philosophy*, 26 August 2009, Springer data base.

为“价值的共同指针”，[①]这是世俗和宗教话语都能接受的说法。

相应地，管理系统也会担心伊斯兰运动在未来出现。针对这种威胁所采取的主要策略之一便是以一种所谓的“部分世俗主义”来限制伊斯兰运动，某种程度上把宗教排除在宪法、法律和政治机构以外，而使宗教在个体的社会生活和私人生活中留有角色。这种模式下民族国家不与宗教为敌，而是将影响划分开：政治领域世俗化，而社会、文化、个人领域伊斯兰化。“部分世俗主义”接受把宗教作为身份的一部分，也不反对把宗教作为立法的来源。所以宗教可以被看作是公共意见的重要源头。“部分世俗主义”也能与“部分伊斯兰主义”相认同。在这种情况下，伊斯兰变成一种道德因素，成为价值和伦理的源头，而“部分世俗主义”成为以宪法为主的政治活动的基础。伊斯兰成为一种伦理准则，旨在扩大伊斯兰伦理在社会中的影响，既包括私人生活，也包括政治和经济领域。而公共领域则按照伦理上采取“部分伊斯兰主义”和立法上采取“部分世俗主义”的方式来组织。由此，“部分世俗主义”能被伊斯兰国家所采纳，使之符合西方支持的现代民族国家模式。[②] 从这层意义来说，融入伊斯兰观念的“部分世俗主义”承认政治领域和宗教领域的区分，政治领域是世俗的，处理现实利益，理性占据主导地位；宗教领域则主要包括崇拜活动，启示占据主导地位。[③] 艾尔·麦沙利（Al Messeri）还曾强调过“部分世俗主义”与“绝对世俗主义”的区别，“部分世俗主义”是指政府与宗教的分离，而“绝对世俗主义”是将人文、道德和宗教价值与整个人类生活分离开来。[④]

阿塞夫·巴亚特（Assef Bayat）认为，区分政治领域与社会领域

① Elsa González, José Felix Lozano, Pedro Jesús Pérez, “Beyond the Conflict: Religion in the Public Sphere and Deliberative Democracy”, *Journal of Moral, Legal and Social Philosophy*, 26 August 2009, Springer data base.

② ،"والعلمانية الإسلام بين وذالنف وتقسيم..الجزئي الإسلام،حبيب رفيق http: //www. islamonline. net.

③ والعلمانية الإسلام ،الغنوشي راشد، http: //www. aljazeera. net.

④ تمام حسام ،العلمانية والتفسير التدين حول ،المسيري الوهاب عبد (المحاور)، 15\1\2006،.

是个普遍的假设，不仅体现在“部分世俗主义”观念之中，也体现在“后伊斯兰主义”的演变之中。二者都关注不同程度的伊斯兰去政治化的新趋势，这种趋势不仅体现在政府部门，也体现在军事运动和社会领域。这种根据宗教将政治和社会领域加以区分的漫长过程先是在政府部门开始，而后扩展到伊斯兰运动和更广泛的社会领域之中。

伊斯兰主义由政治伊斯兰和现在不断发展的所谓虔敬运动构成，虔敬运动是指一种越来越强烈地把伊斯兰看作个人虔诚而非政治虔诚的趋势。巴亚特对此进行了讨论，他称之为“后伊斯兰虔敬”。这种活跃的虔敬运动强调仪式和经书，而淡化政治，尤其符合富人、年轻人和妇女的口味和方式。[①] 他把从伊斯兰主义向后伊斯兰虔敬的转变比作从一项政治工程向主要关注“个人救赎、道德修养和自我实现的转变”。[②] 它构成一种使命或召唤（*da'wah*），面向广大民众。阿塞夫·巴亚特认为埃及正显示出“后伊斯兰转向”的迹象。[③] 他把后伊斯兰主义定义为一种更宽泛的社会政治状态，以及一项结合了人权、信仰和自由的良心工程。它强调权利重于责任，促进多元主义的发展，强调历史真实性而非僵硬的经书。后伊斯兰主义强调宗教性，[④]但只限于社会、文化和私人领域。在此，有必要提一下后伊斯兰主义和后世俗主义的共同点：两者都显示出政权、社会领域伊斯兰去政治化的趋势，即从权威和政治权力中将伊斯兰剥离出来，同时在社会和文化领域接受它。这种趋势将“政治”的定义狭隘化，政治指的就是正式的政治权威，其他社会、文化领域的政治因素被忽略。

二、穆斯林世界的宗教和世俗主义：控制手段

世俗和伊斯兰两种方式都被穆斯林世界的政府所采用，以加强

---

① Assef Bayat, "Piety, Privilege and Egyptian Youth", ISIM Newsletter, July 2002, No. 10, p. 23.

② Assef Bayat, *Making Islam Democratic: Social Movements and the Post-Islamist Turn*, Stanford University Press, Stanford, 2007, p. 149.

③ Ibid., p. 8.

④ Ibid., p. 11.

对社会的控制。越来越多的政府将世俗主义和伊斯兰主义在意识形态中相混合，将两者结合制定政策，以确保政治系统的稳定，对社会的完全控制以及对其他对手的排除。

像其他接受世俗化理论的学者一样，查尔斯·蒂利（Charles Tilly）认为，尽管世俗主义是为应对西方基督教世界的政治问题而产生的，它同样适用于走向现代化的非基督教世界。这是因为世俗主义的兴起与现代民族国家的兴起密切相关。① 按照这种说法，非西方世界的现代化会像西方一样经历宗教的私人化过程。穆斯林学界对此持两种看法，提比（Tibi）支持查尔斯·蒂利的观点，他认为随着穆斯林社会的现代化，他们会追随西方基督教社会的私人化之路，现代化会带来世俗化。但是盖尔纳（Gellner）等学者则认为伊斯兰显示出一种超越世俗假设的非凡能力。他认为，这种“穆斯林例外主义”与伊斯兰在现代民族国家中具有充分的动员能力有关。由此他认为，穆斯林国家能够促进以纯洁的宗教代替理想化的西方民族主义。伊斯兰继续在公共领域强有力地存在着，并改变着政府与社会的关系。但是穆斯林例外主义不应被夸大，有几个原因：(1) 宗教在西方的命运让人重新思考，关于宗教去私人化的言论已经出现；(2) 穆斯林例外论忽略了印度教徒、佛教徒和其他非穆斯林对公共领域产生影响的能力；(3) 除了伊斯兰民族主义，种族、世俗民族主义的呼声在穆斯林世界也很强烈；(4) 不允许将政治权威和宗教权威分开的政治伊斯兰观点已遭到“自由穆斯林”的强烈抗议，他们坚持在伊斯兰中很早就有民事权力分离的先例。②

在西方启蒙运动中，世俗化被视为从宗教控制中解放出来，但在伊斯兰世界它被看作是对宗教的控制。政权本质上是独裁的，且与

① Talal Asad, *Formations of the secular: Christianity, Islam, Modernity*, Stanford University Press, USA, 2003, p. 2.

② Robert W. Hefner, “Multiple Modernities: Christianity, Islam, and Hinduism in a Globalizing Age”, Annual *Review of Anthropology*, Vol. 27, 1998, p. 90. http://www.jstor.org/stable/223364. (Accessed: 02/12/2008, 08: 38) ،الفتاح عبد الدين سيف
،المصرية المواطنة دفاتر فى قراءة ..للدين الدولة تأميم ..المقدس غير الزحف
،(تحرير) هزت رووف هبة ،زيد ابو علا.

西方相比，是在不同语境下建立起来的。正如赛义夫·阿卜杜勒·法塔赫（Seif Abdel Fatah）所说，穆斯林世界政权的建立是畸形的，这与贝特朗·巴蒂（Bertrand Badie）提出的关于西方、穆斯林国家“两个政府”的观念相一致，后者通过进口政治工具和机构而建立起“进口政府”。与此同时，中央政府调动所有的控制工具来使社会有效空间国有化。由于过度控制社会的倾向，法塔赫认为政治权威垄断权力统治社会的做法实际上是创造了一个“上帝之国”或是“另一个上帝”。①

西方自由政治理论普遍认为，世俗主义创造出一种中性或客观的领域（公共领域），允许人们对宗教表示赞同或不赞同。政府和公共领域应该对宗教持中立态度，不干涉宗教活动。按照这种观点，世俗公共领域是建立在查尔斯·泰勒所说的“重叠共识”（overlapping consensus）观念之上的，持有不同宗教观点和动机的人可以达成同样的政治原则，冲突可以通过对话与妥协来化解。② 但是在穆斯林世界，世俗主义虽被政府采纳，但其主要目的是为了垄断宗教以控制穆斯林社会，因此政教关系是建立在控制基础之上，而不是寻求折衷妥协。看看政府行为、决策的独裁性或虚假的民主转型表象就明白了。

因此，在穆斯林世界，世俗主义在后殖民政权的行为中变得高度政治化。就世俗政府的态度而言，世俗主义被看作一种能为镇压提供正当理由的意识形态。此外，既自豪地宣称自己是世俗主义者又被看作支持这些政权的西方国家，实际上是在使世俗主义变得越来越不合法。③

---

① سيف الدين عبد الفتاح، الزحف غير المقدس.. تأميم الدولة للدين.. اءة
في قر، (تحرير) زته رووف هبة، زيد ابو علا، المصرية المواطنة دفاتر
هرة، الدولية الشروق مكتبة، الديموقراطية ومستقبل المصرية المواطنة
القا، المجلد الثانى،
2005 ،ص 947.

② Kim Shively, “Taming Islam: studying religion in secular Turkey”, *Anthropological Quarterly*, Summer, 2008. http://findarticles.com/p/articles/mi_6913/is_3_81/ai_n28563588/print?tag=artBody;col1.

③ Nader A. Hashemi, “Inching Towards Democracy: Religion and Politics in the Muslim World”, *Third World Quarterly*, Vol. 24, No. 3, Jun., 2003, p. 571. http://www.jstor.org/stable/3993386.

拥有各种体制机构的伊斯兰世界各类世俗政府对宗教大体持两种观点：一种是对宗教持主动进攻立场，另一种是对宗教采取遏制防范政策。在世俗政府中，世俗化被广泛用来作为在国内摧毁反对派伊斯兰力量和在国外应对西方压力的工具。

像世俗主义一样，穆斯林世界的政府也在利用伊斯兰。在这点上，宗教的重要性不只是体现在政权的合法性问题上，还首先涉及政治系统的稳定。稳定意味着维持统治阶级的统治，这就要限制或摧毁任何对现存政权的威胁。政府将宗教和正式的宗教机构作为政治工具来为自己的决定和政策辩护。伊斯兰国家的宗教实际就是统治阶级手里的工具，不管政府是世俗的还是宗教的。为了有效地管理政治生活，大多数伊斯兰国家实际上不是排除宗教，就是中立、压制或垄断宗教。

宗教与政治的复杂交融产生出新的动向，赛义夫·阿卜杜勒·法塔赫提出可以用四个概念来概括这四种发展趋势。这些概念反映了西方世界和伊斯兰世界一些反复发生的宗教与政治相结合的现象。在西方世界，“世俗神圣化”和“宗教世俗化”成为一种普遍现象。有时世俗主义变成一种神圣宗教，而那些本应由自由世俗主义保护的基本人权，如违反宗教自由、信仰自由等却被忽略。此外，世俗政府虽然想要把世俗“神圣化”，把它转化成一个本质上的神圣领域，谴责那些支持落后、恐怖主义或是寻求建立宗教政府的怀疑论者，但又不能忽略宗教或宗教机构。在伊斯兰世界，“宗教政治化”和“政治宗教化”是两大主要趋势。“宗教政治化”是指政治对宗教的统治以及政权对于信仰的垄断。政权要将宗教国有化。[1] 宗教政治化在伊斯兰世界是个普遍现象，表现在：(1) 使用宗教用语来为其地位和政策辩护；(2) 利用宗教对对手进行指责。这是消除政治领域所有宗教倾向的借口。集权政府对伊斯兰运动发起连篇累牍的指责，例如，伊斯兰分子被指责为机会主义者，试图夺取权力，为宗教代言，控制宗

① السياسـى والمـدنى الـدينى بيـن العلاقـة فـى رؤيـة ،حالفتـا عبـد الـدين ف زؤى والعـالم مصـر :والسياسـى الـدينى بيـن العلاقـة ـ(تحـرير) ماهر مدحت ،و الدوليـة الشـروق مكتبـة ،متعـددة وخـبرات متنوعـة ،2008 ص 22.

教活动,使宗教政治化。政府部门一直拒绝在政治生活中使用宗教口号,因为这会被认为将宗教与政治混为一谈。除了这些常见的指责,政府还提出一个著名的论断:"宗教高于政治。"这成为必须将宗教与政治分开的借口。因为政治是由"肮脏的法律"所统治,所以通过强调宗教的优越性,必须将宗教从政治生活中排除。这种逻辑其实是把宗教看作处理人与上帝关系的个人事务,与那种认为宗教会对人类生活的各个方面产生影响的观点是不相符的。"宗教政治化"的另一个侧面是政府自己实践"宗教政治化",正如赛义夫·阿卜杜勒·法塔赫所说,"政府使得宗教领域国有化"。不是不干涉宗教事务,而是政府垄断宗教作为重要的手段来掌握权力,将对伊斯兰运动的那些指责变成自己的切实行动。

伊斯兰世界的另一种趋势是"政治宗教化",即宗教统治高于政治。比如,使用宗教语言"halal"和"haram"规定哪些食物可以食用,哪些不可以食用,每件事务都要经过伊斯兰教法的判决。这些事务虽然都与宗教有关,但还是需要依靠专家的意见决定利益与效益。宗教意见必须建立在好与坏的现实基础之上,而不是根据伊斯兰教法来决定。[①]

政府要代表伊斯兰,利用伊斯兰使其合法化,这一目的主要是通过将宗教机构纳入政府部门来实现的。穆斯林国家没有西方那种关于宗教机构的概念,宗教机构也未发挥过类似的作用,因此神圣—世俗分开的范式并未出现。穆斯林政府尽管拥有绝对权力,但是在穆斯林社会(或称乌玛,Ommah)之外却并不拥有自主权或合法性,乌尔玛仍然是伊斯兰律法沙里亚(Shari'a)的监护人。[②] 伊斯兰历史产生出一种双重性,政权是伊斯兰的载体,而沙里亚是它的精神。政府虽然拥有最高权力,但却不是穆斯林效忠的终极对象。没有组织机构的乌尔玛是伊斯兰沙里亚的代表。伴随现代化和全球化大潮而来的世俗化冲击,打乱了政府与乌尔玛之间的微妙平衡,导致政府或是乌尔玛的过度出现。[③] 另外,统治者需要保障乌尔玛的自主

---

① المرجع السابق، ص 22 - 23.

② S. Parvez Manzoor, opcit, p. 553.

③ Ibid., pp. 554 - 555.

权来平衡他们对乌尔玛的控制，这是他们有能力使统治系统合法化的主要原因。与此同时，政客们也无法允许宗教领袖拥有无限制的自由，因为他们也许会利用无限制的自主权来挑战政府权威。因此，政府与宗教机构之间的区分必须小心算计。[①] 其他传统的宗教机构，包括捐赠会[②]等教育性机构，都被政府所吸纳或控制。这些机构在穆斯林社会发挥积极作用，就像现在公民社会组织发挥的作用一样。政府迫切地想要将这些实体纳入，因为它们拥有大量可再生的经济资源，并能给对手施加压力。

政府对宗教加强控制的原因还包括伊斯兰反对派拥有相当大的社会基础，并且在当前政治系统表现不佳、其他世俗对手由于分裂或政府镇压而衰弱的情况之下更为人所接受。除了这些国内原因，9·11事件之后来自西方的外部压力也起到很大作用，促使伊斯兰世界的政府采取更积极的措施对待宗教运动，为所谓的“温和伊斯兰”辩护。尽管形式各异，伊斯兰世界的政府（不管世俗、伊斯兰，还是二者的混合）都利用宗教或对宗教的恐惧来加紧对社会的控制。这些政府在他们的社会面前如此强势，但在面对外部力量——西方列强时却如此软弱。西方国家的干涉强化了政府对宗教的控制。许多指标都显示出西方所起的消极影响，比如文化、教育和宗教话语等。政府使自己变成“正确、温和伊斯兰”的唯一代言人，不允许其他力量的竞争，除了以美国为首的西方列强。因此，穆斯林公民被夹在国内专制和国外专制之间。[③]

三、埃及政教关系的演变历程

从历史上看，宗教和宗教机构在维护政府合法性、影响统治者的

① Abdullahi Ahmed An-Na'mi, *Islam and the Secular State: Negociating the Future of Sharia*, Harvard University Press, Cambridge, 2008, p. 65. http://site.ebrary.com.

② Awquaf：指将房产或其他财产捐赠出来支持清真寺、大学或其他对集体有益之事的行为。捐赠者的公益行为能得到此世和彼世的保佑和回报。

③ سيف الدين عبد الفتاح، الزحف غير المقدس.. تأميم الدولة للدين.. قراءة في دفاتر المواطنة المصرية، المرجع السابق، ص 950.

知名度方面起到重要作用。尽管某些时候宗教机构占据主导地位，但是埃及并未出现宗教政府。在埃及建立民主国家之后，宗教与政府的关系一直是模糊、不确定的。这种模糊性体现在世俗机构和伊斯兰机构在经济、社会和政治多个层面的共存。例如，教育机构就反映出这种世俗—伊斯兰的两重性。自从19世纪中叶以来，埃及政治精英发展出一套世俗教育体系作为对有千年伊斯兰教育历史的爱兹哈尔大学为代表的宗教体系的补充（不是替代）。① 1522年，奥斯曼帝国苏丹设立爱兹哈尔校长职位，作为乌尔玛的代表。② 从那时起，在大多数埃及人眼中，爱兹哈尔学院象征着沙里亚的观点，并被看作是伊斯兰信仰的捍卫者。尽管在王朝和共和国阶段政府利用这所宗教机构来使自己合法化，但是并未建立宗教政府。这所学院不能超越为政府和其决策提供宗教支持的界限。③ 作为交换，爱兹哈尔学院享有在社会文化领域较大的自由。

从1923年宪法开始，所有的宪法都宣称伊斯兰是埃及的官方宗教，并承认信仰自由。1923年宪法在第3条和第12条中明确表示宗教的完全平等和自由。第13条中表示，“符合埃及惯例”的各种宗教信仰自由受到保护。第149条把伊斯兰定为官方宗教，但没有进一步解释。尽管149条处于宪法的结尾，但是它反映了1952年革命之前伊斯兰在埃及议会政府中的核心地位。这一条被爱兹哈尔学院反复用来捍卫宗教和宗教机构。埃及政府部门则在涉及宗教法律的所有问题上显示出警惕和实用主义态度，尤其是在20世纪20年代和930年代意识到伊斯兰在埃及社会的重要性时更是如此。根据153条，国王拥有监督宗教机构并指定管理人员的权力。根据这一条，爱兹哈尔学院开展一项运动，将国王的地位上升到哈里发。④ 穆罕穆

① Meir Hatina, “On the Margins of Consensus: The Call to Separate Religion and state in Modern Egypt”, *Middle Eastern Studies*, Vol. 36, No1, January 2000, p. 36.

② ندوة" ،"مستمرا الاصطفاف يزال ما ..والدولة الدين" ،حاوي الط الله بد سكندرية ،سيحيين الم الشبان جمعية ، "والدولة الدين بين العلاقة مستقبل في الإ الفترة من 27: 29 أكتوبر 2009، 10\11\2009.

③ السابق المرجع.

④ Meir Hatina, opcit, p. 37.

德·阿里王朝的统治者就试图利用宗教来巩固自己的权威，王朝创建者穆罕穆德·阿里·巴夏(Mohamed Ali Pasha)在乌尔玛的帮助下达到目的，但后来乌尔玛又被他镇压。

关于沙里亚的应用，伊斯兰教法与公共政策的制定有很大关系，并受到政策制定者的尊重。直到1883年民事法庭的成立，伊斯兰的沙里亚一直被运用在埃及穆斯林的所有法律关系之中，从沙里亚中精选出来的判决成为法律的公共来源。与传统的沙里亚法庭相比，西方立法就很少受到社会或政治方面如此明显的影响。在萨达特时代的最后一年，为了回应伊斯兰教徒的挑战，也为了顺利通过一项总统可以无限次当选的宪法修正案，1980年宪法第2条宣称沙里亚是“立法的主要来源”。在政府立法和宪法文件中提到沙里亚，是对社会中存在的仅把沙里亚看作行为规范和智慧价值的“政治宣言”。这表明政策制定者尊重这种大多数人的宗教，因为它自埃及诞生之日起便存在，尤其伊斯兰是一种无所不包的信仰，包含着其他宗教信仰者的权利。①

埃及政治精英们成功地在某些历史时期发展出将政府与宗教调和的观点，主要是在民族解放运动和1923年宪法时期。至于纳赛尔时期，由于特殊的政治革命运动，政府采取了绥靖政策。在1952年和独裁政权建立之后，纳赛尔政权扩大了对个人自由的限制，这影响到宗教在国家中的地位。政府在1956年取消了沙里亚法庭，并于1961年把爱兹哈尔学院改造成一所国立大学，由此没收了宗教机构所拥有的宗教权威。伊斯兰虽然仍出现在政治舞台上，但是扮演的角色已不同，只是被用于维护政府的合法性和意识形态(即泛阿拉伯主义和阿拉伯社会主义)，并用于镇压反对派(主要是穆斯林兄弟会)。不过，爱兹哈尔大学得以继续在社会中保持其道德权威的角色。政府和宗教的有机统一还体现在由总统来任命阿兹哈尔的校长以及重新将伊斯兰作为国家的官方宗教(1964年宪法修正案第5条)。纳赛尔主义所引起的埃及政治变革只是局部变化，并不全面。②

① عبد الله الطحاوي ,المرجع السابق،.

② Meir Hatina，opcit，pp. 50－51.

过去三个世纪中不断激发起来的埃及认同中的强烈伊斯兰层面，迫使国家实行有限伊斯兰化过程，同时这一过程也在不同程度上改变了政府机构、政策中的世俗性质。当前的宗教复兴是由三波伊斯兰行动主义发展而来，始于19世纪的埃及。那时，贾马尔·埃丁·阿富汗尼(Jamal Eddin al-Afghani)和他的弟子穆罕默德·阿卜杜(Mohammed Abdu)认为，伊斯兰是一种理性宗教，应该被直接应用于现代生活。他们的运动是因反抗外国势力对埃及的干涉而产生，先是反抗拿破仑入侵，然后是英国殖民。阿富汗尼和阿卜杜把西方既看作对手，也看作榜样，为穆斯林提供一种方案，既吸纳外国文化和成就中的优秀因素，又促使伊斯兰与非穆斯林世界的进步展开竞争。

伊斯兰复兴运动的第二阶段产生于20世纪早期，随着穆斯林兄弟会的出现而兴起。穆斯林兄弟会1928年由哈桑·班纳创立，至今仍然是中东最受人尊敬的伊斯兰团体。与第一波的理论家(阿富汗尼和阿卜杜)不同，班纳旨在将宗教应用于政治和大众生活。穆斯林兄弟会寻求改革埃及的价值观、经济和政治体制以创造一个穆斯林社会。这一组织在1952年的自由军官政变中黯然失色。在这次政变中，贾迈勒·阿卜杜勒·纳赛尔夺取了政权。从意识形态来看，纳赛尔政权旨在按照社会主义理论，通过世俗而非宗教方式来满足社会的愿望和需要。纳赛尔对穆斯林兄弟会进行大规模镇压，逮捕了数百名成员。为消除公众批评，他也指定乌尔玛成员来支持政府的"伊斯兰社会主义"政策。纳赛尔在宗教事务和社会事务间划分清晰界限，但他自己在很大程度上忽略了这一界限，只是一味促进政治经济改革。1967年，作为疗治创伤的方法，埃及开始怀疑其民族认同所依赖的原则。为重建它的国家集体身份，伊斯兰开始复兴，为始于20世纪70年代的第三波伊斯兰行动主义铺平了道路。

第三波复兴运动分裂为两部分，一些人提倡以和平手段建立伊斯兰社会，另一些人则认为武力是推翻政府、建立伊斯兰国家的唯一方法。[1] 温和派加入了穆斯林兄弟会，此时的穆斯林兄弟会已经放弃

---

① Abdo, Geneive, *No God but God: Egypt and the Triumph of Islam*, Cary, NC, USA, Oxford University Press, 2002. pp. 6 - 7. http://site.ebrary.com/lib/bue/Doc?id=10087275&ppg=20.

了暴力，把精力集中在大学教育上。激进派则使用暴力手段直到 90 年代中期为止。如今，埃及已成功地消灭了来自激进伊斯兰主义者的恐怖威胁。这一波复兴运动的主要特征在于，虽然未能使政权伊斯兰化，但是它成功地使社会伊斯兰化。伊斯兰已经深深渗入到埃及的社会意识之中。当前的伊斯兰热强调家庭价值、传统两性道德和文化真实性。这种新的变革焦点既不依赖于某个人、某个组织，也不依赖于某个机构。在这种新宗教氛围的核心，一批强劲的族长联盟、街头传道士、学者、医生、律师和女人们正在探寻一条通往新型、非正式的(主要是社会层面)伊斯兰秩序之路。这种广泛的基础反过来支持了一种强有力的社会运动，对世俗政府构成巨大的威胁。在最平静的埃及，社会改革正在导致全社会由下至上的伊斯兰化，①这使得埃及除了建立一个伊斯兰国家形象之外，别无选择。来自不断扩大的伊斯兰社会的压力，也迫使政府相对伊斯兰化，当然也是为了维持其独裁政权统治的需要。

如果把政治伊斯兰运动及其在埃及的发展考虑在内，那么，后纳赛尔时期的埃及政权就面临一种来自伊斯兰分子不同类型的挑战。在萨达特和穆巴拉克时代，伊斯兰运动兴起，成为政府体系的主要对手。政治伊斯兰从纳赛尔时期被迫害的对象变成他死后对政权的威胁，这种威胁是由社会中的伊斯兰复兴和持续的发展危机引起的。这种冲突是政治上的而非意识形态上的冲突。在这场战斗中，政府通过以下手段巩固其伊斯兰形象：萨达特成立立法委员会，研究埃及法律与沙里亚的兼容问题；1986 年通过法律颁布禁酒令；媒体广泛报道宗教活动；加强对有辱伊斯兰的书籍、戏剧的审查等。② 萨达特被认为是个信仰总统，给予伊斯兰教徒更多自由，以此来抗衡其左翼对手(主要是共产主义者)。总之，从历史上看，通过利用宗教机构和宗教领袖来为政权合法化，以及遏制伊斯兰或世俗对手，埃及统治者倾向于把宗教看作他们政权稳定的基础。

---

① Abdo, Geneive, *No God but God: Egypt and the Triumph of Islam*, Cary, NC, USA, Oxford University Press, 2002. , p. 8.

② Meir Hatina, opcit, p. 52.

四、埃及政权的“伊斯兰—世俗”两重性

宗教在使伊斯兰世界政治体系合法化过程中所发挥的作用使得政治体系的性质(是伊斯兰还是世俗)变得模糊。埃及代表一种世俗与伊斯兰以一种独特方式共存的混合模式,声称代表着二者的调和,试图对社会实行全面控制。在埃及,宗教和民族主义相互混合,并受到政府的支持。所有这些还引起政权的伊斯兰化。伊斯兰主义者的挑战迫使政府显得更公开地宗教化,并明确地使用宗教话语,从而形成一种“世俗化的宗教政府”。在巴亚特看来,埃及政府已成为这类政权的代表。① 政府被迫使用宗教语言来应对不断伊斯兰化的环境,而使用它的世俗倾向来应对西方目的。伊斯兰—世俗的两重性体现在伊斯兰和世俗这两种趋势的互动上。埃及政权的这两张面孔共存,为在国内和国际背景下维护社会稳定和其本身的合法性服务。

确保政权稳定是埃及政府的第一要务,这是决定使用哪张面孔的主要依据。世俗还是伊斯兰取决于具体的问题和时间。埃及政府通常表达两套话语:一是在面对伊斯兰对手(如穆斯林兄弟会)时保卫公民政府;一是在面对非伊斯兰或世俗对手时(如巴拉迪)保卫伊斯兰政府。例如,在谴责一些世俗对手时政府会变成宗教的保护者和伊斯兰的捍卫者,保护宪法第 2 条,如在巴拉迪批判宪法第 2 条和穆斯林与科普特人之间的紧张局势,提倡允许穆斯林兄弟会建立政党时,政府的正式话语就会攻击巴拉迪的世俗主义。这时政府与其伊斯兰对手的观念相接近。在谴责巴拉迪世俗主义的同时,他们也会攻击穆斯林兄弟会的“政治宗教化”。因为埃及政府的官方话语其实有两套,一方面攻击穆斯林兄弟会,另一方面又倡导在埃及建立伊斯兰国家。这里,政教分离观念的提出只是用来反驳政治反对派。

---

① Assef Bayat, opcit, Making Islam democratic: social movements and the post-Islamist turn, p. 166.

1. 埃及政权的伊斯兰性

观察家能够看出政权在许多方面被伊斯兰化,或者更准确来说,是构建一种伊斯兰政府的形象,主要是在形式上,而不一定是在内容上。

立法层面　埃及法律是建立在伊斯兰和民法(主要是法国)基础之上的。1971 年宪法确认伊斯兰是国教(第 2 条)。1980 年为回应伊斯兰教徒的争论,增加了一条修正案,指出沙里亚是立法的主要来源。1956 年,自由军官革命 4 年之后,沙里亚法庭被纳入国家法庭系统。因此,在国家法庭中应用的家庭法是伊斯兰教法,该法允许以科普特教徒为主的埃及基督徒适用于他们的宗教立法。伊斯兰教法在家庭法中保留了位置,体现出埃及立法系统的混合性。[①] 此外,如下文所示,传统的宗教机构也被合法地纳入国家机器之中。

机构层面　宗教国有化是政府控制的一个重要方面,在这种情况下,政治权威努力保持它对宗教机构(爱兹哈尔大学[②]、宗教事务部和伊斯兰教法庭[③])的影响,确保其霸权和中心性。这些机构不同程度地成为管理体系的组成部分,为国家提供重要的伊斯兰化面孔的来源。政治领域统治着宗教(尽管宗教会影响前者),为宗教机构成为重要的政治参与者铺平道路。把宗教作为政治控制的基本工具能把宗教机构变成一种统治社会的手段。二者越来越相互认可,要划定各自合法影响范围的界限已经变得越来越不可能。从历史上看,宗教机构明显是按照政府的压力而发生变化。或是寻求中立,或是接受服从,或是想要独立。宗教事务部被正式纳入内阁,作为一个部门之后,只有爱兹哈尔大学和伊斯兰教法庭能够享受严格控制下有限的自由。从 1989 年开始,政府给予宗教事务部控制公共清真寺的

① Susanne Olsson, "Apostasy in Egypt: Contemporary Cases of Hisbah", *The Muslim World*, Vol. 98, January 2008, p. 98.

② 在埃及,政府必须有效地遵守爱兹哈尔大学关于哪些书籍和电影必须被禁止的裁决。爱兹哈尔大学是一所拥有 30 万名学生的大学体系,并拥有服务于 150 万名学生的从小学到中学的学校体系。它将成百上千的宗教学者派往非洲和亚洲传播信仰,并且,不论在任何时候,都有约 3 万多名外国留学生在其所属学校就读。

③ 伊斯兰教法庭: *Dar Al Efta'a*,埃及的主要伊斯兰教法仲裁机构。

权利，并接管私人清真寺。另外，政府还资助传教士培训项目，发放清真寺布道指南。布道被看作政府和公民交流的渠道，因此，政府设法影响布道内容，并设法传播一种促进服从政府权威的伊斯兰观念。同时，穆巴拉克总统喜欢从附属于执政党的宗教领袖中选择爱兹哈尔校长。1996 年他任命了坦塔维（Tantawi），许多人认为这是个政治选择，因为他是民族民主党宗教派别的领导人。同样，2010 年，总统又任命了民族民主党（NDP）政策委员会委员艾哈迈德·塔耶卜（Al Taeb）作为新校长①，尽管他在被任命之后很快便辞职。

今天，许多埃及穆斯林质疑“国教伊斯兰”的权威性，一些人认为它的代表与政府合作，受政府指派，他们代表的是所谓的“官方伊斯兰”。这种情况下，一些团体开始争夺伊斯兰教的阐释权。这也是今天在埃及我们看到的分裂以及对爱兹哈尔大学在埃及体系中的作用产生争议的主要原因。通常情况下，“官方伊斯兰”很大程度上服从政府，通过发放伊斯兰教法的判决书来使政府颁布的政策合法化。进入 20 世纪 80 年代，政府越来越依赖于凭借爱兹哈尔大学来建立自己对伊斯兰反对派的正统性，于是，乌尔玛也冒险进入由政府支持的政治领域。例如，在大选期间，当政府需要确保满意的选举结果，或是面对民众抵制的呼声时，许多关于伊斯兰证言责任（不要隐藏你的证言）的判决就会大量涌出。当然，爱兹哈尔大学领导人的个性因素不能被忽略。当坦塔维表现得更合作、更服从政府立场时，塔耶卜发布的言论更中性，有时甚至说出“我拒绝和以色列正常化”这样大胆的言论，他曾宣称在耶路撒冷解放之前他不会进行访问，也不会会见以色列官员，除非巴勒斯坦人获得他们的合法权利。②

爱兹哈尔大学和政府其他支柱部门之间的关系也决非没有矛盾。审查权原本是信息部的特权。同时，爱兹哈尔大学还就私人清真寺的控制和萨拉菲运动（Salafiya movements）问题与宗教事务部

① Susanne Olsson, “Apostasy in Egypt: Contemporary Cases of Hisbah”, *The Muslim World*, Vol. 98, January 2008, pp. 99 - 100.

② محمد عبد الفتاح عليوة، "الازهر بين الهدم والبناء"، 23\7\2010، http://www.watan.com/articles/1915 -.

存在竞争。此外，在监管艺术文化产品方面，爱兹哈尔大学和文化部之间也隐含着矛盾。埃及的司法系统是爱兹哈尔大学施加影响很大的领域。通过监测沙里亚的应用作为埃及宪法管辖权的来源，爱兹哈尔大学（至少是间接地）对具体法庭判决产生了相当大的影响①。

社会文化层面　另一方面，为应对埃及社会广泛伊斯兰化的趋势，埃及政府批准了一些与伊斯兰分子提出的保守社会议程十分接近的政策和话语，达到了两个目的：一是使他们的议程去政治化，二是将他们的议程接管过来。这一行动很成功，不仅由于它受益于埃及社会的普遍宗教性，还因为埃及的宗教政治思想已经深陷于过度的经书主义和保守的世界观之中。②

与伊斯兰团体的长期斗争使得爱兹哈尔大学的作用具有了政治意义，并使之与政府联盟，而政府也接受它广泛的社会文化角色。从1980年起，爱兹哈尔大学便一直直接参与媒体审查，并被看作埃及社会再伊斯兰化的主导力量之一。对自由知识分子的指责，对一些知识分子变节事件的攻击，从货架和报纸上清除书籍和文章都是爱兹哈尔大学直接主使或得到它的公开同意。③ 政府其实是在容忍社会文化层面的相对伊斯兰化。例如，爱兹哈尔大学的乌尔玛宣称他们是埃及社会的道德、政治监护人。为此，他们将自己的权威扩大到严格的宗教领域之外，禁止他们认为对伊斯兰和穆斯林团体有敌意的书籍和电影的发行。司法体系也受到伊斯兰的影响。最近几年，法庭禁止被认为对伊斯兰有敌意的电影的放映，并且宣布纳斯尔·哈米德·阿布扎德（Nasr Hamid Abu-Zayd）④的作品是对伊斯兰的背叛。在这些事件中，法官都显示出世俗主义者所说的危险的先例。他们超越了自己的民事权力，来解释宗教经文，而这一职责通常是由

① Holger Albrecht, "How Can Opposition Support Authoritarianism? Lessons from Egypt", *Democratization*, Vol. 12, No. 3, June 2005, p. 382.

② Assef Bayat, Making Islam Democratic: Social Movements and the Post-Islamist Turn, opcit, p. 166.

③ Holger Albrecht, opcit, p. 382.

④ 阿布扎德以前是开罗大学伊斯兰教研究学者，因其对伊斯兰话语的批判被伊斯兰家事法庭送进监狱，宣布他为叛教者，并宣布他与妻子的婚姻无效。后阿布扎德与妻子移民荷兰。——译注

伊斯兰学者担任的。[①]

为看上去更像是伊斯兰的捍卫者，政府能够容忍一些保护宗教的社会动员，尤其是当这些事件是在外来力量冲击下而造成之时。比如在丹麦卡通事件中允许一些反对丹麦政府的抗议，但在国内事务或是与以色列侵略有关的其他外部问题上则不会这样。

社会伊斯兰化迫使政府也要显得伊斯兰化，不管实践得如何，形式比内容更重要。因此，政府与萨拉菲主义并不矛盾，相反，赋予这种趋势更多自由将有助于削弱社会的政治性，促进社会的宗教性。尤其是这种保守的虔敬运动被政府以各种手段加以控制，清真寺被国有化，布道被控制。一些知名布道家不被允许自由布道，并被派往不知名的地区或送到国外（比如阿姆鲁·哈利德[②]），尽管他们采用的是去政治化的布道话语。政府脆弱的合法性受不了任何有广泛社会支持影响的知名人物或组织因宗教原因而发起的运动。

2. 埃及政权的世俗性

作为多元主义、自由乃至人文主义的象征，世俗主义与西方世界的现代性和现代化过程有关。它显示出一种神圣性，并以进步为信念。曼佐尔指出世俗化不只是头脑中的过程，或是接受一种科学世界观，更是一种制度安排。[③] 当西方国家开始重新思考世俗化时，多数伊斯兰国家却回到世俗主义，以排除、中立、压制或垄断宗教的方式来实现对政治生活的有效控制。除了国内原因，9·11 事件之后来自西方的外部压力也促使伊斯兰世界的政府们更进一步地控制宗教。它们希望政府打击所谓的伊斯兰极端主义，代表所谓温和的伊斯兰。正因此，世俗倾向得到直接或间接的鼓舞与欢迎。埃及在这方面被视为一个典型。

民族主义作为现代时期创建民族国家的首要基础，是世俗化范式的一个重要方面。通常，民族国家是建立在族群和人种基础之上

---

① Abdo, Geneive, opcit, p. 6.

② Amr Khaled，埃及穆斯林活动家、电视布道家。《纽约时代》杂志称他为“世界最著名、最有影响力的穆斯林电视布道家”。——译注

③ S. Parvez Manzoor, opcit, p. 553.

的。从这点来说，埃及是埃及民族的国家。但是宗教是社会中一个强烈的存在，所以政府努力使之成为埃及身份认同的一部分。因此，伊斯兰主义成为埃及民族主义的一部分。与之相反，伊斯兰运动则把民族主义和爱国主义看作伊斯兰属性的一部分。政府试图垄断伊斯兰观念作为其垄断民族主义的手段之一，并试图把伊斯兰运动纳入民族框架，①而身份是把伊斯兰纳入世俗的先决步骤。正如官方话语所说，埃及身份首先是一个民族种族概念，其中也包括伊斯兰成分，但要服从于领土与爱国层面，伊斯兰只是在特别时候或是面临特定的危险时才被偶然提起。

在埃及，“almani”一词首先在 19 世纪后半叶被使用，是世俗、非教会的意思。第一次世界大战后的华夫脱党被称为世俗政党，意味着它是建立在社会、政治、民族认同基础上的，与宗教无关。它的口号是“宗教属于上帝，祖国属于大家”。该党并不反对宗教，只是拒绝伊斯兰中的教会命令。通常，埃及政党体制以世俗原则为特征，后来禁止宗教政党的原则得到宪法认可。由于其独裁本质和在公共领域保持宗教与民事分离的必要性，埃及政权不能容忍任何宗教实体（不论是科普特还是伊斯兰）、宗教机构或宗教运动所扮演的政治独立角色。②

为提防来自穆斯林兄弟会的危险和建立宗教政权的消极反响，埃及人的世俗性一再被强调。穆巴拉克曾指出，穆斯林兄弟会登上权力巅峰的灾难性后果是埃及被世界隔离。他说，“我们支持一个公民可以享受公民权利的世俗国家。”③公民国家是被政府官员们广泛提倡的概念，用来表达埃及的世俗特征，它具有从伊斯兰对手手中把国家拯救出来的意味。这里没有区分激进派和温和派，只要他们在

---

① حبيـــب رفيـــق، "الإقصـــاء أو الاحتـــواء إما :لإســـلاميين الدولـــة"، _12 - 12 - 2009،.

② عمرو الحمـزاوى، "ثنائيـــــات المجتمـــع – الدولـــة والـــدين – المواطنـــة: احقمس هزت رووف هبة، زيـد ابـو علا، "عنـه المســكوت وفضـــاءات المجتمعـــى التوافـــق الدوليـــة الشـــروق مكتبـــة، الديموقراطيـــة ومســـــتقبل المصـــرية المواطنـــة، (تحـــرير) القـــاهرة، المجلـــد الثـــانى، 2005، ص 933.

③ “Egypt Must Remain A Secular Country If It Is To Survive”, Says Mubarak, National secular society, http://www.secularism.org.uk/egyptmustremainasecularcountryif.html.

系统之外活动，批判政府，就都被看作古板过时的思想，会危害社会和平和国家统一。

埃及政府采取一种独特的世俗主义观念，认为政府是唯一有权使宗教政治化的机构。按照这种观点，政府机构以排他性的话语攻击宗教政治化的做法，威胁任何机构不应这样做，提醒警惕宗教的功能主义或是工具论。在采取策略防范他人的同时，政府却继续采取两种方式使宗教政治化：一是抓住“正确宗教”的概念，指出服务于满足政府需要的宗教才是正确的宗教，二是通过垄断政策来抓“应用”。埃及政府主要采取消极和积极两种政策。就消极政策而言，为了防范起见，埃及政府采取了一些重要步骤：禁止成立宗教政党（虽然没有明确定义什么是宗教政党），操纵政党法（其实已经很严格），使穆斯林兄弟会这样的重要组织不能参加任何政治活动。穆斯林兄弟会被称为“被禁止的组织”，尽管它拥有广泛的社会支持。因此，该运动尽管在政治上具有合法性，却在法律上被剥夺了合法地位。就积极政策而言，政府通过以下手段系统地进行宗教政治化过程：（1）动员并支持各机构和社会中的世俗主义者和世俗主义运动攻击伊斯兰分子，因为他们将宗教政治化或者使政治宗教化。而世俗主义者在攻击伊斯兰分子时却往往忽略了政府。（2）当政府把宗教作为政治工具时，常会在宗教中进行选择。政府不仅允许自己使用别人被禁止的东西，而且以维护秩序和“阻止宗教政治化”[①]为理由坚持解释宗教文本的权威。埃及政府的暧昧使之难以确定什么是世俗。为了避免因过于强调这一字眼而引起的麻烦，尤其是在普通百姓面前以及政府显示出保守主义倾向之时，在指代埃及的世俗主义时，公民政府要比世俗政府一词使用得更多。

五、埃及政权与非政府宗教组织的关系

埃及政权在对待社会中的宗教力量时采取选择策略，不管是针

① سيف الدين عبد الفتاح، الزحف غير المقدس.. تأميم الدولة للدين.. اءة
قر فى دفاتر المواطنة والمصرية، المرجع السابق، ص 953.

对政治对手、公民社会组织抑或社会运动。当政府要压制或是排斥穆斯林兄弟会时，它常会赋予萨拉菲运动和苏菲运动以去政治化倾向，并与科普特教堂建立密切联系，使科普特教徒与他们的伊斯兰对手区分、隔离开来。

1. 伊斯兰分子与遏制政策

为了控制社会，埃及政府倾向于遏制不同类型的伊斯兰组织：一些是以传播伊斯兰价值观和伦理观为使命的宗教组织，另一些是致力于更广泛的改革以至于延伸到政治领域的组织。尽管埃及政府为那些不干预政治的道德伦理组织提供相对自由的空间，但却将他们置于安全部门严密的监控之下。同时，必要的话，政府会进行干预。例如，政府在 2009 年干预了面纱事件，因为这些组织超越界限，扩展到了公共领域。政府鼓励把伊斯兰运动作为不同部落或是家庭反映社会多元化的象征，但是不能影响国家的政治身份。因此，在政府和这些组织领导人（萨拉菲或苏菲，有时也包括穆斯林兄弟会）之间开始调解过程，以确保双方的利益。例如，政府鼓励苏菲主义在宗教和社会领域出现，以从这些运动和其成员中赢得更多支持。这些组织成为支持政府的主要支柱，或至少是消极主义和政治冷漠的主要倡导者。但是政府仍然需要依靠其他伊斯兰分子和正式的宗教机构来获得伊斯兰合法性。虽然政府可以凭借其对物质力量的垄断来控制、镇压伊斯兰反对派，但却不能控制伊斯兰思想。伊斯兰分子通过在政治领域激发伊斯兰观念，正对政治体系的合法性构成严重挑战。因此，政府别无选择，只能以不同方式遏制或抗击伊斯兰对手，尤其是那些活跃在政治领域活动的伊斯兰分子。

除了暗暗欣赏这些组织在使伊斯兰去政治化方面的作用，使他们的议程保持在社会文化层面之外，容忍萨拉菲主义也可以证明政府是伊斯兰而非完全的世俗实体。一方面，政府给予萨拉菲运动一定的自由，也从它倡导的伊斯兰运动以及埃及人心中普遍的伊斯兰原则应该去政治化这一古板思想中受益。另一方面，它支持苏菲运动，尽管来自完全不同的基础，但其实仍是出于与萨拉菲主义相同的非政治化思想（尽管萨拉菲主义与苏菲主义是竞争关系）。萨拉菲主义的传统话语是要服从政府，尽管政府存在压迫与腐败，不然会导致穆斯林分裂。这种话语对政治体制十分有利。苏菲主义也接受服从政府的观念，但这是出于消极主义和他们对灵性的理解之上的。具有讽刺意味的是，这些运动都是在社会最底层群众中流行，而穆斯林兄弟会更接近中产阶级。因此，苏菲和萨拉菲话语对于更广阔的社会层面更具影响力和穿透力。①

当政府谴责穆斯林兄弟会使用“伊斯兰是出路”作为自己的竞选口号时，许多执政党候选人自己却在使用宗教话语。“如果神明支持你，没有人能打败你。”这一口号在一个宗教政党被视为违法的国家2005年的议会选举中被法特希·苏鲁尔（Fathi Sorour）使用，他是议会的发言人和执政的民族民主党领袖。不仅政府领导人（如法特希·苏鲁尔）试图以宗教语言挑战穆斯林兄弟会，他们偶尔也允许穆斯林兄弟会候选人以独立身份参与竞选。② 政府继续以一种民主转型的虚假氛围直接或间接地控制伊斯兰分子的选举结果，这种氛围主要是按照西方话语的召唤而营造的（西方民主其实也是一种虚假话语）。有近30年时间，穆巴拉克体制与穆斯林兄弟会达成协议，以开放宗教、社会领域而不在政治上挑战政府为前提。偶尔，政府允许穆斯林兄弟会有限地参与选举过程，允许一些穆斯林兄弟会成员参与当地和国家选举。由于9·11事件的影响和国内氛围，政府给予穆斯林兄弟会以独立身份参与2005年大选的机会。尽管有各种限制，他们还是获得88个议会席位，这被认为对系统稳定构成严重威胁，同时也暴露了政府正在失去民心。政府与穆斯林兄弟会的关系经历了一次严重危机，政府越来越排斥、隔离这一“受限制的团体”。③安全部门与穆斯林兄弟会成员的冲突不断升级，穆斯林兄弟会在政

---

① ياسر الزعاترة، "إخوان مصر والنظام"، http://www.Aljazeera.net.

② Michael Slackman, “Religion Emerges as Force in Egypt Politics”, *New York Times*, 11/ 9/2005.

③ خليل العناني، "النظام والإخوان في مصر.. هل تتغير قواعد اللعبة؟"، http://www.islamonline.net.

治游戏中的作用被削弱。政府也提高了它的限制措施：经常逮捕、没收其领袖企业的资产和财产，阻止其候选人在选举中公平竞争，有时他们还会被非正式地阻止递交他们参选的文件（如 2009 年的地方选举、2010 年的咨询理事会、第二议会理事会的选举）。

政府与穆斯林兄弟会的关系经历了重要变化。在 20 世纪 90 年代，伴随政府的反伊斯兰倾向（主要是针对激进团体，但也在较小程度上是针对穆斯林兄弟会），穆斯林兄弟会小心翼翼，以便不惹怒政府。自从经历了纳赛尔统治时期的悲惨经历后，穆斯林兄弟会尽量避免遭到残酷镇压。他们并不公开地与政府对抗，而是采取一种更谨慎的策略，向政治机构渗透，而政府对这些机构已经丧失了控制力（至少是暂时性的）。比如穆斯林兄弟会成功地参与到学生会和一些专业集团中去。他们还控制了成千上万个私人清真寺，并取代中央政府的角色提供社会保障和福利，从而扩大他们的公共支持，特别是在社会底层。[①] 在过去十年间（21 世纪初），政府使主要激进团体处于休战状态，这样穆斯林兄弟会就成为其主要对手。政府继续维持它的防范政策，但比以往更注重安全和限制措施。

政府只能容忍设计好的遏制政策之下有限的自由，因此是政府而不是伊斯兰运动放弃和解的机会就不足为怪了。民族国家不信任这些运动。因此，尽管有时被打断，但是作为一项系统长期的战略，政府对伊斯兰运动的排斥是预料之中的。联合或休战转变成政治领域的对抗和社会领域的遏制。这可被作为一种适用于所有伊斯兰团体的普遍模式：不管是针对消极人士还是叛乱分子。[②]

就埃及伊斯兰运动的表现来说，必须指出的是，除了政府的镇压，他们也很少采取措施与政府限制相适应，而是坚持与政治密切相关的观点，这使之不可避免与权力、政治权威联系起来，尽管他们能够从社会文化领域享受到相对自由的活动空间。在这种情况下，萨拉菲和苏菲组织扩大他们的工作，但是没有政治背景，而穆斯林兄弟

---

① Holger Albrecht, opcit, p. 386.

② حبيب رفيق، "الإقصاء أو الاحتواء إما: للإسلاميين الدولة"، المرجع السابق.

会却被与政府间变化不定又严重的对抗搞得筋疲力尽。巴亚特认为，尽管穆斯林兄弟会在尝试一些后伊斯兰民主、宽容观念，但是仍然没有放弃要实践沙里亚和“伊斯兰是出路”[①]的旧观念。温和伊斯兰组织需要重新反思他们的战略和行动方式，转向间接、长期的方式，以社会为目标，和平地激发其政治效益，而不是使民众疏远其政治权利。

2. 科普特分子与宽容政策

伊斯兰认可基督徒和犹太人的权利，将他们作为被保护的对象称为“圣经民族”，建立一整套价值体系来尊重、宽容他们的信仰和立法。但是基督徒越来越倾向于把这种方式视为一种历史压迫，所谓“被保护对象”的地位其实是限制他们的选择，使他们服从宗教团体。他们所理解的历史压迫是指奥斯曼帝国时期的“米勒特制度”(millet system)。[②] 这种制度被认为是一种早期的社团管理形式，后来让位于世俗主义的管理方法，如罗维(Rowe)所说，最终导致宗教身份与政治组织的结合。奥斯曼帝国统治采取一种新的统一全国的方式，利用宗教来确定身份。现代共和体制也鼓励宗教少数派发展平行的机构和规则，且可拥有一定的内部自主权。这种根据其自身认同来处理少数派宗教团体的共和国模式被罗维称为“新米勒特制度”。中东国家倾向于把古老的传统教会看作基督徒的官方代表。新米勒特制度与政府的合作使双方都得以巩固：教会对政府提供支持，而政府赋予教会尊重和合法性。[③]

在埃及，科普特东正教的起源可以追溯到基督教的创始期。在埃及历史上，各个时期的宗教复兴也使得科普特教会变得更活

---

① Assef Bayat, Making Islam Democratic: Social Movements and the Post-Islamist Turn, opcit, p. 166.

② 奥斯曼帝国按照伊斯兰国家的传统对境内非穆斯林宗教社团施行的内部自治的制度。米勒特本意为“民族”。1453 年苏丹穆罕默德二世占领伊斯坦布尔后，首先承认希腊正教会为“米勒特”，任命真纳狄奥为正教总主教。在总主教领导下，正教徒只要不触犯帝国的行政当局和穆斯林，就享有宗教、文化等方面的自治权。

③ Paul Rowe, "Neo-millet Systems and Transnational Religious Movements: The *Humayun* Decrees and Church Construction in Egypt", Journal of Church and State, p. 331.

跃。古代和现代的科普特骚乱都通过政客与教皇之间的调解得以平息。①

由于教会领导人素质的下降和牧师与教会民间机构的冲突，科普特教会的弱点凸显出来。这种弱点伴随着草根运动的兴起，使教会在20世纪四五十年代重新充满活力。最终在科普特东正教会中出现了活跃的领导人牧首济利禄四世（Patriarch Kyrillos Ⅳ）和其继任者，即当前的牧首施诺达三世（Patriarch Shenouda Ⅲ）。到20世纪70年代，科普特东正教会在教区居民中重新恢复了它的知名度。它是科普特人权利的捍卫者，并与萨达特政权的伊斯兰化倾向作斗争。在穆巴拉克时期，科普特牧首被从国内流亡中释放出来，恢复职责，并击败对手。科普特复兴不仅振兴了科普特教会，也促进了基督教团体的扩张活动，同时也使穆巴拉克时期的埃及政府面目一新，并且促进了各种非东正教教会的发展。②

在传统科普特东正教统治的基础上，政权通常沿用奥斯曼统治时期制定的规则，通过基督徒自己的团体组织与他们打交道。奥斯曼帝国晚期的“米勒特制”让位于“新米勒特制”，教会成为个体基督徒利益的主要代表。教会成为与政府就科普特人非常重要之事进行直接交涉的官方机构。政府官僚体制或系统机构不再是科普特人的政治代表，教会宣称自己拥有代表科普特人的唯一权利。通过家庭地位法（相当于基督徒的沙里亚）的实施，教会得以继续指导私人生活。教会领导人与政权保持密切的工作关系，即使偶尔也会大胆支持科普特人的权利。可以说，穆巴拉克时期的政教关系是将政教之间的“米勒特制度”合作与以科普特人的独立自主为代表的多元主义观点结合的产物。政府这种相对宽容的态度（与对穆斯林公民社会组织的态度相比）促进了科普特组织的发展。③

---

① Paul Rowe, “Neo-millet Systems and Transnational Religious Movements: The *Humayun* Decrees and Church Construction in Egypt”, *Journal of Church and State*, p. 333.

② Paul Rowe, “Building Coptic Civil Society: Christian Groups and the State in Mubarak's Egypt”, *Middle Eastern Studies*, Vol. 45, No. 1, January 2009, p. 113.

③ Ibid., p. 116.

至于科普特人在政治体系中的表现，从历史上看，宗教差异不是埃及精英们政治招募的障碍。在伊斯梅尔(Khedive Ismail)统治时期，科普特人成为早期民族主义运动的重要组成部分以及公务员队伍的骨干。在20世纪初，科普特人担任高级官员，如在1908年，布特罗斯·加利(Boutros Ghali)被任命为首相，1910年他因政治原因被暗杀。科普特人一直在政府的精英政治中占有重要地位。[①] 现在，科普特人在内阁和议会中的成员资格得到政治领导人的认可，不久，科普特自治省开始出现。

改革建设、修复教堂的立法原则是科普特人和埃及政府之间一直争论不休的问题。1855年的于马云奥斯曼改革[②](1855年科普特人作为非穆斯林的税务被取消)仍然是影响这一问题的法律文件。纳赛尔、萨达特和穆巴拉克政府都限制教堂建设，并且规定了复杂的建设程序。此外，还有一个看法是政府倾向于支持新教、天主教而非科普特东正教的请求，这种观点的产生是因为有相当数量的请求许可被赋予各种教派。但是为了改善局面，埃及政府已经逐渐把教堂翻新和建设许可的权力转交给了各省。权力下放与过去三十年间的集权倾向相违背，[③]这种演变是政府应科普特人需求，促进了其发展的立场的体现。

国际因素对科普特与政府关系的影响不断加强。全球散居的科普特团体的作用影响着政教关系的互动，使之更趋复杂。外国影响对科普特人来说总是包含着可疑的价值，他们经常遭到借用外部力量或是被西方所武装这样的质疑。由于全球化的影响以及9·11事件之后紧张的宗教国际背景，西方科普特移民团体使得埃及政府很难在不产生任何反响的情况下对科普特教会进行攻击，尤其是教会

---

① Rowe, "Neo-millet Systems and Transnational Religious Movements: The *Humayun* Decrees and Church Construction in Egypt", opcit, p. 342.

② 1856年，苏丹阿布·阿尔马吉德(Abd al-Majid)颁布法令，原则上承认所有奥托曼帝国公民享有不受宗教信仰干扰的法律平等权。——译注

③ Rowe, "Neo-millet Systems and Transnational Religious Movements: The *Humayun* Decrees and Church Construction in Egypt", opcit, pp. 342 - 343.

受到全球福音派和五旬节运动的影响①。

在研究科普特教会对待政府的态度时不能忽略国际因素的影响。近十年来出现了一种被(西方)支持的科普特组织：他们的要求更大胆，并寻求特殊待遇，有些要求甚至与人权和信仰自由相违背。比如，基督徒皈依伊斯兰就变成一种颇为微妙的事件，近年来引起不少危机。教会倾向于采取严格立场，每次都迫使政府对背教者进行镇压。2004 年两位牧师的妻子(Wafaa Kostantin 和 Marry Abdukkah)皈依伊斯兰的事件就是一例。虽然一位妻子公开发表声明称自己是自愿皈依伊斯兰教，自愿离家，政府还是把她交给教会，此后关于她(和玛丽)的消息便音讯全无。埃及政府的做法既违背了伊斯兰原则，也违背了世俗原则，它只是一个脆弱的政府，发现自己有必要满足教会的要求。

考虑到微妙的国际关系和不断增长的国内问题，埃及政府采取较为柔和的方式处理与那些决心对政府施加最大压力以获取最高利益的教会的关系。当埃及科普特人将自己与国内要求正义与民主的呼声隔离开来，只关注自己教派的要求，想要更充分地利用政府时，问题也就出现了。

结　论

全球化进程为本土政治注入国际因素，导致了混合管理模式的产生。那种反映一种孤立文化范式的纯粹、正宗的系统模式已经很难想象。每个国家都体现出一种特别的身份，这种身份由一个稳定的核心(受到国内变化的影响)和各种变化因素(受到外部互动的影响)构成。像其他穆斯林国家一样，埃及在政治、经济和文化等多个层面受到全球化压力的影响。埃及现代政治史上有许多促进政教之间保持平衡的重要时刻，但是，随着西方现代化和全球化时代的兴

① Paul Rowe, "Building Coptic Civil Society: Christian Groups and the State in Mubarak's Egypt,", opcit, p. 113.

起，世俗主义范式介入，强烈地改变了这种平衡。而埃及政权的独裁本质使得政府、宗教和世俗主义的关系更加复杂，并且把它变成了政治问题而非文化问题。

埃及的主要困境是政治问题而非意识形态问题，其主要目标是控制社会而非代表社会。为了控制社会，政府需要巩固宗教国有化和私人化。对于前者，政府必须垄断在穆斯林社会代表穆斯林的资格；对于后者，政府必须倡导世俗做法。问题的关键在于政府要维持其政治生存，而不是寻求将伊斯兰主义还是世俗主义作为其身份的核心。因此，为满足维持政权存续的需要，世俗—伊斯兰混合管理体制就出现了。

要从伊斯兰主义和世俗主义两方面来评估埃及政权的立场，很重要的是要把政治因素作为一个独立变量，而把文化因素作为一个依赖变量来考察。伊斯兰和世俗对于确保系统控制都很关键。“伊斯兰—世俗混合制”为政权提供了应对所有政治对手的操作空间：不论是伊斯兰对手还是世俗对手。这样既遏制了国内社会不断伊斯兰化的压力，又回应了以西方为首的国际社会的压力。

帕金娜·厄尔·萨尔克韦(Pakinam El Sharkway)，埃及开罗大学经济与政治科学研究院教授、文明对话与文化研究中心主任，美国国务院富布莱特访问学者。(张凤梅译)

附录一　第 4 届国际全球学合作团队年会暨首届中国全球学论坛综述

张正涵　张凤梅

2011 年 6 月 16—19 日，由上海大学全球学研究中心策划主办的“第 4 届国际全球学合作团队年会暨首届中国全球学论坛”在上海大学国际会议中心成功举办。来自美国、德国、荷兰、波兰、丹麦、印度、日本、俄罗斯、澳大利亚的 29 名国际学者与来自中国社会科学院、上海社会科学院、浙江大学、南开大学、复旦大学、中国政法大学、中山大学、首都师范大学等各高校与研究机构的 24 名国内学者参加了会议。国外学者全部来自国际知名全球学教研专门机构，其中包括美国加州大学圣巴巴拉分校阿法利研究中心教授、前美国宗教学会主席马克·尤尔根斯迈耶（Mark Juergensmeyer）教授，加州大学全球与国际事务研究中心主任理查德·阿贝尔鲍姆（Richard P. Appelbaum）教授，佛罗里达国际大学布鲁金斯研究所经济研究中心主任豪尔赫·卡里略教授（Jorge Salazar Carrillo），澳大利亚皇家墨尔本理工大学全球化与文化项目主任曼弗雷德·斯泰格（Manfred B. Steger）教授等。国内学者包括中国社会科学院世界宗教研究所所长卓新平教授，上海社会科学院世界经济研究所副所长徐明棋教授，浙江大学全球化文明研究中心学术委员会主任王晓朝教授，中国政法大学全球化与全球问题研究中心主任蔡拓教授，南开大学深圳金融工程学院副院长李鸿洋教授等。上海大学全球学研究中心主任郭长刚教授致开幕词。上海大学常务副校长周哲玮教授参加欢迎午宴。

冷战以后，国际秩序的重心由西—东关系转向北—南关系，由对抗与冲突转向强调对话与合作。与此同时，新崛起社会如中国、巴西、印度、南非等正在成为一股强大的改变全球秩序的力量。如何理解这种国际秩序转型？中国在国际秩序转型中处于怎样的地位，又该扮演怎样的角色，发挥怎样的作用？这些重大问题不仅值得深入探讨，也需要国内学者在国际学术舞台发出自己的声音，而不只是被动地阐释、适应和应对西方的理论。为此，主办者确立了“新崛起社会与全球秩序”这一主题，中外学者围绕东南亚合作、中国崛起、宗教政治等问题对新崛起社会对全球经济发展、政治秩序、价值体系的影响展开热烈探讨。

一、新崛起社会与全球经济发展再平衡

2008 年金融危机之后，新兴经济体因其依旧保持着高经济增长率及其在挽救世界经济方面所作出的贡献而令世界瞩目。有学者认为，世界经济正在发生“东南转向”。如今，这些经济体之间可能达成的合作再次引起世界关注。上海社会科学院徐明棋教授指出，目前金砖四国的经济总量已占世界经济的 18%，与美国、欧盟相当，并且近年来金砖四国对世界经济增长的贡献已经超过发达国家。因此，为保护本国经济的高速增长，保护发展中国家利益，促进全球治理，金砖四国之间有必要达成相互合作。2009 年起在俄罗斯召开的金砖四国峰会就是朝向这一目标的努力。这是一次历史性的突破，因为第一次有了七国峰会以外的国际组织开始讨论全球问题，这无疑会对世界政治、经济格局产生深远影响。2011 年的北京峰会更是首次邀请南非加入，扩大了金砖四国的合作范围。当然，金砖四国的合作也面临着挑战。由于每个成员国在世界政治经济结构中处于不同地位，他们无法在所有问题上保持态度一致。同时，各国内部又存在不少问题，要面对利益集团的压力，这也会对金砖四国的合作带来消极影响。但是金砖四国也面临许多发展机遇。比如，他们在国际事务中面临的挑战是相同的，他们可以利用发达国家在金融危机之后

很长时间才能恢复这一契机来缩小与其在科技方面的差距。

锡金中央大学副校长马亨德拉·拉玛(Mahendra Lama)教授也对新兴经济体的合作抱有乐观态度。他认为南亚地区正在发生结构调整,成立于1985年的南亚区域合作联盟虽然与欧盟相比在发展阶段和一体化程度上还很落后,但是一些新出现的特征表明它正在经历从"旧地区主义"向"新地区主义"的转变。中国在2007年成为南亚联盟的观察员后,在促进南亚各国合作、增强信心和信任、防御地区冲突、削减发展开支、维护共同安全方面都发挥了重要作用。上海政法大学王蔚教授也对东亚地区合作抱有信心。他认为日本地震后重建工作就为东亚一体化提供了难得的机遇。

对于全球经济秩序的东南转向,与会的两位经济学家也从不同侧面给予了佐证。佛罗里达国际大学豪尔赫·卡里略教授分析了中美两国在金融危机之后的经济发展状况,指出经济危机虽然已经存在了至少800年,但是"这次的确不一样",它预示着发达国家持续的经济不景气,需要长期的恢复过程。南开大学李鸿洋教授对深圳经济增长模式进行了理论研究,认为深圳在短短30年内就实现了从农业经济向知识信息经济的连续跳跃,这是世界经济史上的奇迹。深圳经验对于实现我国结构调整和发展模式转变具有重要的借鉴意义。深圳之路就是中国迈向世界的强国之路,"深圳的明天就是中国的明天"。

二、新崛起社会与世界政治秩序转型

发展中国家经济实力的不断壮大,自然会促使其积极参与国际秩序的建构,而不再是被动地跟随、适应。澳大利亚皇家墨尔本理工大学曼弗雷德·斯泰格教授借助"主观全球化"这一概念指出,全球化不仅是一个"客观"的政治、经济过程,更是一个深刻影响人们思维的"主观"心理过程。中国政府巧妙利用上海世博会这一大型公共事件,积极向全世界推行"全球一家,和谐共处"的中国哲学理念,充分显示了中国积极参与国际秩序建构的谋略与智慧。

在国际政治秩序转型中，崛起后的中国如何把握好自己在国际社会的定位，在发展自身的同时又能积极融入国际社会，是当下中国必须面对的重大课题之一。中国政法大学蔡拓教授指出，中国就经济、军事实力和影响力而言，还不能算是一个典型的具有国际意义的大国，但是中国硬实力的提升与国际影响力的明显加强又不断冲击着这一定位，经常造成某种认识上的混乱。这种混乱主要是由于中国人习惯于仅仅从自身考虑问题，忽略中国的发展与变化对世界造成的冲击与影响，忽略他者的感受与反应造成的。中国必须学会换位思考，以全球视野和多角度分析，重新为自己进行定位。他认为，将中国定位为“一个正在崛起的新兴大国”，“一个国际共同体中理性而负责任的成员”是比较合适的。中国应该成为现有国际体系与国际秩序的认同者、融入者、维护者和建设者，同时，中国在社会制度和价值追求上又具有自己的独特性。在国际秩序中恰当的定位有利于澄清、化解来自国际社会的猜疑，提升中国的国际地位，促进世界和平与发展。

三、新崛起社会与全球价值体系重构

全球化进程引发的伦理价值重构问题是本次论坛最大的热点。前美国宗教学会主席马克·尤尔根斯迈耶教授从宗教基要主义复兴角度对这一问题进行了深入分析。他认为，当今国际政治中一个突出现象就是宗教带着强烈的道德批判精神，并以猛烈之势回归公共领域。对于基要主义复兴的原因，他并不赞同亨廷顿“文明冲突”的说法，而是认为宗教政治的复兴很大程度上因为在一个全球化的世界里人们对世俗主义丧失了信心，而代表传统文化的“宗教”成为人们变革社会秩序、恢复社会道德的希望。至于宗教为何会积极卷入政治活动之中，马克认为，虽然大多数宗教都倡导和平，但实际上各大宗教中都蕴含着善恶二元对立这样的暴力隐喻，这使得宗教常常成为各种冲突的幕后推手。宗教政治的复兴使得后冷战时代的世界依旧笼罩在“新冷战”的阴云之中。

尤尔根斯迈耶教授对于宗教与国际政治关系的分析是深刻的，也是悲观的。但是，他这种悲观态度恰恰反映出他的思想是建立在西方一神宗教文化传统之上的。而要化解后冷战时代的各种冲突与纷争，真正促成全球范围的和平与合作，恐怕还得到东方文明之中寻找灵感。在这方面，与会的中国学者几乎一致认为，中国传统文化中的天下观、和合观、中庸观能够为构建世界新秩序、解决国际纷争提供思路。中国社会科学院卓新平教授在尤尔根斯迈耶教授分析了严峻的国际政治现实之后，利用中国哲学理念勾勒出一幅人类和谐共处的远景。他认为，过去的20世纪带给我们很多教训。两次世界大战、冷战、后冷战时代的“文明冲突”一次次挑战着人类的共存智慧。因此，当今国际社会要建立新的国际秩序，最重要的就是要努力实现“共同体文明”。“共同体文明”不是文明冲突的结果，而是文明对话的产物，它包含各种文化元素，是各种文明的汇合。中国哲学中的和谐观念能够为这种“共同体文明”的建立作出巨大贡献。和谐是中国社会各种文化元素百花齐放又和谐统一的秘密。和谐并不等于划一，而是寻求与他人求同存异。达到和谐有三个层次：(1) 家庭成员之间的和谐；(2) 国家内部各民族、种族间的和谐；(3) 整个人类社会的和谐，各国之间和平相处，友好协作，共同促进世界可持续发展。这种“和而不同”的有机统一是“共同体文明”的精神本质。来自浙江大学的王晓朝教授和安伦教授对于卓教授提出的“共同体文明”给予了肯定的回应。

王晓朝教授认为，西方文明的一个特征就是常常认为自己是特别的，是被上帝选定的，但是这种文化特征在解决国际争端中常常事与愿违；中国文明不同于西方的特征之一就在于它的谦卑与包容，而这正是解决国际争端的出路所在。王晓朝教授还提出在国际社会和中国国内建构“伦理共同体”的问题。他认为，“今日之世界并非一个共同体。她之所以饱经暴力冲突和侵犯人权之难，乃是因为她缺乏能够以一种合作与和平之文化来替代一种竞争与不信任文化的政治制度和共享价值”。为此，创建“伦理共同体”是解决国际和国内争端与矛盾的出路所在。而“伦理共同体”实际上就是“宗教共同体”，因为伦理与宗教其实不过是一枚硬币的两面而已。

安伦教授是“宗教共同体”这一概念的首创者与身体力行者。他认为世界各地宗教纷争不断的原因本质上在于排他主义，他们没有看到上帝的统一性，没有看到各种宗教不过是达到同一神性、同一真理的不同路径而已。宗教间对话和宗教多元主义乃是世界的大势所趋。要促进宗教间对话，建立一个能够包容各种宗教传统的“人类宗教共同体”是很好的选择。宗教共同体的核心含义在于：多元统一，和而不同，和谐共存。这一思想的源头恰能够在中国传统文化中找到。因为中国历来具有宗教宽容、多元共存的文化传统。儒释道三教合一就是很好的证明。“宗教共同体”应该首先在中国建立，然后将其影响扩大到世界各个角落。西方传统宗教的衰落对于宗教共同体的建立是一个有利因素。

其他与会的中国学者也从不同侧面强调了“和而不同”的哲学理念对于处理国际关系具有的重要意义。中国社会科学院李东燕研究员从 2000 年联合国首脑会议提出的七项“共同基本价值”出发探讨了全球价值整合的重要性。上海政法大学陈剑峰教授认为中国哲学中的“中庸之道”能够为解决国际冲突提供思路。中国政法大学刘贞晔教授指出，各种全球问题和人类所面临的种种危机推动了全球层面非政府组织和公民社会运动的产生。中山大学王学东教授以应对全球气候变暖为例，指出新崛起社会在全球价值体系建构方面能够发挥积极作用。在讨论环节，马克·尤尔根斯迈耶教授也对中国文化中的多元通和思想对于处理国际关系的意义给予了积极评价。

本次论坛为中国学者改变在国际学术界的失语状态，积极参与国际秩序理论建构搭建了平台。正如蔡拓教授所说，“我们不是要刻意在国际关系上打上中国的烙印，而是要认识到在解决人类面临的诸多新挑战、新问题时，中国文化中的优秀因素与思想有可能被再发现，再解读，从而引导国际社会从主流、传统的权力政治中摆脱出来，走向一条新的和谐之路，光明之路。”

首届中国学论坛结束之后，第 4 届国际全球学合作团队年会继续举行。来自国外各大高校的全球学教学科研机构介绍了本校的教研情况，并进一步明确了全球学这一年轻学科的定义与研究宗旨。

马克·尤尔根斯迈耶教授指出，全球学这一学科至少具有五个重要特征：(1) 跨国性；(2) 跨学科性；(3) 兼具现时性与历史性；(4) 后现代性与批判性；(5) 旨在培养全球公民责任感。曼弗雷德·斯泰格教授给全球学下了一个简洁的定义："全球学就是研究客观全球化与主观全球化进程的一门综合学科。它既关注全球化的现实进程，也关注人们在此过程中形成的全球意识。"他认为这门学科面临的一大挑战在于如何在传统学科框架内进行教学研究，同时又要超越突破这一传统框架。同时他还认为有必要限定这一学科的研究范围，使之更加明晰、易于实践。

与会学者还就全球学硕士学位的设置标准、博士课程的可行性、学生交流项目、东半球的全球学研究等问题进行了热烈讨论。作为国内首家全球学研究机构，上海大学全球学中心张勇安教授就本中心的科研、教学情况与国外学者进行了交流。

张正涵，上海大学全球学研究中心 2010 级硕士研究生

张凤梅，上海大学全球研究中心 2010 级博士研究生

附录二　全球治理变革与全球学学科的构建

刘贞晔

世界历史进入21世纪已有十整年的历程，但似乎人类社会已经历太多：9·11恐怖袭击、伊拉克战争和阿富汗战争、联合国改革、金融危机、哥本哈根气候大会、北非中东阿拉伯之春、世界人口闯过70亿大关，等等。虽然本世纪的第二个十年又已开始，但全世界的人们却依然处于昨日的眩晕之中，并且不知所措。这是一个大冲击、大爆炸和无助的时代！全球化的发展及其后果以令人眩晕的速度在冲击着我们这个民族国家组成的世界，由此产生的各种问题和危机在爆炸式地增长，而人类为应对这种冲击及其产生的危机而采取的治理措施却千疮百孔、支离破碎！面对这种人类历史前所未有的挑战，我们该如何认识和思考当前人类所面对的巨大困境？又该采取什么样的手段和治理措施来应对和解决这些问题与挑战？甚至从更根本上来说，我们人类究竟需要什么样的知识、理念和方法来重新反思甚或重构日益失效的知识体系和理论解释？为深入探究这些人类所面临的重大问题，中国政法大学全球化与全球问题研究所于2011年8月在北京召开了以"全球治理与全球学学科的构建"为主题的学术研讨会，研讨会聚集了来自北京、上海、天津、长春、武汉和厦门等地学界领军人物和一大批"少壮派"精锐，就新世纪以来全球治理面临的危机与深度改革以及全球学的学科构建展开了深度研讨。研讨会收到的论文质量上乘，充满了灵光；会议充满激辩，闪烁着智慧的锋芒。此次会议的思想智慧无法一一珍数，现仅将会议中学者智慧择其万一，搓一主线，取会议论文众精华之一缕，以作思维导引，并就本人领会和深度思考，以求教于宇内万方，虽无奢望揽狂澜于即倒，但希图成为探寻上述大问题之抛引，以使研究得以深入。

一、全球治理面临的危机与挑战

关于全球治理，引用最广泛的定义应该是全球治理委员会给出的定义，即“治理是各种各样的个人、团体——公共的或个人的——处理其共同事务的总和。这是一个持续的过程，通过这一过程，各种相互冲突和不同的利益可望得到调和，并采取合作行动。这个过程包括授予公认的团体或权力机关强制执行的权力，以及达成得到人民或团体同意或者认为符合他们的利益的协议”。[①] 从这个定义中我们可以确认其中的两点内涵：一是全球治理处理的是公共事务；二是这种治理活动不同于统治，它是一种协商和合作行动的过程。从全球层面来看，全球治理涉及的全球层面的公共事务的治理活动并非是当代国际关系发展中的新鲜事。早在 19 世纪后期，国际政治中就出现了主权国家间就环境、卫生、通信和人道救助等领域的合作机制与实践，成立了万国邮政联盟、国际无线电科学联盟和国际红十字会等国际组织，就其中的共同事务展开合作和治理。不过，当时的这种国家间公共事务的治理还主要局限在有限的几个领域。第二次世界大战之后，随着全球化和相互依赖的发展，全球治理无论在治理主体方面还是在领域范围上都得到了急剧的扩展。

在当今的国际社会中，已经被纳入全球治理议程的议题领域极为广泛。从人类所处的环境生态危机到可持续发展议题，从防扩散等传统军事安全议题到能源和粮食危机等非传统安全议题，从国际贸易规则制定到全球金融体系监管，从普遍人权等政治文化议题到禁毒和防治艾滋病等社会问题，全球治理议程的范围在急剧地扩大。

---

① 英瓦尔·卡尔松、什里达尔·兰法尔主编：《天涯若比邻——全球治理委员会的报告》，中国对外翻译出版公司 1995 年，第 2 页。

同时，全球治理的行为主体也日益纷繁复杂，从过去单一的国家行为体已经扩展到包括政府间组织、次国家行为体、地区组织、公民社会团体、社会运动、跨国行动网络以及跨国公司和地方非正式组织等，几乎所有的治理议题的利益相关者都参与到了治理议程中来。以至于在治理模式上也出现了各种各样的形态，如政府的自我治理行动、政府间合作治理、超国家治理、没有政府的治理等。

当今时代，随着全球化发展的日益深化，全球化以其人类历史上前所未有的巨大渗透力和影响力在深刻地改变着当今世界。一方面全球化的深入发展极大地促进了当今世界的政治经济文化的交流与发展，但另一方面其弊端也极大地加剧了全球性危机和风险，如“全球共同关心的生态与环境问题（全球变暖、生物多样性危机和生态系统损失、水缺乏）、人类可持续发展问题（消灭贫困、冲突防止、全球传染性疾病控制）以及全球竞赛规则（核不扩散、有毒废物处置、知识产权保护、遗传研究规则、贸易规则、金融和税收规则）”等，都已成为人类社会不得不面对的紧迫问题。① 国际社会要求进一步加强和改进全球治理的呼声与日俱增。但是，自冷战结束以来，特别是全球金融危机爆发以来，国际社会所面临的全球性风险急剧加大，现有治理模式和机制已面临着日益增多的危机和挑战。这些危机和挑战主要有以下几个方面：

一是全球金融危机爆发以来，国际社会面临的全球风险和治理难度空前加大，全球治理面临着一系列新挑战。南开大学吴志成教授等人认为，这些挑战主要表现在：(1) 全球经济发展进程越来越不平衡，发展中国家与发达国家之间的发展差距、国际规则制定和秩序中国家间的悬殊地位以及全球贸易不平衡等更容易诱发其他全球性风险的发生和加剧，并严重抑制了国际社会的应对能力；(2) 贸易保护主义抬头并转向隐蔽化，2008 年 11 月到 2009 年 12 月间，世界各国共采取了 297 项“以邻为壑”的措施，其中二十国集团国家采取了

---

① 戴维·赫尔德：《重构全球治理》，《南京大学学报》(哲社版)2011 年第 2 期，第 19 页。

184项，占据全部贸易保护措施的三分之二，而从2009年12月到2010年11月，世界各国共采取了395项贸易保护主义措施，其中二十国集团国家采取了247项，[①]这揭示出了贸易保护主义愈演愈烈的趋势；(3) 货币纷争成为主要大国共同的纠结，特别是美国的不负责任的"量化宽松"政策和对中国采取的汇率施压政策以及G20会议上难以达成有约束力的稳定汇率方案，都极大地加剧了全球经济风险；(4) 国际金融市场整体性监管体系的缺乏以及国内金融体系与全球金融体系之间的高关联性，使得全球金融市场安全问题日益凸显；(5) 全球气候环境治理谈判在关于设立强制减排指标以及给予发展中国家资金、技术援助问题上，陷于相互推卸责任和对抗的恶劣局面；(6) 国际贫困与社会不平等依旧突出；(7) 世界粮食与能源短缺的压力增大；(8) 大规模杀伤性武器呈现扩散趋势；(9) 跨国流动如资本、技术、信息的快速流动以及全球人口流动的便利等，给各国的经济、金融、信息、科技、政治安全等带来越来越多的隐患，也容易引发世界的高风险；(10) 经济全球化中不断显现的超国家因素对民族国家及其主权的行使带来了空前的政治压力，国家权力出现一定的流散，国家独立应对和处理全球化压力的能力日益弱化。[②] 因此，加强全球合作治理便成为当今世界全球化发展的客观必然。

二是，当今世界的全球治理模式和机制缺乏制度改革和创新，难以应对空前扩展的全球治理任务和议题，正陷入深度的危机之中。北京师范大学张胜军教授指出，这种危机主要有以下四个方面：(1) 应对新挑战的全球治理新生机制如G20等，因缺乏正式的合作方式而致提供全球公共物品的能力严重不足；(2) 在传统的国际治理领域，联合国、国际货币基金组织和其他国际组织应对新挑战和提

---

① Simon J. Evenett, "The Landscape of Crisis-Era Protectionism One Year after the First G20 Crisis-Related Summit," in Simon J. Evenett ed., *The Unrelenting Pressure of Protectionism: The 3rd GTA Report*, Centre for Economic Policy Research, Dec 2009: 20-32, http://www.globaltradealert.org/sites/default/files/evenett.pdf.

② 参见吴志成、王天韵：《全球化背景下全球治理面临的新挑战》，载《"全球治理与全球学学科的构建"学术研讨会论文集》，中国政法大学全球化与全球问题研究所，2011年8月20—21日，第100—111页。

供公共物品的能力也在下降;(3) 大国治理世界的意愿下降,与过去的两极或单极世界相比,今天的"无极世界"或"多极世界"可能带来的更多是失序,而非秩序,因此全球治理仍被各国视为实现本国利益最大化的场合;(4) 也是最为关键的是,在当前的全球治理机制像联合国安理会、世界贸易组织(WTO)等,它们的职能和权限大都限制在主权之间和之外的国际公共领域,属于外部或替代治理机制,而能够深入到国家内部监管的深度治理制度却几乎空白。然而,当今世界治理体系面临的挑战大多数却来自于主权内部。① 因此,只有对当今世界的全球治理机制进行有效的制度改革和创新,才能够适应日益增加的跨国和全球挑战。

三是,全球治理本身存在的一些根本性困境和缺陷。由于全球治理主要是应对和解决以全球危机为代表的全球公共问题,因此,当今全球治理机制实质上是一种多元行为体合作提供全球公共品的集体行动机制。从集体行动的角度来看,一方面利益相关方必须有合作意愿并且能有参与进来的渠道,集体行动才有可能实现;另一方面,集体行动机制必须能够解决"搭便车"的行为,才能够实现公共物品的充分供给。② 据此,中国政法大学蔡拓教授等人认为,如果以上述两个标准来衡量当今全球治理所存在的问题,其根本性困境就是"参与的赤字和责任的赤字"。就参与赤字来说,现有的治理结构未能充分表达许多国家与非国家行为体的意见和愿望,许多行为体没有参与到全球治理中去的渠道;就责任赤字来说,许多行为体往往采取免费搭车而不是寻求持久的集体解决的行为。③ 究其原因在于当今世界的全球治理行为体依然抱有"国家中心主义"的思维方式,在这种思维方式主导下,"孤立式的应对行为"和"趋利避害式的应对行为"成为全球治理行为体对待全球治理责任的主要行为方式,由此导

---

① 参见张胜军:《为一个更加公正的世界而努力——全球深度治理的目标与前景》,载《"全球治理与全球学学科的构建"学术研讨会论文集》,第 30—31 页。

② 参见[美] 罗伯特·基欧汉:《霸权之后:世界政治经济中的合作与纷争》,上海人民出版社 2006 年,第 51—55 页;[美] 曼瑟尔·奥尔森:《集体行动的逻辑》,上海人民出版社 2008 年,第 8—14 页。

③ [英] 戴维·赫尔德:《驯服全球化》,上海译文出版社 2005 年,第 125 页。

致当今世界全球治理陷于困境。[①]

总之，在当今全球化深入发展和世界形势发生深刻变化时代下，全球治理机制既面临着前所未有的外在挑战，也面临着内在机制上的深刻危机，而国际社会要有效地应对全球性风险和治理任务，就必须考虑和着手推进全球治理的深度变革。

二、全球治理的深度变革

关于全球治理变革的探讨，应该不是学界的一个新话题，在过去的研究文献和成果中，关于变革途径和指向的探讨主要围绕国际社会团结合作理念、民主赤字的弥补等方面。在本次研讨会上，众多学者就此问题提出了一系列宏观的治理变革大思路，这可以说是当前我国国内学界思考全球治理变革问题的最重要成果。这些宏观的治理变革大思路主要有以下几个方面：

（一）全球深度治理。所谓"深度"治理不仅是指深化现有治理机制的功能，更应是指全球治理的范围和议题所"切入"主权的深度。由美国国家情报委员会（NIC）和欧盟安全问题研究所（EUISS）联合推出的全球治理报告《全球治理 2025：关键的转折点》指出，当今以八国集团和二十国集团为代表的非正式组织已深入地影响了全球治理的运作方式，它们"尤其关注国家在制定政策方面的网络化协调及其产生的结果"。[②] 据此，北京师范大学张胜军教授在其论文中指出，"国家在制定政策方面的网络化协调"就是指"协调内政"，这正是跨国合作机制的核心内容所在，也是"全球深度治理"的核心所在。目前，这种协调内政的跨国合作机制大约有三种：一体化的国家内政协调网络机制，如欧盟；具体议题领域的国家内政协调网络机制，如北美自由贸易区（NAFTA）；区域性的协调，如亚太经合组织

---

① 参见蔡拓、曹亚斌：《全球治理的困境及其超越：一种政治发展视角的分析》，载《"全球治理与全球学学科的构建"学术研讨会论文集》，第 87—88 页。

② *Global Governance 2025: At a Critical Juncture*, Report by National Intelligence Council and the EU Institute of Security Studies, p. 19.

(APEC)或东盟(ASEAN)。张胜军教授指出,成熟的跨国管理机制除了跨国公民社会机制和G20等政治组织外,还需要建立具有权威的跨国监督机构,并且与前二者建立起相互衔接的机制。其中权威监管机构"将根据跨国公民社会提出的通盘计划提出建议,经民族国家政府同意并签署具有法律约束力的文件,全天候或定期就各国政府的政策和效果进行评估、监督,如有违反约定,则有权提交联大或联合国其他权力机构讨论,或提交国际法院仲裁或判决"。① 这种全球治理监管机制的设想有理想化的成分,但显然也正击中了当前全球治理机制缺陷的要害。全球治理机制中权威监管机构的缺位,可能是导致当今世界全球治理难以有"深度"的最核心的原因之一。

(二)全球法治。法治之于国际事务的必要性和重要性在国际法学界已可说是无需论辩,但是对于我们探讨全球治理的深度变革来说,全球法治/法制却应该是一个必须辨明的问题。其原因在于,如果缺乏全球法治的约束和保障,全球治理能否结出"善治"之果就会是一个疑问;反之,全球治理在范围上的扩展也催生和提升了全球"法网"的密度及其价值诉求的层次,从而进一步约束和保障了全球治理"善治"目标的实现。对于全球法治与全球治理之间的这种相互依赖和促进的关系,厦门大学刘志云教授从二者之间互动的角度给予了深入的剖析和论证:(1)国际法制对国家参与全球治理行为的约束作用不是依赖于外在的制裁或者威胁,而是依赖于共同的认知。在一个纯粹的政治体系中,国家将以它们的利益来解释自己的义务;但在一个法律体系中,这种解释将建立在其他国家同意的基础上,国家必须参照法律来解释它们行为的"合法性"。② (2)在人权和人道主义、外交制度、武力侵略、恐怖主义、禁毒和防治艾滋病等全球性问

① 参见张胜军:《为一个更加公正的世界而努力——全球深度治理的目标与前景》,载《"全球治理与全球学学科的构建"学术研讨会论文集》,中国政法大学全球化与全球问题研究所,2011年,第43—44页。

② Andrew Hurrell, "International Society and the Study of Regimes: A Reflective Approach," in *Regime Theory and International Relations*, edited by Robert J. Beck, Anthony Clark Arend and Robert D. Vander Lugt, New York: Oxford University Press, Inc., 1996, pp. 213 - 214.

题的治理领域，国际强行法规则确保了全球治理的价值方向和治理成果。（3）全球法治/法制为参与治理的多元行为体提供信息、减少信息不对称和不确定性，约束搭便车的行为动机，降低交易成本，凝聚共享观念和价值认同，对全球治理的价值和方向具有示范、导引和塑造作用。（4）全球法治/法制为全球治理提供了“透明度”和“责任性”、“有效性”和“稳定性”、“参与性”和“回应性”的制度内核，促使了全球治理往“善治”靠拢，而这些因素又最终提高了治理的“合法性”。[①]（5）全球治理通过国际标准和国际惯例的普及化、国际多边和双边协议及区域机制、跨国公民社会和跨国公司等创建新的规章和规范的“私政府立法”模式等，扩展了全球法治/法制的规模。总之，全球治理与全球法治/法制的互动和相互导引，共同塑造了超越“国家中心主义”局限的价值，推动了“良法”与“善治”局面的呈现。[②]

（三）全球行政。复旦大学苏长和教授认为当今时代全球化发展所产生的全球公共问题的治理需要通过全球行政的途径来解决，这些解决机制早在19世纪后半期就已产生并在世界邮政、人道救助等领域开始了实践，而当今全球划时代的全球行政实施的主体和机制主要包括：政府间国家组织、非正式组织的合作网络、私人机构、公司合作机构、从中央到地方的跨国合作网络等。关于全球行政或者说世界行政的概念在此之前已经被德国著名的思想家哈贝马斯提出，他希望人类在应对和解决全球化给民族国家带来的挑战时能够建立一种“没有世界政府的世界内政”，“这样的机制能够补偿民族国家所失去的功能，同时又不偏离民主的合法程序”。[③] 的确，在当今全球化深入发展的时代，以跨政府规制的方式来应对全球化和相互依存产生的后果的管理范围和形式在急剧地扩张：各种非传统安全、对发展中国家发展和金融援助的条件、环境保护、银行业和金融规

① Shepard Forman and Derk Segaar, “New Coalitions for Global Governance: The Changing Dynamics of Multilateralism,” *Global Governance*, Vol. 12, 2006, p. 216.

② 参见刘志云：《全球治理与国际法：相互依赖中的互动》，载《“全球治理与全球学学科的构建”学术研讨会论文集》，第233—252页。

③ ［德］J. 哈贝马斯：《在全球化压力下的欧洲的民族国家》，载《复旦学报（社会科学版）》2001年第3期。

制、法律实施、电信、货物与服务贸易、知识产权、劳工标准以及包括难民在内的跨境人口流动，等等。人类在应对这些问题时，分散的国内规制和管理措施已越来越难以奏效。因此，在国际合作的现实实践中，各种跨国规制与合作实践通过正式的条约和非正式的政府间合作网络建立起来，从而使得许多原属主权国家内部的行政规制决策从国内层面转移到全球层面。① 据此，我们可以将全球行政的规制和实践概括为这样几种方式类型：各种跨国家或超国家机构及国际组织实施的规制和治理；国家或次国家行为体（国内部门或地方政府）基于跨国和超国家合作安排或规制所实施的共同行政；国家或次国家行为体（国内部门或地方政府）依据各种条约、国际承诺及其他合作机制的约定所实施的分散行政；非政府部门依据授权职能所采取的国际协调行动等。

（四）世界政府。关于建立世界政府的主张要比世界行政的思想更源远流长，早在西方中世纪之前，但丁就专门论述过世界帝国的思想，近代的思想家如康德曾提出“世界联邦”的思想，现代的国际政治理论家温特也提出过建立世界政府的思想，但这些思想主要是针对如何克服无政府状态，实现世界和平的目的而设计的。应对全球化带来的挑战和后果的世界政府思想也有，如戴维赫尔德等人提出的世界主义民主思想等，但并不如历史上的思想家们那么雄心勃勃。倒是冷战结束以后，为应对全球化所带来的各种挑战及探索联合国的改革问题，国际社会中才出现了各种各样的世界政府思想。其中1992 年联合国开发计划署就曾在其出版的世界发展报告中提出过当时令人们大吃一惊的“建立一个世界政府”的主张，这份报告认为，国际社会中业已建立的七国集团、国际货币基金组织、世界银行、各地区的开发银行、关税及贸易总协定、跨国公司、非政府组织和联合国组织等已经为建立一个世界政府提供了基础。② 显然，这在当时的

---

① ［美］本尼迪克特·金斯伯里、尼科·克里希、理查德·B. 斯图尔德：《全球行政法的产生（上）》，范云鹏译、毕小青校，载于《环球法律评论》2008 年第 5 期。

② 参见西尔维奥·埃雷拉：《建立世界政府——国际上有关建立超国家“世界政府”的种种构想》，载于《国际新闻界》1994 年第 1 期。

人们看来，建立世界政府的时候还远远没有到来。不过，中国人民大学庞中英教授认为，当下建立一个这样的世界政府的条件已经具备：全球化的经济打破了国际国内的界限；民主化的趋势要求突破民主国家的界限，扩展为全球化下的民主；现有的国际组织和国际治理实际上已经具有一定的世界政府的功能；在实践层面上，欧盟已经建立起了地区层次上的“世界政府”；在全球层面上，联合国改革的进程已经启动，目前处在一个十字路口，其关键是要落实、再生联合国创始时的不言而喻的伟大理想，以及按照世界政府模式改革联合国。[①] 由此出发，庞中英教授提出了一种关于全球民主政府的设计主张：(1) 联合国安理会、G20 合并组成全球政府的执行机构，取消任何大国特权，民主管理多元、多极、复杂的世界体系；(2) 联合国大会成为世界议会(可以欧洲议会模式改造联合国大会)，转化目前的国际法为全球法，并制定新的全球法；(3) 国际货币基金组织和世界银行合并，组成独立的全球货币组织(WMO)，管理多元世界货币体系，解决全球发展不平衡、不平等问题；(4) 世界贸易组织(WTO)进一步完善，去除针对发展中国家(尤其是中国)的不平等条款，以“自由贸易”和“公正(公平)贸易”的相互结合为原则，管理全球贸易；(5) 解散目前的北大西洋公约组织，以联合国的维和部门为框架，建立全球安全理事会(不同于旧的联合国安理会)和全球维和部队，维持世界秩序。庞中英教授特别强调，全球治理的根本前途在于超越“改革”，甚至“另起炉灶”。那种消极的“摸着石头过河”，仅仅是通过修修补补维持甚至强化旧秩序的“改革”不会取得成效，甚至即将一个个地失败。而“另起炉灶”就要考虑建设、塑造世界民主政府。全球民主政府，即把“政府”和“治理”通过全球民主结合起来，才是全球危机的根本解决方案。

(五) 全球公民社会。全球公民社会参与全球治理应该说是全球治理概念中的应有之义，但是在一般的研究中，人们往往看到的全

---

① 庞中英：《不要忽视、否定和反对“世界政府”思想和“全球政府”解决方案》，载于《“全球治理与全球学学科的构建”学术研讨会论文集》，第 59—60 页。

球公民社会的作用都集中在倡导议题、专家技术、监督公约的执行等方面，好像仅仅是在为政府拾遗补缺。而现有的关于全球治理的研究重点也大都集中在跨国机制、超国家治理等层面，这种跨国家、超国家机制和组织机构及规制等总不免让人感觉到国家政府的身影隐藏在里面。跨国家治理总是显现为一种国家间进程或是由国家政府主导，超国家的东西也总是要由国家政府建立并由国家政府授权。现有的全球治理机制不论转多少弯、换多少张脸谱，里面的真正的"李鬼"好像还是国家政府。中国政法大学刘贞晔教授为此次会议提交的关于全球公民社会的研究论文则可能为全球治理提供了不同于前述的画面：其一是全球公民社会的治理绝不仅仅是为国家政府拾遗补缺，而是具有一种"抵制国家"和"治理国家"的意蕴。全球反核议题的治理运动、全球反酷刑治理运动以及关于全球人道主义治理议题的国际刑事法院罗马规约运动等，都反映了一种"抵制国家"和"治理国家"的全球治理内涵。其二是全球公民社会的治理不从属于国家治理，而是一种社会治理。全球治理在通常被视为一种跨国家或超国家的政策协调与合作，最终被落实为一种国家政策或行为。而全球公民社会的治理则更多地是深入到社会内部，落实为一种社会的治理与变革。如在人道救助、灾后重建、公民社会培训、脱贫与发展等领域的全球公民社会治理活动就体现为社会自我治理的内涵。其三是全球公民社会的治理相较于国家治理、跨国家和超国家治理具有特定的治理优势。例如在全球人权与人道主义议题领域，国家政府自身就可能是一个治理的问题源，一方面国家的治理往往体现为消极意愿甚至是问题制造者，另一方面国家间或超国家治理进程又往往被阻隔在干涉主权的争议之中。而全球公民社会的非主权的治理则极大地减少了这种麻烦。这是因为，在全球层面的国家与社会关系中，国家政府与全球公民社会之间主权管辖的对应性断裂了，国家面对全球公民社会运动及其力量并没有主权管辖权，全球层面的非政府组织和公民社会运动也不服从任何主权权威；但是反过来，它们则在国际政治领域不断地推动新的国际规范和价值理念的产生，进而国家主权不断地受到越来越稠密的规则约束，从而更有力地推动了治理进程取得进展。[①] 因此，全球治理的深度变革有赖于一个更强大的全球公民社会的成长、成熟。

总之，人类社会为应对全球化与相互依赖的发展及其后果，就必须在全球治理的机制和模式上实现深度变革。而要实现这种变革，我们就必须跳出传统的“国家中心主义”的民族国家治理视角和国家间政治的学科理念，从认识论、本体论和方法论上进行更加深刻的理论反思和学科反思，并构建出一整套适应全球化时代全球治理变革需要的新学科——全球学的学科范式。

三、全球治理变革时代呼唤新的学科——全球学的构建

任何一个学科的产生都是时代的产物。全球学这个学科的产生同样是全球化和全球治理时代呼唤的结果。一方面，全球化所造成的后果及全球治理所出现的困境，亟待我们寻找解决的出路；另一方面，我们关于国际问题的既有知识已不能有效地回答全球化与全球治理时代提出的新问题，由是，开拓新的研究领域，提出新的理论解释范式乃至创立新的学科便提上了人类知识发展的日程。构建全球学学科的知识探索任务的提出正是反映了上述两个方面的时代需要。

（一）全球学知识体系建构的方法论基础

人类现有知识体系在解释全球化与全球治理提出的新问题时面临着种种困境，究其根源要到方法论层面寻找其症结。北京师范大学张胜军教授认为这种症结就在于方法论国家主义的神话。[②] 方法论国家主义将民族国家看作是国际舞台中人类政治生活的基本单

---

① 刘贞晔：《全球公民社会的兴起：全球层面国家与社会关系的呈现及其转型》，载于《“全球治理与全球学学科的构建”学术研讨会论文集》，第 63—85 页。

② 参见张胜军：《为一个更加公正的世界而努力——全球深度治理的目标与前景》，载《“全球治理与全球学学科的构建”学术研讨会论文集》，第 40—41 页。

位，将人类依自然分布组成民族国家并与其他国家分别开来看作是天然既定的人类知识构建的出发点。① 然而，全球化及其后果前所未有地冲击了这种将民族/领土国家作为人类知识元的现有知识体系。因此，我们就有必要打破方法论国家主义的神话，代之以一种新的方法论来重构全球化与全球治理时代的人类知识体系。

打破方法论国家主义的神话，有助于我们重新认识和解答全球化与全球治理变革时代人类所面对的一系列新问题。方法论国家主义强调民族国家主权的绝对性，强调民族国家利益的至上性，以民族/领土国家为中心来观察和分析国际问题。因此，应对全球化后果的解决和全球治理也必须要到国家主权的至上性和国家利益的至上性中寻找坐标，结果只能是将全球治理当做是国家利益角逐的权力角斗场。人类寻求解决全球问题治理的目的与国家中心主义的方法论南辕北辙。人类要真正探寻到解决全球问题的途径就必须摆脱这种方法论上的困境，确立一种全球主义或者"全球主义观照下的国家主义"的方法论。这种全球主义或者"全球主义观照下的国家主义"的方法论，就是在克服民族国家和集团利益的限制，承认人类社会存在共同利益的基础上，超越民族/领土国家的局限，以全球的视野和全人类利益的立场去认识和探寻解答全球化与全球治理所提出的新问题。这种方法论的确立，使得全球化与全球治理问题具有自为存在的哲学本体论意义，超越民族/领土国家的人类整体和人类共同利益成为我们探寻解决全球化与全球治理问题的理论元点。

当然，我们提出全球主义或者"全球主义观照下的国家主义"的方法论来代替方法论国家主义，并不是要完全否定民族/领土国家的存在意义。客观上来说，"在相当长的时期内，民族国家仍然是人类社会生活的支点，任何急于全面超越国家主义的观点和行为都是违背现实的"。② 但是，在全球化与全球治理时代下，民族/领土国家必然会面临着一系列新的约束，并必定出现一系列新的变化。如民族

---

① 对方法论国家主义的批评参见[德] 乌尔里希·贝克著《全球化时代的权力与反权力》，广西师范大学出版社 2004 年，第 44—48 页。

② 蔡拓：《全球主义与国家主义》，载《中国社会科学》2001 年第 3 期。

国家的自主性、自助性和自足性都被弱化，主权因而也变得更具有弹性。因此，我们只有打破方法论国家主义的神话，以全球主义为参照，重新思考、解读和重构全球化与全球治理的知识体系，才能够从根本上探寻解决全球化与全球治理问题的途径。这就必然要求我们以全球人类整体和人类共同利益为人类知识体系建构的元点，建构起一门新的知识学科——全球学学科。

（二）全球学建构的路径

作为拟议中建构的一门新学科，如何建构该门学科的知识体系，还需要一个长期的探索过程，并且这种学科建构的过程肯定会存在巨大的难度。但令人高兴的是，全球学学科建构的日程甫一提出，学者们就提出了众多的知识体系和方法论上的建构路径。择其要者，主要有以下几种：

1. 多学科—跨学科的路径。全球学学科研究对象主要是全球化、全球问题与全球治理等一系列人类社会所面临的新现象、新问题和新挑战，问题领域广泛，因而也常常被人们视为全球问题学。其所涉及的问题已渗透到众多学科，“成为政治学、法律学、社会学、经济学、文化学、传播学、管理学等学科关注的对象和研究的分支领域”，而这其中任何一个学科的问题单独拿出来都“尚不足以体现全球学的学科本质与内核”。[①] 即使所有学科的问题加在一起也难以整合出一个单一的学科内核范畴体系。因此，全球学的建构只能采取多学科和跨学科的路径。

2. 整体性的学科路径。整体性的学科建设路径可以说是扎根于方法论全球主义的哲学根基——全球整体和人类共同利益这一理论元点之上。中国政法大学曹兴教授就认为，全球学的学科构建一定是要朝着“Globalology”而非“Global Studies”的方向发展。为此，全球学学科建构必须解决如下几个根本性的问题：必须有能够贯穿

① 参见蔡拓：《全球学：时代呼唤的新学科》，载《“全球治理与全球学学科的构建”学术研讨会论文集》，第7页。

于全球学整个体系的研究方法；必须确立或找到全球学的核心范畴和逻辑起点；必须确定全球学研究的最高或最核心的范畴；综合并提升组成全球学范畴体系或全球学范畴群。如果这些根本性问题得不到解决，全球学学科就不可能建立起来。[①] 应该说，由于全球化与全球问题存在的广泛性及其生成的复杂性，要从众多的高度分散的研究问题中概括出高度统一的学科核心范畴，全球学建构的整体性路径还有极为长远的路要走。

3. 多范式的路径。该路径更强调全球学的学科群建构路径。全球学作为一门学科，其研究对象主要指向现实中的全球化现象及其所造成的各种全球性问题与危机。从实质上来说，这些危机性问题与任何其他社会学科一样，是一种涉及人类资源和价值的分配问题。在社会科学研究中，人类资源与价值的分配主要有三种途径——市场配置(平等交易的分配)、权威性配置(政府再分配)和伦理考量的配置(爱的情感分配)。由此，产生了三大类学科：经济学、政治学与道德哲学。而全球学所关涉的全球问题如果作为分配的学问，那至少也必然会产生这样三类全球学学科知识体系：作为经济学的全球学(全球经济学或全球政治经济学、全球环境/能源经济学等)、作为政治学的全球学(全球政治学、全球环境政治等)和作为道德哲学的全球学(全球伦理学、核伦理学等)。这种学科建构路径的优点在于，该学科群中的每一个子学科的学科核心范畴都相对清晰明确，各子学科的学科范畴体系的科学性强，学科建构的难度低。其缺点在于，每一个子学科同时也是其他学科的子学科，我们怎样建构出一门全球学总学科的单一学科体系，将来也同时分属于其他学科的各子学科统一到一个大的学科范畴体系之中呢？这个问题现在还没法给出明确的答案，显然，它会继续困扰着今后的全球学学科建构进程。

4. 全球关系研究的路径。全球关系研究议程及全球关系的学

① 参见曹兴：《全球学学科建构的几点思考》，载《“全球治理与全球学学科的构建”学术研讨会论文集》，第16—26页。

科建构路径是复旦大学陈玉刚教授提出来的。陈玉刚教授将全球关系界定为“指所有那些把世界联系在一起的物质和思想的占有和分布状态，包括货物、资本、人员、信息、服务、暴力、价值、思想等”。[①] 而全球学的主要任务就是要研究这些构成要素的占有和分布状态、存在的问题，以及如何构建一个更为合理、公正的全球关系。由于全球关系涉及政治、经济、人文伦理等多种不同性的关系，因此，以研究全球关系为核心内核的全球学应该也是具有多学科性质的。但是陈玉刚教授认为全球关系相对应的是国家间的国际关系或者国内的各种关系，由此，全球关系也要以国家作为自己的参照系来确立自身的学科性质。由于将国家政府作为研究对象的学科主要是政治学学科，以国家为参照系的全球关系学自然也就不能不是政治学的一个组成部分。由此，在当今的全球化时代，政治学学科在国内政治和国际政治分野的基础上，就可以考虑再增添一个研究全球政治的学科。以此路径建构的全球学我们也可以称为全球关系学或者全球政治学，其优点是学科核心范畴清晰，但是全球关系所涵盖的众多复杂的层面是否都能被涵盖进政治学学科之中，就还需要我们进一步深入考察。

（三）探索中的全球学框架

虽然全球学学科还仅仅处于拟议中的建构阶段，但是学者们立足于已有的研究基础，已经提出了相对比较成型的全球学知识范畴体系，其中，中国政法大学蔡拓教授的思考最为成熟。蔡拓教授认为，全球学的学科范畴体系主要包括：全球化与反全球化、全球经济、全球政治、全球法律、全球文化与全球意识、全球伦理与全球价值、全球问题与全球治理、全球公民社会与全球共同体、全球体系与全球社会、全球秩序、全球进程、全球性。蔡拓教授认为，在这些知识范畴中，全球化与反全球化产生出了全球学所要研究的几乎所有问题，因此成为全球学学科的逻辑起点，而全球学所有问题的研究最终

---

① 详细情况可参见陈玉刚的《全球关系与全球研究》，《国际观察》2012 年第 1 期。

都要回落到对全球体系、全球社会和全球秩序的探讨，这三个概念范畴成为全球学学科范畴体系的逻辑终点。如此，上述各范畴就构成了一个整体统一的全球学学科范畴体系。[①] 这样一种学科范畴体系的建构显然得到了学界的一定程度的认同。曹兴教授提出了与此大致相似的全球学学科范畴体系，也同样将全球化与全球问题作为学科知识体系的逻辑起点。[②] 陈玉刚教授虽然以政治学学科范畴限定了其提出的全球学研究议题的范围，但是同样将全球秩序作为学科范畴体系的逻辑终点。[③] 在学科构建的初创阶段，学界就基本上能够在全球学学科范畴体系的逻辑起点和逻辑终点上达成初步共识，这使我们有理由期盼，全球学这门学科在学界的共同努力下，会快速地构建成型并成熟起来。我们期待着这一新学科大发展时代的到来。

刘贞晔，中国政法大学全球化与全球问题研究中心教授。主要研究方向包括西方国际关系理论流派、全球政治与全球治理、非政府组织与全球公民社会等。

---

① 参见蔡拓：《全球学：时代呼唤的新学科》，载《“全球治理与全球学学科的构建”学术研讨会论文集》，第 9—12 页。

② 参见曹兴：《全球学学科建构的几点思考》，载《“全球治理与全球学学科的构建”学术研讨会论文集》，第 25—26 页。

③ 陈玉刚教授提出了全球学研究的五个方面的议题：全球全力、全球议程、全球伦理与文化、全球秩序以及全球关系与国际关系的协调。参见陈玉刚：《全球关系与全球研究》。

编后语

《全球学评论》是上海大学全球学研究中心为推动国内全球学学科发展以及全球化与全球问题的研究而创办的学术书刊，除介绍国内外全球学研究的理论与方法外，每一卷都将聚焦一个全球性问题。本卷的关注点则是宗教问题，文章主要来源于 2010 年在上海大学举办的“全球化与宗教多元主义”国际学术研讨会的参会论文。上海大学全球学研究中心的研究人员如张勇安教授、刘义副教授、曾桂娥副教授等为本卷的编辑出版付出了大量的心血；本中心的研究生张凤梅、谢晓啸、张琨、李腾等承担了主要文本的翻译工作，张正涵则做了繁杂的编务工作，在此一并表示感谢。同时也要感谢商务印书馆的编辑，本卷能够顺利出版发行，离不开他们细致入微的工作。